物流成本管理

（第2版）

刘徐方　主编
梁　旭　张如云　副主编

清华大学出版社
北京

内容简介

本书根据物流行业发展的新形势和新特点，结合物流成本管理操作规程，系统介绍物流成本、成本计算、成本分析、作业成本管理、物流成本预测与决策、物流成本预算与控制、运输与配送成本管理、仓储与库存成本管理、物流成本管理绩效评价等基础知识，并通过案例分析和就业能力训练，培养和提高读者的应用能力。

本书具有知识系统、案例丰富、注重创新、实用性强等特点，既可作为普通高等院校本科、高职高专院校物流管理、工商管理、国际贸易、电子商务等相关专业的首选教材，也可作为物流、外贸与工商企业从业者的培训教材。

图书在版编目(CIP)数据

物流成本管理/刘徐方主编．—2版．—北京：清华大学出版社，2016（2020.7重印）
ISBN 978-7-302-45659-9

Ⅰ．①物…　Ⅱ．①刘…　Ⅲ．①物流－成本管理　Ⅳ．①F253.7

中国版本图书馆CIP数据核字(2016)第285140号

责任编辑：帅志清
封面设计：傅瑞学
责任校对：袁　芳
责任印制：沈　露

出版发行：清华大学出版社
　　网　　址：http://www.tup.com.cn，http://www.wqbook.com
　　地　　址：北京清华大学学研大厦A座　　**邮　　编**：100084
　　社 总 机：010-62770175　　**邮　　购**：010-62786544
　　投稿与读者服务：010-62776969，c-service@tup.tsinghua.edu.cn
　　质量反馈：010-62772015，zhiliang@tup.tsinghua.edu.cn
　　课件下载：http://www.tup.com.cn，010-62770175-4278
印 装 者：北京国马印刷厂
经　　销：全国新华书店
开　　本：185mm×260mm　　**印　　张**：16.25　　**字　　数**：369千字
版　　次：2009年4月第1版　2016年12月第2版　　**印　　次**：2020年7月第4次印刷
定　　价：43.00元

产品编号：070516-02

再版前言

物流是流通的命脉，也是国家经济建设的重要支撑。2014年9月，国务院正式发布《物流业发展中长期规划（2014—2020）》国发〔2014〕42号，物流业发展进入"新常态"。物流既是融合运输、仓储、货代、信息等产业的复合型服务业，也是支撑国民经济发展的基础性、战略性产业。随着经济全球化进程的加快和科学技术的飞速发展，物流产业已成为我国国民经济新的增长点，在我国经济建设中占有极其重要的位置。

物流成本管理是物流系统中的重要组成部分，也是物流运营的关键环节，高效合理的物流成本管理，对规范经营、完善服务、强化成本控制、充分利用资源、有效降低成本、减少损失、提高经济效益、提升物流品质、增强企业竞争力、获取国内外客户满意度等各方面具有积极的促进功能，对物流企业经济运行的质量和效益产生重大影响，因而越来越受到我国物流行业主管部门和物流企业的高度重视。

当前，随着国家"一带一路、互联互通"总体发展战略的制定和实施，面对物流市场国际化的迅速发展与激烈竞争，不仅对从事物流成本管理业务人员素质的要求越来越高，而且降低物流成本直接关系到企业的利润水平，控制物流成本决定了企业竞争力的高低，因而物流成本管理已经成为物流企业运营与管理的首要任务。为了保障我国全球经济活动和国际物流服务业的顺利运转，加强物流成本管理从业者的应用技能培训，强化专业综合业务素质培养，加速推进物流产业化进程，提高我国的物流成本管理水平，为物流企业更好地开拓国际物流市场，更好地服务于我国物流经济和物流教学实践，既是物流企业可持续快速发展的战略选择，也是本书出版的真正目的和意义。

本书第1版自2009年出版以来，因写作质量高，突出应用能力培养，深受全国各高等院校相关专业师生的欢迎，已经多次重印。此次再版，编者审慎地对原教材进行了反复论证、精心设计，包括结构调整、压缩篇幅、补充知识、增加技能训练等相应修改，以使其更贴近现代物流业发展实际，更好地为国家物流经济和教学服务。

全书共十章，以学习者应用能力培养为主线，坚持以科学发展观为统领,根据物流行业发展的新形势和新特点,结合物流成本管理操作规程,系统介绍物流成本、成本计算、成本分析、作业成本管理、物流成本预测与决策、物流成本预算与控制、运输与配送成本管理、仓储与库存成本管理、物流成本管理绩效评价等基础知识,并通过案例分析和就业能力训练,培养和提高读者的应用能力。

由于本书融入了物流成本管理最新的实践教学理念,力求严谨,注重与时俱进,具有内容丰富、案例鲜活、贴近实际、注重知识系统性和操作应用性等特点,因而既可作为普通高等院校本科、高职高专院校物流管理、工商管理、国际贸易、电子商务等相关专业的首选教材,也可作为物流、外贸与工商企业从业者的培训教材,还可为广大社会人员学习物流成本管理提供有益的参考和借鉴。

本书由李大军筹划并具体组织,刘徐方任主编并统改稿,梁旭、张如云任副主编,中国物流技术协会会长牟惟仲教授审定。编者编写分工:张如云负责第一章和第三章,邵晴负责第二章,梁旭负责第四章、第五章和第十章,王雅华负责第六~八章,刘徐方负责第九章和附录,华燕萍、李晓新负责文字修改、版式调整和制作课件。

在教材修订过程中,参考借鉴了国内有关物流成本管理等方面的最新书刊、网站资料以及国家颁布实施的相关法规和管理规定,并得到业界物流成本管理专家教授的具体指导,在此一并致谢。为配合本书使用,特提供配套的电子教学课件,读者可以从清华大学出版社网站(www. tup. com. cn)免费下载。

因编者水平有限,书中难免存在疏漏和不足,恳请同行和读者批评指正。

编　者

2016 年 12 月

目录

第一章 总论

◆ 学习目的与要求 ◆

- 掌握物流成本的含义及影响物流成本的因素；
- 熟悉社会物流成本的构成，掌握企业物流成本的构成及分类；
- 掌握物流成本管理的内涵、内容及方法；
- 了解物流成本管理的产生与发展、物流成本管理的意义。

◆ 引导案例 ◆

2013 年我国物流成本占 GDP 18%左右

《中国采购发展报告(2014)》显示，2013 年我国社会物流总费用为 10.2 万亿元，占 GDP 18%左右；同比增长 9.3%，增幅较上年同期回落 2.1 个百分点。该报告指出，在发达国家，物流成本平均占成品最终成本的 10%--15%；在发展中国家，物流成本占成品最终成本的 15%～25%甚至更高。对中国的制造商而言，物流成木可高达生产成本的 30%～40%。这表明，无论从物流费用占 GDP 比例，还是从物流成本占成品成本比例看，我国的物流成本都处于较高区间。

资料来源：墨林．中国物流成本高在哪里[N]．经济日报，2014-11-22.

第一节 物流成本概述

一、物流成本的内涵

（一）物流成本的含义

根据 2007 年 5 月正式实施的《中华人民共和国国家标准·物流术语》(GB/T 18354—2006)，物流成本可以定义为“物流活动中所消耗的物化劳动和活劳动的货币表现，包括货物在运输、储存、包装、装卸搬运、流通加工、物流信息、物流管理等过程中所耗费的人力、物力和财力的总和以及与存货有关的流动资金占用成本、存货风险成本和存货保险成本”。

该定义中,物流成本包含两方面的内容:一方面是直接在物流环节产生的支付给劳动力的成本,耗费在机器设备上的成本以及支付给外部第三方的成本;另一方面是在物流环节中因持有存货等潜在的成本,如占有资金成本、保险费等。

(二)企业物流成本和社会物流总费用

2010年,国家发展和改革委员会对《社会物流统计制度及核算表式》做了修订,“企业物流成本”是指报告期内企业在购进、销售货物过程中发生的与物流业务相关的全部费用。企业的物流成本有不同的分法,可以分为直接成本和间接成本,也可以分为显性成本和隐性成本。“社会物流总费用”是指报告期内国民经济各方面用于社会物流活动的各项费用支出,划分为运输费用、保管费用、管理费用三大部分核算。

小贴士

物流成本、社会物流总费用与社会物流总额

“物流成本”在国家标准《物流术语》中有着非常清晰的定义,即“物流活动中所消耗劳动的货币表现”,简单说就是“一件货物在包装、仓储、装卸、运输等物流活动中的所有花费”。

社会物流总费用是指报告期内国民经济各方面用于社会物流活动的各项费用支出的总和,包括支付给运输、储存、装卸搬运、包装、流通加工、配送、信息处理等各个物流环节的费用;应承担的物品在物流期间发生的损耗费用;社会物流活动中因资金占用而应承担的利息支出;社会物流活动中发生的管理费用等。社会物流总费用划分为运输费用、保管费用、管理费用。

以常见的快递为例,寄送一件标准包裹到另一个城市的费用是15元,这就是“物流成本”;寄出10件标准包裹,就是“物流总量”;一共花费150元,就是“物流总费用”。可见,仅凭物流总费用的多少并不能准确判断物流成本的高低,因为还必须同时考虑总费用背后所实现的物流总量。如果讨论成本问题只看总费用不考虑总量,很可能会得出与事实完全相反的结论。

社会物流总额是指第一次进入国内需求领域,产生从供应地向接受地实体流动的物品的价值总额,简称社会物流总额。社会物流总额包括六个方面的内容:进入需求领域的农产品物流总额、工业品物流总额、进口货物物流总额、外省市调入物品物流总额、再生资源物流总额、单位与居民物品物流总额。

资料来源:百度百科,http://baike.baidu.com/view/4784442.htm.

二、物流成本的特征

1. 背反性

“背反”现象,常称为“交替损益”现象,即改变系统中任何一个要素,会影响其他要素的改变。要使系统中任何一个要素增益,必将对系统中其他要素产生减损的作用。在企业物流系统中,与成本相关的交替损益性有着非常广泛的表现,如物流成本与物流服务水平之间、各功能物流成本之间都存在交替损益关系。

2. 系统性

企业物流成本虽然是各个功能活动成本的总和，但不是各子系统成本的简单相加。从系统观点看，企业物流成本实际上是采购、生产、销售等子系统的物流成本相互制约、博弈均衡的结果。由于存在效益背反性，单独强调单个职能子系统成本的降低，只能带来局部效益，并不一定能保证系统运行总成本的降低。

3. 分散性

物流成本的产生并不单纯集中在某个或几个职能部门，而是涉及企业的全部经营活动，包括采购、生产、销售、配送以及其他的相关部门。但企业在以产品为中心的财务会计处理中，往往将涉及物流活动所发生的支出作为企业的期间费用进行处理，并进一步分散了企业物流成本构成，也掩盖了物流活动所发生成本之间的相互关系及其实质。

4. 隐蔽性

物流成本的隐蔽性是指物流成本的费用项目未全部单独列支，而是隐含在其他费用项目中。传统上，物流成本的计算总是被分解得支离破碎、难辨虚实。如制造企业习惯将物流费用计入产品成本；流通企业将物流费用包括在商品流通费用中。因此，企业不仅难以按照物流成本的内涵完整地计算出物流成本，而且连已经被生产领域或流通领域分割的物流成本，也不能单独真实地计算并反映出来。

除了以上主要特征外，物流成本还会表现出战略性、行业相关性等特点。

三、影响物流成本的因素

由于物流作业环节众多，涉及诸多相关因素及人员，因此影响企业物流成本的因素自然也多，其中产品因素、人力资源因素、环境因素、管理因素等对企业物流成本的影响较为突出。

1. 产品因素

企业产品是影响物流成本的重要因素，不同的产品种类、属性、重量、体积、价值和物理、化学属性可能不同，这些对企业的物流活动如仓储、运输、物料搬运的成本均会产生不同的影响。

1）产品价值

产品价值的高低会直接影响物流成本的高低。随着产品价值的增加，每一物流活动的成本都会增加，运费在一定程度上反映货物移动的风险。一般来讲，产品的价值越大，对其所需使用的运输工具要求越高，仓储、库存成本以及包装成本也随之增加。

小贴士

“兵马俑”出国记：享私人定制，运输车恒温

2014 年 5 月 10 日至 11 月 2 日，《中国陕西秦兵马俑：始皇帝的彩绘军阵》展览在美国印第安纳波利斯儿童博物馆举办，展出的 118 组、265 件展品中，一级文物有 18 件。这些国宝级文物是如何漂洋过海抵达境外的？出境前需要做哪些准备？

精心打扮——每件文物都享私人定制

一件文物如长时间被酸性腐蚀，就会看不出它的模样，甚至消失。因此在包装文物

时,根据文物质地采用无酸纸做贴身保护,避免表面磨损,然后再放入免熏蒸的木盒或者锦盒内,盒内会放置多层特殊的软性材料——PE板,起到减震、防潮的作用。包装箱都是由特制免熏蒸木板制成,不会出现蛀虫等问题。针对不同的文物特性或展示需求,文物会有不同的包装形式,比如部分文物最后装入锦盒。而石铠甲,则是将较柔软的减震材料包裹无酸纸后,再覆盖于石铠甲上,给它更安全的保护。

文物放入包装盒前,包装人员根据文物的器型及大小,在PE板上刻出一个非常"合身"的模子,刻模要一次性完成。所以,文物包装人员必须经过专业培训。无酸纸国内生产的不多,价格昂贵,一个进口的无酸纸信封价格一般是10元钱,主要保存珍贵信件等文物,保持长久不褪色。将文物装入箱内并不容易:对于一些体积较小的文物,多采用集装式入箱;对于体积比较大的文物,一般使用独体式装箱。文物装入外箱后,为了防潮,工作人员又在外箱外面缠裹了厚厚的塑料膜。

宝贝远游——运输车内恒温且有减震装置

运输文物的车厢是专业的全封闭集装箱体,外观如货车,但里面有多层挂钩,还有恒温恒湿装备和监控设备。车厢门闭合后,还有一个专门用于装卸的升降板装置将门挡住封闭。车辆本身还具有减震装置,可以大幅度降低车辆行驶时颠簸对文物造成的伤害。

资料来源:http://photo.firefox.news.cn/14/0506/11/HP5RGZUAL810WT73_4.html.

2) 产品的形态和密度

产品的形态表现为规则与不规则,从而影响运输和储存成本。另外,产品形态还会影响装卸搬运成本。产品密度越大,相同运输单位所装的货物越多,运输成本就越低。同理,仓库中一定空间领域存放的货物也越多,库存成本就会降低。

3) 产品的易损性

影响物流成本的一个重要方面还在于逆向物流成本的高低。生产高质量的产品可以杜绝因次品、废品等回收、退货而发生的各种物流成本。同时,易损的产品对物流各环节如运输、包装、仓储等过程中物流作业提出了更高的要求。

2. 人力资源因素

企业物流运作的各个功能环节和各职能部门的运行都离不开人的因素。因此人力资源利用状况会影响企业物流成本,主要包括人工费用、工作效率等方面。

(1) 人工费用:包括与物流工作相关人员的工资、福利、培训费用等。

(2) 工作效率:较高的工作效率可减少物流工作人员数量,从而节省物流成本。以订单处理为例,假设企业单位时间内需要处理1 000个订单,工作人员单位时间内能处理100个订单,则单位时间内完成该项工作需配置10名员工。现假设工作效率提高到单位时间内能处理200个订单,则仅需配置5名员工即可在单位时间完成该项工作,从而节约了该项物流作业的人工成本。

3. 环境因素

环境因素包括空间因素、地理位置及交通状况等。空间因素主要是指物流系统中企业制造中心或仓库相对于目标市场或供货点的位置关系等。若企业距离目标市场太远,交通状况较差,则必然会增加运输及包装等成本。若在目标市场建立或租用仓库，会降低运输和包装成本，但会增加库存成本。因此，环境因素对物流成本的影响是很大的。

4. 管理因素

管理成本与生产和流通没有直接的数量依存关系，但却直接影响着物流成本的高低，节约办公费、水电费、差旅费等管理成本相应可以降低物流成本总水平。另外，企业利用贷款开展物流活动，必然要支付一定的利息(如果是自有资金，则存在机会成本问题)，资金利用率的高低，影响利息支出的高低，从而影响物流成本的高低。

第二节　企业物流成本的基本构成

按照国家标准《企业物流成本构成与计算》(GB/T 20523—2006)，企业物流成本构成包括企业物流成本项目构成、企业物流成本范围构成和企业物流成本支付形态构成三种类型，如图 1-1 所示。

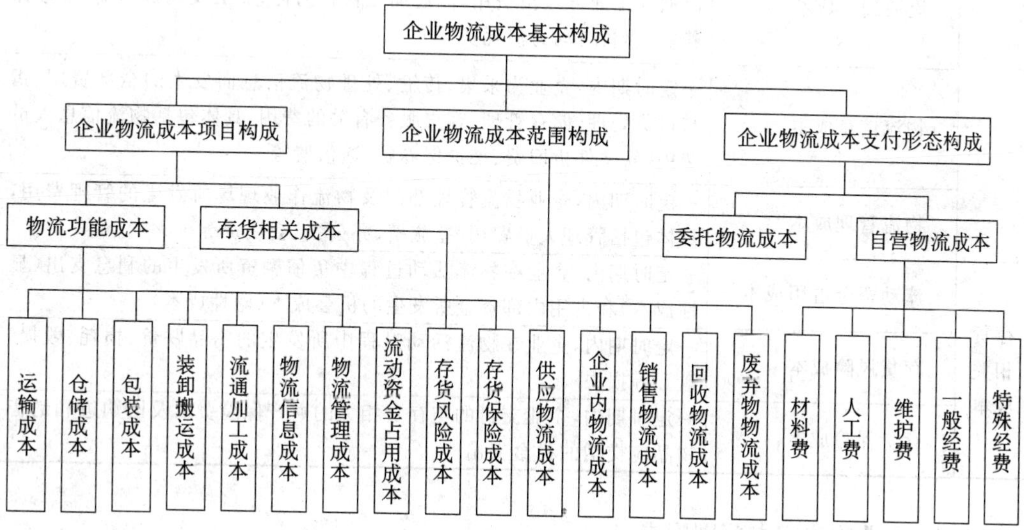

图 1-1　企业物流成本基本构成

一、企业物流成本构成说明

(一) 企业物流成本项目构成

按成本项目划分，物流成本由物流功能成本和存货相关成本构成。物流功能成本包括物流活动过程中所发生的运输成本、仓储成本、包装成本、装卸搬运成本、流通加工成本、物流信息成本和物流管理成本；存货相关成本包括企业在物流活动过程中所发生的与存货有关的流动资金占用成本、存货风险成本、存货保险成本。具体内容如表 1-1 所示。

表 1-1 企业物流成本项目构成

成本项目		内容说明
物流功能成本	运输成本	一定时期内,企业为完成货物运输业务而发生的全部费用,包括从事货物运输业务的人员费用,车辆(包括其他运输工具)的燃料费、折旧费、维修保养费、租赁费、养路费、过路费、年检费、事故损失费、相关税金等
	仓储成本	一定时期内,企业为完成货物储存业务而发生的全部费用,包括仓储业务人员费用,仓储设施的折旧费、维修保养费、水电费、燃料与动力消耗费等
	包装成本	一定时期内,企业为完成货物包装业务而发生的全部费用,包括包装业务人员费用,包装材料消耗,包装设施折旧费、维修保养费,包装技术设计、实施费用以及包装标记的设计、印刷等辅助费用
	装卸搬运成本	一定时期内,企业为完成装卸搬运业务而发生的全部费用,包括装卸搬运业务人员费用,装卸搬运设施折旧费、维修保养费、燃料与动力消耗费等
	流通加工成本	一定时期内,企业为完成货物流通加工业务而发生的全部费用,包括流通加工业务人员费用,流通加工材料消耗,加工设施折旧费、维修保养费、燃料与动力消耗费等
	物流信息成本	一定时期内,企业为采集、传输、处理物流信息而发生的全部费用,指与订货处理、储存管理、客户服务有关的费用,具体包括物流信息人员费用,软硬件折旧费、维护保养费,通信费等
	物流管理成本	一定时期内,企业物流管理部门及物流作业现场所发生的管理费用,具体包括管理人员费用、差旅费、办公费、会议费等
存货相关成本	流动资金占用成本	一定时期内,企业在物流活动过程中负债融资所发生的利息支出(显性成本)和占用内部资金所发生的机会成本(隐性成本)
	存货风险成本	一定时期内,企业在物流活动过程中所发生的物品跌价、损耗、毁损、盘亏等损失
	存货保险成本	一定时期内,企业支付的与存货相关的财产保险费以及因购进和销售物品应交纳的税金支出

(二) 企业物流成本范围构成

按成本产生的范围划分,企业物流成本由供应物流成本、企业内物流成本、销售物流成本、回收物流成本以及废弃物物流成本构成。具体内容如表 1-2 所示。

表 1-2 企业物流成本范围构成

成本范围	内容说明
供应物流成本	指经过采购活动,将企业所需原材料(生产资料)从供给者的仓库运回企业仓库为止的物流过程中所发生的物流费用
企业内物流成本	指从原材料进入企业仓库开始,经过出库、制造形成产品以及产品进入成品库,直到产品从成品库出库为止的物流过程中所发生的物流费用

续表

成本范围	内容说明
销售物流成本	指为了进行销售，产品从成品仓库运动开始，经过流通环节的加工制造，直到运输至中间商的仓库或消费者手中的物流活动过程中所发生的物流费用
回收物流成本	指退货、返修物品和周转使用的包装容器等从需方返回供方的物流活动过程中所发生的物流费用
废弃物物流成本	指将经济活动中失去原有使用价值的物品，根据实际需要进行收集、分类、加工、包装、搬运、储存等，并分送到专门处理场所的物流活动过程中所发生的物流费用

（三）企业物流成本支付形态构成

按成本支付形态划分，企业物流总成本由委托物流成本和自营物流成本构成。其中，自营物流成本按支付形态分为材料费、人工费、维护费、一般经费和特别经费。具体内容如表 1-3 所示。

表 1-3 企业物流成本支付形态构成

成本支付形态		内容说明
自营物流成本	材料费	资材费、工具费、器具费等
	人工费	工资、福利、奖金、津贴、补贴、住房公积金等
	维护费	土地、建筑物及各类物流设施设备的折旧费、维护维修费、租赁费、保险费、税金、燃料与动力消耗费等
	一般经费	办公费、差旅费、会议费、通信费、水电费、煤气费等
	特别经费	存货资金占用费、物品损耗费、存货保险费和税费
委托物流成本		企业向外部物流机构所支付的各项费用

（四）各成本项目构成内容分析

以国家标准《企业物流成本构成与计算》(GB/T 20523—2006)中企业物流成本项目构成为主线，结合物流范围和物流成本支付形态的内容，对各成本项目构成内容进行具体分析如下。

1. 物流功能成本

物流功能成本包括物流运作成本、物流管理成本和物流信息成本。物流运作成本包括运输成本、仓储成本、包装成本、装卸搬运成本和流通加工成本，即企业本身发生的费用支出和委托外单位进行物流运作支付的费用。下面介绍的各项物流运作成本构成内容仅指企业本身发生的物流成本支出。

1) 运输成本

运输成本是指一定时期内，企业为完成货物运输业务而发生的全部费用，包括支付外部运输费和自有车辆运输费。具体包含以下三部分内容。

(1) 人工费：主要是指从事运输业务人员费用。具体包括运输业务人员工资、福利、奖金、津贴、补贴、住房公积金、职工劳动保护费、人员保险费、按规定提取的福利费、职工教育培训费和其他一切用于运输业务人员的费用等。

(2) 维护费:主要是指与运输工具及其运营有关的费用。具体包括车辆(含其他运输工具)的燃料费、折旧费、维修保养费、保险费、租赁费、养路费、过路过桥费、年检费等。

(3) 一般经费:在企业运输业务过程中,除了人工费和维护费之外的其他与运输工具或运输业务有关的费用,如事故损失费等。

就物流范围而言,运输成本存在于供应物流、企业内物流、销售物流、回收物流和废弃物物流全过程。

2) 仓储成本

仓储成本是指一定时期内,企业为完成货物存储业务而发生的全部费用,包括支付外部仓储费和使用自有仓库仓储费。具体包含以下三部分内容。

(1) 人工费:主要是指从事仓储业务人员费用。具体包括仓储业务人员工资、福利、奖金、津贴、补贴、住房公积金、职工劳动保护费、人员保险费、按规定提取的福利费、职工教育培训费和其他一切用于仓储业务人员的费用等。

(2) 维护费。主要是指与仓库及保管货物有关的费用。具体包括仓储设施的折旧费、设施设备维修保养费、水电费、燃料与动力消耗费等。

(3) 一般经费。在企业仓储业务过程中,除了人工费和维护费之外的其他与仓库或仓储业务有关的费用,如仓库业务人员办公费、差旅费等。

就物流范围而言,仓储成本通常发生于企业内物流阶段。

3) 包装成本

包装成本是指一定时期内,企业为完成货物包装运输业务而发生的全部费用,包括运输包装费和集装、分装包装费。具体包含材料费、人工费、维护费和一般经费四部分内容。

(1) 材料费:主要是指包装业务所耗用的材料费。企业的包装材料除少数自制外,大部分通过采购取得。根据财政部《企业会计准则》和《工业企业会计制度》的规定,外购材料成本包括买价和购买材料的运杂费、运输途中的合理损耗、入库前的挑选整理费用以及购入材料负担的不能抵扣的税收等。

(2) 人工费:主要是指从事包装业务人员费用。具体包括包装业务人员工资、福利、奖金、津贴、补贴、住房公积金、职工劳动保护费、人员保险费、按规定提取的福利费、职工教育培训费和其他一切用于包装业务人员的费用等。

(3) 维护费:主要是指与包装机械有关的费用。包装过程中使用包装机械,可以极大地提高包装水平和劳动效率。包装机械有关费用主要包括设备折旧费、维修费、能源消耗费和低值易耗品摊销等。

(4) 一般经费:在包装过程中,除了人工费、材料费和与包装机械有关的费用,还发生了一些诸如包装技术费用和辅助费用等其他杂费,这部分费用通常列入一般经费。例如,为了发挥包装的功能,达到最佳的包装效果,需要实施缓冲、防潮、防霉技术所发生的设计和实施费用,以及包装标志的设计费、印刷费、辅助材料费等。

就物流范围而言,包装成本存在于供应物流、企业内物流和销售物流阶段。

4) 装卸搬运成本

装卸搬运成本是指一定时期内企业完成货物装卸搬运业务而发生的全部费用。具体包含人工费、维护费和一般经费三部分内容。

(1) 人工费:主要是指从事装卸搬运业务人员费用。具体包括装卸搬运业务人员工资、福利、奖金、津贴、补贴、住房公积金、职工劳动保护费、人员保险费、按规定提取的福利费、职工教育培训费和其他一切用于装卸搬运业务人员的费用等。

(2) 维护费:在装卸搬运过程中需要使用一些起重装卸搬运设备和输送设备等。维护费是指这些装卸搬运设备的折旧费、维修费以及能源消耗费等。

(3) 一般经费:是指在物品装卸搬运过程中,除了上述人工费和设备维护费,发生的其他与装卸搬运业务有关的费用,如分拣费、整理费等。

装卸搬运成本存在于供应物流、企业内物流、销售物流、回收物流和废弃物物流整个物流活动全过程。

5) 流通加工成本

流通加工成本是指一定时期内,企业为完成货物流通加工业务而发生的全部费用,包括支付外部流通加工费和自有设备流通加工费。具体包含人工费、材料费、维护费和一般经费四部分内容。

(1) 人工费:主要是指从事流通加工业务人员费用。具体包括流通加工业务人员工资、福利、奖金、津贴、补贴、住房公积金、职工劳动保护费、人员保险费、按规定提取的福利费、职工教育培训费和其他一切用于流通加工业务人员的费用等。

(2) 材料费:主要是指流通加工过程中所耗用的辅助材料、包装材料等材料费。材料成本的计算方式同包装作业中材料成本的计算方式。

(3) 维护费:流通加工过程中需要使用一定的设备,例如电锯、剪板机等。维护费是指与这些流通加工设备有关的折旧费、摊销费、维修保养费以及电力、燃料、油料等能源消耗费。

(4) 一般经费:是指在流通加工过程中,除了上述人工费、材料费和维护费,所发生的与流通加工有关的其他费用支出,例如流通加工作业应分摊的车间经费以及其他管理费用支出。

流通加工对象是进入流通领域的商品,具有商品的属性。从这一意义上说,流通加工成本仅存在于销售物流阶段。

6) 配送成本

配送是一个"小物流"的概念,集若干物流功能于一身,所以配送成本分散在运输、仓储、包装、装卸搬运和流通加工成本中,具体的费用支付形态包括人工费、材料费、维护费和一般经费。就物流范围而言,配送成本存在于供应、企业内部物流和销售物流阶段。这里,配送成本不作为物流功能成本的构成内容,而将与配送成本有关的费用支出在其他各项物流功能成本中进行分配。

7) 物流管理成本

物流管理成本是指一定时期内,企业为完成物流管理活动所发生的全部费用,包括物流管理部门及物流作业现场所发生的管理费用,具体包含人工费、维护费和一般经费三部分内容。

(1) 人工费:主要是指从事物流管理工作人员费用。具体包含物流管理人员工资、福利、奖金、津贴、补贴、住房公积金、职工劳动保护费、人员保险费、按规定提取的福利费、职工教育培训费和其他一切用于物流管理人员的费用等。

(2) 维护费:是指物流管理过程中使用的软硬件系统及设施的折旧费、摊销费、修理费等。

(3) 一般经费:是指物流管理活动中,除了人工费、维护费外的其他费用支出,如物流管理部门、物流作业现场及专门的物流管理人员应分摊的办公费、会议费、水电费、差旅费等;还包括物流企业的物流营销费、国际贸易中发生的报关费、检验费、理货费等。

物流管理活动贯穿于企业物流活动全过程,因此,就物流范围而言,物流管理成本存在于供应物流、企业内物流、销售物流、回收物流和废弃物物流全过程。

8) 物流信息成本

物流信息成本是指一定时期内,企业为完成物流信息的采集、传输、处理等活动所发生的全部费用,具体包含人工费、维护费和一般经费三部分内容。

(1) 人工费:主要是指从事物流信息管理工作人员费用。具体包括物流信息人员工资、福利、奖金、津贴、补贴、住房公积金、职工劳动保护费、人员保险费、按规定提取的福利费、职工教育培训费和其他一切用于物流信息管理人员的费用等。

(2) 维护费:在物流信息管理过程中,开发物流信息软件系统,投入信息硬件设施,已经成为物流信息管理的重要手段和必备条件。物流信息成本的维护费主要是指与物流信息软硬件系统及设备有关的费用,包括物流信息系统开发摊销费、信息设施折旧费以及物流信息软硬件系统维护费等。

(3) 一般经费:在物流信息活动过程中,除了人工费和物流信息软硬件系统有关的维护费,所发生的其他与物流信息有关的费用,例如在采购、生产、销售过程中发生的通信费、咨询费等。

在企业运营过程中,有物流就有相关的信息客观存在,因此,就物流范围而言,物流信息成本存在于供应物流、企业内物流、销售物流、回收物流和废弃物物流全过程。

2. 存货相关成本

物流成本除了包括上述功能成本,还包括与存货有关的流动资金占用成本、存货风险成本和存货保险成本。

1) 流动资金占用成本

流动资金占用成本是指一定时期内,企业在物流活动过程中因持有存货占用流动资金所发生的成本,包括存货占用银行贷款所支付的利息和存货占用自有资金所发生的机会成本。前者属显性成本,后者属隐性成本。

就物流范围而言,因流动资金占用成本主要是指产品被锁闭在物流环节,从而导致事实上为企业所占用的资金成本,因此流动资金占用成本主要存在于供应物流、企业内物流和销售物流阶段。

从各国社会物流成本的构成看,均包括因为流动资金的占用而需要承担的利息费用,且这部分利息费用在整个保管费用中占有相当大的比重。将流动资金占用成本计入物流成本,指明了成本改善的取向是减少原材料、产成本等存货在物流环节的耽搁及时滞,降低资金占用成本,从而降低物流总成本。

2）存货风险成本

存货风险成本是指一定时期内企业在物流活动过程中所发生的物品损耗、毁损、盘亏以及跌价损失等。广义上说，无论会计核算体系是否反映，只要存货发生了风险损失，都应计入存货风险成本。但从可操作性和重要性角度考虑，这里仅将显性成本即会计核算体系中反映的存货损失计入存货风险成本，会计核算体系中没有反映的贬值、过时损失等则不计入存货风险成本。

就物流范围而言，因存货风险损失在运输、仓储、装卸搬运等环节都可能发生，因此，存货风险成本存在于供应物流、企业内物流和销售物流阶段。

3）存货保险成本

存货保险成本是指一定时期内企业在物流活动过程中，为预防和减少因物流丢失、损毁造成的损失，而向社会保险部门支付的物品财产保险费用。

就物流范围而言，物品丢失、损耗主要发生于采购、保管和销售过程中；就存货实物形态而言，既包括在途存货，也包括库存存货。因此，存货保险成本存在于供应物流、企业内物流和销售物流阶段。

各项物流功能成本，其支付形态主要包括人工费、材料费、维护费和一般经费。与物流功能成本不同，存货相关成本包括流动资金占用成本、存货风险成本和存货保险成本，其支付形态在“特别经费”中反映。

二、企业物流成本的分类

（一）基于成本计算的企业物流成本分类

1. 按物流成本计入成本对象的方式分类

物流成本按其计入成本对象的方式，分为直接物流成本和间接物流成本。这种分类是为了经济、合理地将物流成本归属于不同的物流成本对象。

1）直接物流成本

直接物流成本是直接计入物流范围、物流功能和物流支付形态等成本对象的成本。一种成本是否属于直接物流成本，取决于它与成本对象是否存在直接关系，以及是否便于直接计入。因此，直接物流成本也可以说是与物流成本对象直接相关的成本中可以用经济、合理的方式追溯到成本对象的那部分成本。

2）间接物流成本

间接物流成本是指与物流成本对象相关联的成本中不能用一种经济、合理的方式追溯到物流成本对象的那部分成本。例如，若以物流范围作为成本计算对象，不能直接计入特定物流范围的物流管理成本、物流信息成本都属于间接成本。

“不能用经济、合理的方式追溯”有两种情况：一种是不能合理地追溯物流成本计算对象；另一种是不能经济地追溯到物流成本对象。例如，不单设物流信息部的信息人员兼做物流信息工作，这部分人员的工资很难分辨出物流信息成本应分担的数额，就属于不能合理地追溯到成本对象。对于不能经济地追溯到物流成本对象，例如，办公用品的成本可以单独计量追溯到特定部门及人员，但是单独计量的成本较高，而其本身数额不大，更准确地分配实际意义有限，不如将其按一定的分配标准统一进行分配。

2. 按物流活动的成本项目分类

1) 物流功能成本

物流功能成本可分为物流运作成本、物流信息成本和物流管理成本。其中,物流运作成本是指完成商品、物资的流通而发生的费用,可进一步细分为运输成本、仓储成本、包装成本、装卸搬运成本、流通加工成本;物流信息成本是指为完成物流信息的收集、传递和处理等发生的费用支出;物流管理成本是实施物流管理发生的费用支出,既包括物流管理部门的管理支出,也包括物流作业现场的管理支出。

2) 存货相关成本

存货相关成本是指物流活动过程中发生的与持有存货有关的成本支出,具体分为流动资金占用成本、存货风险成本和存货保险成本。

3. 按物流活动发生的范围分类

物流活动范围对于物流成本计算而言,是对物流起点和终点的界定。现代物流的范围包括从原材料采购开始,经过企业内的生产周转,到产品的销售乃至退货以及废弃物的处理的各业务环节。是截取其中一部分、不同部分还是将整个领域作为物流成本计算对象,都能引起物流成本的巨大差异。物流成本按物流活动的范围,可分为供应物流成本、企业内物流成本、销售物流成本、回收物流成本和废弃物物流成本。

4. 按物流成本的支付形态分类

按支付形态的不同对物流成本进行分类,是以财务会计中发生的费用为基础,首先将物流成本分为企业本身发生的物流费和物流业务外包支出的委托物流费,其中,企业本身发生的物流费又有不同的支付形态,包括材料费、人工费、折旧费、修理费、办公费、差旅费、水电费等。虽然物流成本计算属于管理会计的范畴,但计算物流成本必须以会计核算资料为基础,从基本的费用支付形态出发,逐一提取和分离物流成本信息,这是物流成本计算的难点,同时也是物流成本计算的起点。

财务会计上,费用支付形态多种多样,非常繁杂,鉴于物流成本计算更多地服务于管理,这就需要将形式多样的费用支付形态予以抽象的归类,从而可以从大类上了解物流成本的支付形态构成。日本将企业内部物流成本支付形态分为材料费、人工费、维护费、公益费、一般经费和特别经费。

(二) 基于成本管理的企业物流成本分类

1. 按物流成本是否具有可控性分类

物流成本按是否具有可控性,分为可控物流成本与不可控物流成本。在介绍可控成本与不可控成本之前,首先要明确责任成本的概念。责任成本是以具体的责任单位(部门、单位或个人)为对象,以其承担的责任为范围所归集的成本。可控物流成本总是针对特定责任中心而言的。一项物流成本对某个责任中心来说是可控的,对另外的责任中心则是不可控的。可控物流成本是指在特定时期内,特定责任中心能够直接控制其发生的物流成本。其对称概念是不可控物流成本。

从管理的角度看,将物流成本分为可控物流成本和不可控物流成本,对于加强物流成本管理、持续降低物流成本具有重要意义。可控物流成本对于特定责任中心而言,既然是可以控制的,该责任中心就理应成为控制和降低这部分成本支出的责任单位。同时,从整个企业看，既然所有成本都是可控成本，就应调动企业经营者或物流管理人员，发挥其主观能动性，进一步降低物流成本。

2. 按物流成本习性进行分类

物流成本习性是指物流成本总额与物流业务量之间的依存关系。在一定范围内，一项特定的物流成本可能随着业务量的变化而增加、减少或不变，这就是不同的物流成本所表现出的不同的成本习性。物流成本按成本习性，可分为变动物流成本、固定物流成本和混合物流成本。

1）变动物流成本

变动物流成本是指其发生总额随物流业务量的增减变化而近似成比例增减变化的成本，如材料消耗、燃料消耗、与业务量挂钩的物流业务人员工资支出等。这类成本的最大特点是成本总额随业务量的变动而变动，但单位成本保持原有水平。

2）固定物流成本

固定物流成本是指物流成本总额不随物流作业量的变化而变化，其主要特点是物流成本总额保持不变，但单位物流成本与物流作业量成反比关系。

3）混合物流成本

混合物流成本是指全部物流成本介于固定物流成本和变动物流成本之间，既随物流作业量变动又不与其成正比例变动的那部分成本。在实务中，有很多物流成本项目不能简单地归类为固定物流成本或变动物流成本，它们兼有变动物流成本和固定物流成本两种不同特性。

3. 按物流成本是否在会计核算中反映分类

物流成本是管理会计意义上的“大成本”概念，既包括会计核算中实际发生的、计入企业实际成本费用的各项支出，也包括会计核算中没有实际发生，但在物流管理决策中应该考虑的成本支出。物流成本按在会计核算中是否反映，分为显性物流成本和隐性物流成本。

1）显性物流成本

显性物流成本是物流成本在管理会计和财务会计两大领域中的共性成本，这部分成本支出是企业实际发生的，既在财务会计核算中反映，又在物流成本管理决策中有所体现。在物流活动过程中实际发生的人工费、材料费、水电费、折旧费、保险费等都属于显性成本。这部分物流成本的计算是以会计核算资料为依据，对会计核算资料分析和信息提取的过程。所有显性物流成本数据均来源于财务会计资料。

2）隐性物流成本

隐性物流成本是财务会计核算中没有反映，但在物流成本管理决策中需要考虑的成本支出，它是管理会计领域的成本。隐性物流成本的含义较为宽泛，例如，存货占用自有资金所产生的机会成本，由于物流服务不到位所造成的缺货损失、存货的贬值损失、回程空载损失等。这些成本支出和损失确实客观存在，但由于不符合会计核算的确认原则，难以准确量化和缺少科学的计量规则等原因，没有在财务会计中反映。

但是在管理会计领域，为了保证管理决策的科学合理，又要求将这部分成本支出纳入物流总成本范围予以考虑。实践中，从物流成本计算的适度准确和可操作性的要求出发，一般仅将存货占用自有资金所发生的机会成本作为隐性成本纳入物流总成本范围。

4. 按物流成本管理对象分类

物流成本按管理对象不同,可以分为事业部物流成本、营业网点物流成本、部门物流成本和作业物流成本等。企业根据物流成本管理实践,选择成本挂靠对象,通过计算和分析管理对象的物流成本,寻找物流成本管理的薄弱环节,制定措施,改进成本管理。

第三节 物流成本相关理论学说

一、"黑大陆"学说

"黑大陆"学说是由著名的管理学大师彼得·德鲁克提出的。"黑大陆"说法主要是指人们尚未认识、尚未了解的领域。1962年,彼得·德鲁克在《财富》杂志上发表了题为《经济的黑色大陆》一文,他将物流比作"一块未开垦的处女地",强调应高度重视流通及流通过程中的物流管理。他曾经指出"流通是经济领域的黑暗大陆",虽然泛指的是流通,但由于流通领域中物流活动的模糊性特别突出,它是流通领域中人们认识不清的领域,所以"黑大陆"学说主要是针对物流而言的。

在财务会计中把生产经营费用大致划分为生产成本、管理费用、营业费用、财务费用,然后再把营业费用按各种支付形态进行分类。这样,在利润表中所能看到的物流成本在整个销售额中只占极少的比重。因此物流的重要性当然不会被认识到,这就是物流被称为"黑大陆"的一个原因。

二、"效益背反"理论

物流成本具有"效益背反"的特征,又称为"二律背反",是物流领域中非常普遍的现象,是该领域内部矛盾的体现。效益背反是物流若干功能要素间存在损益的矛盾,在某一功能要素优化和效益提升的同时,不可避免地存在另一个或几个要素效益损失;反之亦然。物流系统的效益背反存在于物流成本与服务水平、物流各功能要素之间。

(一) 物流成本与服务水平的效益背反

高水平的物流服务是以高水平的物流成本为前提的,在技术没有显著进步的条件下,物流企业很难在"服务水平显著提高"与"物流成本降低"两方面兼得。提高物流服务水平,成本必然上升,两者之间存在效益背反关系。

一般在对物流服务和物流成本做决策时,可以以价值工程理论为指导,考虑以下四种方法。

(1) 保持服务水平不变,尽量降低物流成本。在不改变物流服务水平的情况下,通过改进物流系统来降低物流成本,提高物流价值。这种通过优化系统结构、降低物流成本来维持一定物流服务水平的方法称为追求效益法。

(2) 提高物流服务水平,增加物流成本。这是许多企业提高物流服务水平的做法,是企业物流面对特定客户或面对竞争对手时所采取的具有战略意义的做法。

(3) 保持物流成本不变,提高物流服务水平。这是一种积极的物流成本对策,是一种追求效益的方法,也是一种有效的利用物流成本性能的方法。

(4) 用较低的物流成本,实现较高的物流服务。这是一种增加效益、具有战略意义的方法。企业只有合理运用自身的资源,才能获得这样的成果。

企业采取哪种物流成本策略,要考虑各方面的综合因素,然后根据自身的总体经营战略,在成本和服务水平的定位上做出选择。

(二) 物流各功能活动的效益背反

在构成物流系统的各个环节(即活动)之间存在"效益背反"状态,要想较多地达到某个方面的目的,必然会使另一方面的目的受到一定的损失,也就是一方成本降低,而另一方成本升高,这便是物流各功能活动间的效益背反。

这表明,在设计物流系统时,要综合考虑各方面因素的影响,使整个物流系统达到最优,任何片面强调某种物流功能的企业都将会蒙受不必要的损失。由此可见,物流系统就是以成本为核心,按最低成本的要求,使整个物流系统化。它强调的是调整各要素之间的矛盾,把它们有机地结合起来,使成本变为最小,以追求和实现部门的最佳效益。

小贴士

海尔物流的"效益背反"难题

据资料显示,海尔实行"零库存"管理后,整体呆滞物资减少 73.8%,仓库面积减少 50%,库存资金减少 67%,人力成本减少为 10 个叉车司机,采购周期由 10 天减为 3 天,配送到全国的平均时间由 7 天减为 4 天。但由于过度依赖零库存统一安排,而忽略了其他物流因素,海尔也一度掉入"效益背反"的陷阱中。

在零库存改革的第一年,海尔家用空调业务下滑幅度为 34.43%,而这部分业务约占主营收入的 1/4。在 6 月的大旺季中,经常出现阶段性断货,周转时间平均为 20 天。究其原因,是海尔在所有产品过度追求"零库存"的统一安排,使得海尔空调在渠道、市场制度及市场策略上显得有失灵活性,没有从物流系统整体上考虑所致。

资料来源:郝静怡,王磊. 物流管理中的效益背反及解决方向[J]. 经济视角:下,2013(9):42.

三、"物流冰山"学说

"物流冰山"学说是日本早稻田大学西泽修教授提出来的。他潜心研究物流成本时发现,现行的财务会计制度和会计核算方法都不可能掌握物流费用的实际情况,因而人们对物流费用的了解是一片空白,甚至有很大的虚假性,他把这种情况比作"物流冰山"。

冰山的特点是大部分沉在水面以下,是看不到的黑色区域,而看到的不过是它的一部分。一般情况下,企业会计科目中,只把支付给外部运输企业、仓储企业的费用列入成本,实际这些费用在整个物流费用中犹如冰山的一角。因为物流基础设施建设费,企业利用自己的车辆运输、利用自己的库存保管货物、由自己的工人进行包装和装卸等费用均未计入物流费用科目内。

物流冰山如图 1-2 所示。西泽修用物流成本具体分析了彼得·德鲁克的"黑大陆"学说,沉浸在"水下"部分的"冰山"正是亟须物流企业开发的领域,也是物流行业的潜力

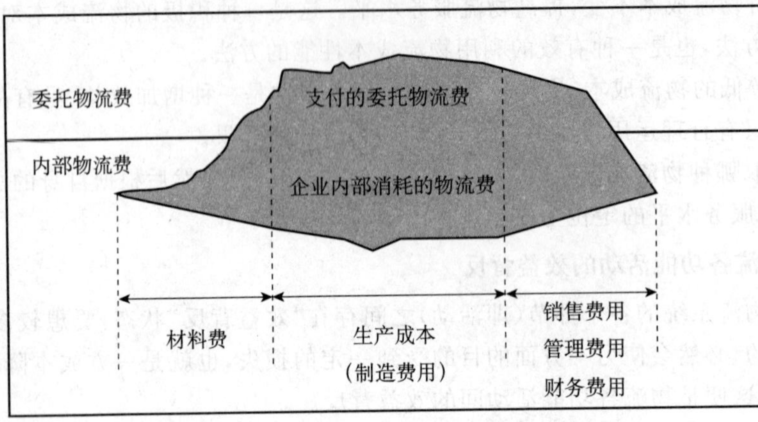

图 1-2 “物流冰山”说图解

所在。

从图 1-2 中可以看出,物流冰山图代表物流总成本,曲线内部包含的部分为物流成本计算。它又可以分为两部分:水平线上部分为委托物流费用,即用现金对外支付的物流费用;水平线下部分为企业内部消耗的物流费用。

具体来讲,企业生产的产品从工厂运到商业部门的物流成本计入物流成本;购买原材料所支付的物流成本计入原材料成本;自运运输费和自用保管费计入营业费用;与物流有关的利息和其他利息一起计入财务费用。

如果把这些来自生产成本、原材料、营业费用和财务费用中的有关物流部分费用划分出来,并单独加以汇总计算,就会对物流成本的全部有进一步的了解,并会为巨大的金额而感到惊讶。实践表明,实际发生的物流成本往往要超过外部支付额的 3 倍以上。

小贴士

供应链中的物流冰山

不仅在单个企业的物流成本中存在“冰山”现象,其实从供应链的角度看,物流冰山一样存在。比如,站在某个企业的角度,也许物流成本并不高,但站在供应链的角度,加上沟通成本、信息成本、时间成本、管理成本等,物流总成本和供应链总成本可能就不低了。企业角度所看到的成本,其实是冰山一角,很多影响物流成本的因素不易衡量,解决起来非一日之功。

比如物流节点衔接不畅、城市交通拥堵、货运车辆进城难、装卸停靠难、标准不统一、退换货的逆向物流、乱收费、乱罚款、库存周转问题、供求计划和预测……为了降低运输成本,一味地压低运价,同时也会造成运输行业发展乏力,运输服务水平下降,反而不得要领,高效率、低成本的物流,也需要更多地从冰山下面去解决。

资料来源:http://www.askci.com/chanye/2014/12/24/164740q1hn.shtml.

四、“第三利润源”学说

物流是企业“第三利润源泉”,也是西泽修教授于 1970 年提出的。在他的著作《物流——降低成本的关键》中谈到，企业的利润源泉随着时代的发展和企业经营重点的转移而变化。通过物流合理化降低物流成本，成为企业继降低物质资源和劳动力资源消耗之后获取利润的第三种途径。

第一利润源，是物质资源领域。即企业通过扩大生产能力，进行规模生产，降低以原材料消耗为主的生产成本当作扩大利润的一个最重要的来源，称为企业的“第一利润源泉”。

第二利润源，是人力资源领域。在竞争的市场环境下，产品供大于求，企业通过促销、提高产品和服务的质量、按客户要求进行生产等方式扩大销售，而降低物质资源消耗已接近极限，进一步降低成本的重点就落在了人力资源成本上。在人力资源领域，最初是使用廉价劳动力，其后则是依靠科技进步提高劳动生产率或采用机械化、自动化降低人力资源消耗，从而降低成本，增加利润，称为企业的“第二利润源泉”。

第三利润源，即物流领域。随着市场竞争日益激烈，前两个利润源的潜力越来越小，物流领域开始被人们重视，如果能有效降低在企业经营成本中占据相当高比例的物流费用，可以增加企业的利润。通过改善物流管理，降低物流成本，称为企业的“第三利润源泉”。

知识拓展

第三利润源理论渊源

日本1950年因朝鲜战争得到美国的经济援助和技术支持，很快实现了企业机械化、自动化生产。当时日本正处于工业化大生产时期，企业的经营重点放在了降低制造成本上，这便是日本第二次世界大战后企业经营的第一利润源。然而，依靠自动化生产手段制造出来的大量产品，引起了市场泛滥，产生了对大量销售的需求。于是，1955年从美国引进了市场营销技术，日本迎来了市场营销时代。

这一时期，企业顺应日本政府经济高速增长政策，把增加销售额作为企业的经营重点，这便是日本第二次世界大战后企业经营的第二个利润源。1965年起，日本政府开始重视物流。1970年开始，产业界大举向物流进军，日本又进入了物流发展时代。这一时期，降低制造成本已经有限，增加销售额也已经走到尽头，切望寻求新的利润源，物流成本的降低是“第三利润源”的提法恰恰符合当时企业经营的需要，因而“第三利润源”说一提出，就备受关注，广为流传。

西泽修教授在他的书中谈到，当时他提出“第三利润源”时，是受一部再度公演的著名电影《第三个男人》的启示，因为“第三”隐有“未知”的含义，所以才把降低物流成本说成“未知的第三利润源”。

资料来源：李炜光．轻税可育“第三利润源”[J]．新理财：政府理财，2011，5：28.

第四节 物流成本管理概述

一、物流成本管理的内涵

简而言之，物流成本管理就是通过成本管理物流，是以成本为手段的物流管理方法。

物流成本管理的意义在于,通过对物流成本的有效把握,利用物流要素之间的效益背反关系,科学、合理地组织物流活动,加强对物流活动过程中费用支出的有效控制,降低物流活动中的物化劳动和活劳动的消耗,从而达到降低物流总成本,提高企业和社会经济效益的目的。

二、物流成本管理的产生和发展

(一) 物流成本管理的产生

物流活动必然会带来相应的物流成本,然而最初提出物流管理时并没有将物流成本放在一个重要的位置,这与当时物流管理产生的背景有直接的关系。物流管理是在第二次世界大战期间提出的,其出发点是为美国军队解决一些后勤问题。但是由于在军事上,首先注重的是军用物资供应的可达性和及时性,成本的考虑是放在第二位的,因此在这个阶段物流成本管理没有得到较大的发展。

随着生产技术的发展,产品成本的下降,流通成本问题开始逐渐浮现,分销领域物流成本控制的问题也就产生了。同时,随着人们开始通过加强物流管理挖掘第三利润源,物流成本的问题也开始引起人们的注意,物流成本管理成为成本管理的一个新的组成部分。目前物流发展较好的国家有美国和日本,物流成本管理在我国则处于刚刚起步阶段。

(二) 物流成本管理的发展

从欧美国家的企业物流成本管理的一般发展过程来看,大致经历了物流成本认识阶段、物流项目成本管理阶段、引入物流预算管理制度的阶段、物流预算管理制度确立阶段、物流业绩评价制度确立阶段。

在日本,物流技术兴起于20世纪50年代,发展至今已形成了一套完整的体系,由重视功能变为重视成本,进而变为重视服务。日本著名物流研究专家菊池康也教授在《物流管理》一书中,认为日本物流成本管理发展可分为下述五个阶段:①了解物流成本的实际状况,对物流活动的重要性提高认识;②物流成本核算,了解并解决物流活动中存在的问题;③物流成本管理,物流成本的标准成本管理和预算管理;④物流收益评估,评估物流对企业效益的贡献程度;⑤物流盈亏分析,对物流系统的变化或改革做出模拟模型。从菊池康也教授的观点来看,日本目前处于第三和第四阶段。观察我国目前物流成本的研究和管理现状,目前还处在第一和第二阶段。

(三) 我国物流成本管理存在的问题

我国物流起步较晚,自从物流的概念从日本被介绍到国内后,一开始人们对物流的研究远远落后于物资系统,对物流成本的认识也只是停留在概念认识的层次上。进入21世纪,我国的物流产业有了蓬勃的发展,第三方物流企业大量涌现,特别是近几年网络经济的发展,我国物流业发展开始走向国际化、全球化。但从整体上看,目前我国在物流总成本与物流服务水平的研究方面还处于起步阶段,对物流成本的研究相对比较贫乏,还存在以下问题。

(1) 对物流成本的构成认识不清,“只见树木、不见森林”。目前我国企业现行的财务会计制度中,没有单独的科目核算物流成本,一般所有的成本分布在“费用”一栏中,无法分离。这使得许多企业仅将外包服务的运输和仓储费用作为企业的物流成本。这种计算方式使得大量的物流成本,如企业内与物流活动相关的人员费、设备折旧费等不为人所知。企业连自己的物流总成本都无法说清,这种情况下无论采用什么先进的物流管理模式和技术,都不可能真正实现企业物流系统的合理化。

(2) 物流成本的计算与控制由各企业分散进行,缺乏相应的权威统计数据。我国的企业是根据自己对物流成本的理解进行计算与控制的,缺乏统一的统计口径,全国甚至各个行业都有有关物流成本的统计数据。目前一些发达国家可以根据自己的统计数据,计算出其物流成本占 GDP 的比重,而我国却做不到这一点,只有一些由世界银行等国际组织估算的数字。此外,由于企业计算标准的不同,我国各行业的平均物流成本水平也无法计算得出。

三、物流成本管理的意义

实行物流成本管理,降低物流成本,提高效益,对国家与企业都具有重要的现实和长远意义。

(一) 宏观意义

从宏观角度讲,进行物流成本管理,给行业和社会带来的经济效益体现在以下几个方面。

1. 有利于提高经济运行质量和总体竞争能力

随着经济全球化和信息技术的迅速发展,企业生产资料的获取与产品营销范围日益扩大,社会生产、物资流通、商品交易及其管理正在不断发生深刻的变革。物流成本管理水平的高低,将直接影响物流成本水平,进而影响产品成本。对于我国工商企业而言,在各国企业都追求客户服务的差异化或成本最小化战略之时,可以利用高质量的现代物流系统,降低物流成本,提高企业及其产品参与国际市场活动的竞争力。如果全行业的物流效率普遍提高,物流成本平均水平降低到一个新水平,那么,该行业在国际上的竞争力将会得到增强。对于一个地区的行业来说,可以提高其在全国市场的竞争力。

全行业物流成本的普遍下降,将会对产品的价格产生影响,导致物价的相对下降,减轻消费者的经济负担,这有利于保持消费物价的稳定,相对提高国民的购买力,刺激消费,提高经济运行的整体效率。物流业越发展,物流成本越低,物流总成本在 GDP 中的比例就越低。物流业水平的高低是一个国家综合实力、竞争力、经济效率与宏观调控力的重要标志。物流成本管理对于优化资源配置、提高经济运行效率,具有十分重要的意义。

2. 加速产业结构调整,支撑新型工业化

加强以物流成本为手段的物流管理,可以促进新的产业形态形成,优化区域产业结构。现代物流产业本质上是第三产业,是现代经济分工和专业化高度发展的产物,其发展将对第三产业发展起到积极促进作用。实践表明,现代物流的发展,推动和促进了当地经济发展,既解决了当地的就业问题,又增加了税收,促进了其他行业的发展。

加强物流成本管理还可以促进以城市为中心的区域市场的形成和发展。现代物流可以促进以城市为中心的区域经济形成,促进以城市为中心的区域经济结构的合理布局和协调发展,有利于以城市为中心的经济区吸引外资,有利于以城市为中心的网络化的大区

城市场体系的建立,有利于解决城市的交通问题,有利于城市的整体规划,有利于减少物流对城市环境的不利影响。

3. 有利于进一步调整商品价格

加强物流成本管理是保持物价稳定的重要举措。物流成本是商品价格的重要组成部分,通过物流成本管理,使用于物流管理领域的人力、物力、财力的耗费不断下降,这将对商品价格产生积极的影响,导致社会物价相对下降,从而起到平抑通货膨胀,进而相对提高国民购买力的作用。

4. 有利于节约大量社会财富

对于全社会而言,物流成本的下降意味着创造同等数量的财富,在物流领域所消耗的物化劳动和活劳动得到节约;也意味着以尽可能少的资源投入创造出尽可能多的物质财富,减少资源消耗。此外,加强物流成本管理,还可以降低物品在运输、装卸、仓储等流通环节的损耗,为企业带来利润,为国家创造财富,增加资金积累,这也是社会扩大再生产的基础。

近年来,我国提出了建设资源节约、环境友好型社会的目标和要求,而加强物流成本管理工作,不断降低物流管理领域的各类耗费,节约各类资源,以最少的耗费换取最大的物流受益则是建设节约型社会的具体举措。

(二) 微观意义

物流成本管理的微观意义体现在对企业的影响。

1. 降低物流成本,增加企业利润

物流成本在企业总成本中占有比较高的比重,对于每个企业来讲都不是一个小数目,目前物流企业利润率仅在5%左右。以公路运输为主的企业来说,能够明显感觉到油费上升带来的压力。此外,人力成本也在增加,普通装卸工的工资相比上涨了1 800元,货车司机的月薪已上涨到5 000~10 000元。

2. 提高物流运作效率,全面提高服务质量

物流成本的降低需要系统化的物流管理,要求企业各物流活动环节(如运输、仓储、包装、装卸搬运等)实现作业的无缝连接,减少各种物流活动环节的一切浪费,避免待工、待料、设备闲置,尽量减少库存和运输的浪费,要求对客户的需求实施快速反应等。为了有效地降低物流成本,企业纷纷寻求降低成本的各种途径(如整合企业内部资源,优化作业流程等),从而全面提高服务质量。

3. 降低库存,加速资金周转

加强物流成本管理,可以提高物流各活动环节的运作效率,降低库存,减少库存资金的占用,加速企业资金周转。我国企业库存量大,库存占用资金已超过了20%,资金周转速度低。据有关部门统计,我国工业企业资金周转速度为1.2~1.3次,商业流动资金年平均周转为2.3~2.4次,与国外企业资金周转速度相差甚远。

在日本,由于建立了现代物流体系,日本制造业(包括批发、零售)流动资金平均周转为15~18次。一些跨国连锁企业,如沃尔玛、麦德龙、家乐福等公司,做到了零库存,使企业的资金周转速度提高到1年15次。

4. 提高企业的物流管理水平，增强竞争力

企业竞争优势的来源之一是低成本优势，如果企业进行的所有生产经营活动的成本累计低于竞争对手的成本，企业就具有了低成本优势，成本优势会带来超额收益。企业进行有效的物流成本管理，持续不断地降低物流成本，可以提高物流管理水平，为客户提供更好的服务，增强竞争力。

沃尔玛"天天平价"的营销政策，就源于它所建立的物流系统的低成本。当然由于企业本身资源所限，企业物流系统的低成本有赖于高效率的社会物流系统的支持。

四、物流成本管理的内容

（一）物流成本分析模块

1. 物流成本核算

物流成本核算是根据企业确定的成本计算对象，采用相适应的成本计算方法，按规定的成本项目，通过一系列的物流费用汇集与分配，从而计算出各物流活动成本计算对象的实际总成本和单位成本。物流成本核算过程，既是对实际发生的各项费用进行如实反映的过程，也是对费用支出信息进行反馈和控制的过程。

2. 物流成本分析

物流成本分析是根据物流成本核算及其他有关资料，按照一定的原则，运用一定的分析方法，对物流成本的各种影响因素及影响程度进行分析，以揭示物流成本变动的原因，寻求降低物流成本的途径，采取有效的措施，合理控制企业物流成本。

（二）物流成本决策模块

1. 物流成本预测

物流成本预测是根据现有的物流成本资料、顾客的服务要求及其他资料结合企业具体的发展情况，运用一定的专门方法，对未来的成本水平及其变动趋势所进行的科学预测和测算。预测是决策、预算和控制的基础工作，可以提高物流成本管理的科学性和预见性。

在物流成本管理的许多环节都存在成本预测问题，如仓储环节的库存预测、流通环节的加工预测、运输环节的货物周转量预测、物流信息系统成本预测等。

2. 物流成本决策

物流成本决策是在物流成本预测的基础上，根据其他有关资料，运用决策理论和方法，从各种备选方案中选择最优方案的过程，以便确定目标成本，制订成本计划。它是实现成本的事前控制，提高经济效益的重要途径。

从物流的整个流程看，有库存、采购决策，配送中心新建、改建、扩建的决策；装卸搬运设备、设施购置的决策；流通加工合理下料的决策；物流信息系统软硬件投资、维护决策等。

3. 物流成本计划

物流成本计划是指根据成本决策所确定的方案、计划期的生产任务、降低成本的要求以及有关资料，通过一定程序，运用一定的方法，以货币形式规定计划期物流各环节耗费水平和成本水平，并提出保证成本计划顺利实现所采取的措施。

通过成本计划管理，可以在降低物流各环节成本方面给企业提出明确的目标，推动企业加强成本管理责任制,增强企业的成本意识,控制物流环节费用,挖掘降低成本的潜力,保证企业降低物流成本目标的实现。

物流成本有月度计划、季度计划、年度计划和短期计划(半年或1年)、中期计划(3年)、长期计划(5年或10年)等计划体系。

(三)物流成本控制模块

1. 物流成本预算

物流成本预算是指根据物流成本决策所确定的物流目标成本、降低物流成本的要求以及有关资料,通过一定的程序,运用一定的方法,以货币形式规定预算期物流各环节耗费水平和成本水平,并提出保证成本计划顺利实现所采取的措施。

通过物流本计划管理,可以在物流活动的全方位向企业员工提出明确的成本目标,实行管理责任制,增强企业全员的物流成本管理意识,控制物流环节费用,挖掘降低物流成本的潜力,保证企业物流成本目标的实现。

2. 物流成本控制

物流成本控制是根据物流成本计划目标,对成本形成和发生过程以及影响物流成本的各种因素和条件加以引导和限制,以保证物流成本目标实现的一种管理活动。从物流活动过程来看,物流成本控制包括事前控制、事中控制和事后控制。

物流成本控制的基本内容包括:①运输费用控制,如加强运输的经济核算,防止运输过程中的差错事故,做到安全运输等;②储存费用控制;③装卸搬运费用控制,如合理选择装卸搬运设备,防止机械设备的无效作业,合理规划装卸方式和装卸作业过程,减少装卸次数,缩短操作距离,提高被装卸物资纯度等;④包装费用控制。

3. 物流成本绩效评价

物流成本绩效评价是指对考核对象的成本计划及有关指标的实际完成情况进行总结和评价。物流成本绩效评价首先要求明确考核对象的经济责任,制定责任成本,然后才能对其业绩进行考核。绩效评价的目的在于调动各责任者的积极性,促使其改进工作,降低成本,提高效率。为了发挥物流成本绩效评价的激励作用,绩效考核应与奖惩制度相结合。但需要指出的是,对责任单位的物流成本绩效评价应当建立在其可控的基础上。对不可控因素,如不可预见的自然灾害以及在本责任中心发生的成本但属于其他责任中心的控制范围,应当予以剔除,使物流成本绩效更加合理。

上述三个模块和各项成本管理的内容是互相配合、相互依存的有机整体:成本分析与预测是成本决策的前提;成本计划是成本决策所确定目标的具体化;成本控制是对成本计划的实施进行监督,以保证目标的实现;成本核算与分析是对目标是否实现的检验和评估。

五、物流成本管理的方法

(一)物流成本横向管理法

物流成本横向管理即对物流成本进行预测和编制计划。物流成本预测是在编制物流计划之前进行的。它是在对本年度物流成本进行分析,充分挖掘降低物流成本潜力的基础上,寻求降低物流成本的有关技术经济措施,以保证物流成本计划的先进性和可靠性。

物流成本计划按时间标准进行划分，有短期计划（半年或 1 年）、中期计划和长期计划。

（二）物流成本纵向管理法

物流成本纵向管理即对物流过程的优化管理。物流过程是一个创造时间性和空间性价值的经济活动过程。为使其能提供最佳的价值效能，就必须保证物流各个环节的合理化和物流过程的迅速、通畅。物流系统是一个庞大而复杂的系统，要对它进行优化，需要借助先进的管理方法和管理手段。

（1）用线性规划、非线性规划制订最优运输计划，实现物品运输优化。

物流过程中遇到最多的是运输问题。例如，某产品现由某几个企业生产，又需供应几个客户，怎样才能使企业生产的产品运到客户所在地时总运费最小？假定这种产品在企业中的生产成本已知，从某企业到消费地的单位运费和运输距离，以及各企业的生产能力和消费量都已确定，则可用线性规划来解决；如企业的生产数量发生变化，生产费用函数是非线性的，就应使用非线性规划来解决。属于线性规划类型的运输问题，常用的方法有单纯形法和表上作业法。

（2）运用系统分析技术，实现货物配送优化。

配送路线是指各送货车辆向各个客户送货时所要经过的路线，其合理与否，对配送速度、车辆的利用率和配送费用都有直接影响。目前较成熟的优化配送线路方法是节约里程法。

（3）运用存储论确定经济合理的库存量，实现物资存储优化。

存储是物流系统的中心环节。物资从生产到客户之间需要经过几个阶段，几乎在每一个阶段都需要存储。究竟在每个阶段库存量保持多少为合理？为了保证供给，需隔多长时间补充库存？一次进货多少才能达到费用最省的目的？这些都是确定库存量的问题，也都可以在存储论中找到解决的方法。其中应用较广泛的方法是经济订购批量模型，即 EOQ 模型。

（4）运用模拟技术对整个物流系统进行研究，实现物流系统的最优化。

例如，克莱顿·希尔模型是一种采用逐次逼近法的模拟模型。这个方法提出了物流系统的三项目标：最高的服务水平、最小的物流费用、最快的信息反馈。在模拟过程中，采用逐次逼近的方法来解决下列决策变量：流通中心的数目、对客户的服务水平、流通中心收发货时间的长短、库存分布、系统整体的优化。

（三）计算机管理系统管理法

计算机管理系统将物流成本的横向和纵向连接，形成一个不断优化的物流系统循环，通过一次次循环、计算、评价，使整个物流系统不断优化，最终找出其总成本最低的最佳方案。

案例分析

A 公司物流成本构成情况

A 公司是一家科技型股份制企业，由原来倒闭国有企业改制而来，集科技、工、贸、研为一体，下属有三家工厂，一家营销公司。A 公司的物流成本主要由运输配送成本、包装成本、装卸搬运成本、订单处理成本、仓储成本等构成。

1. 运输配送成本

运输配送成本在A公司的整个物流成本中占有非常大的比重。A公司的运输配送成本主要分为自营费用和外包费用。在自营费用中,A公司核算的费用主要包括燃料费、运输设备的维修费用以及快递费用,如表1-4所示。

表1-4 A公司运输配送成本 单位:元

运输费用项目	2012年	2013年	增幅
燃料费	425 426.7	663 782.4	56.03%
运输设备维修费	694 377.5	886 432.6	13.26%
快递费用	37 000	423 000	14.32%
外包费用	1 564 320	1 987 965	12.68%
合 计	2 721 124.2	3 580 480	31.58%

2. 包装成本

包装成本主要包括包装材料成本、包装机械设备成本(设备折旧费、低值易耗品摊销、维修费等)、包装技术成本、包装辅助成本(包装标记标志的设计费用)、包装的人工成本(包装人员的工资、奖金等)。由于包装所发生的成本支出占A公司物流成本的10%。

3. 装卸搬运成本

A公司的装卸和搬运成本主要包括装卸搬运员工工资、装卸搬运设备折旧费以及相关设备维护费用。装卸搬运员工工资按照岗位人数乘以岗位工资及绩效工资计算。装卸搬运设备折旧费用按照设备的原值乘以10%确定。相关设备维护费用和设备的原值密切相连,A公司是以设备原值占固定资产的比例进行分摊的。

4. 订单处理成本

A公司从准备下订单开始到收到货物为止,在这一段时间内所有相关单据处理活动以及与订单处理活动相关的费用等都属于订单处理成本。这部分成本主要包括固定成本和变动成本。固定成本主要来自采购人员的工资,变动成本主要包括员工办公费用、快递费用、电话费用、差旅费用等。

5. 仓储成本

仓储成本是企业在开展仓储业务活动中各种要素投入的以货币计算的总和,其中一部分为仓储设施和设备的投资;另一部分则为仓储保管作业中的活劳动或者物化劳动的消耗,主要包括工资和能源消耗等。A公司的仓储费用主要由仓储人员的工资以及福利、仓储设施设备的维护和折旧费,以及其他与公司仓储业务有关的费用组成。

资料来源:王庆.供应链环境下A公司物流成本控制研究[D].杭州:浙江工业大学,2014.

思考:

1. 结合案例分析A公司的物流成本构成情况。

2. 根据本章所学知识,结合A公司的物流成本构成情况,思考如何控制企业的物流成本。

复习思考

1. 简述物流成本的内涵。
2. 试分析影响物流成本的因素。
3. 试分析企业物流成本的构成。
4. 与物流成本相关的理论学说有哪些？如何理解？
5. 日本的物流成本管理经历了哪几个阶段？
6. 物流成本管理的内容和方法有哪些？

第二章 物流成本的计算

◆ 学习目的与要求 ◆

➢ 了解物流成本计算的意义，掌握物流成本计算的对象、方法和程序；

➢ 熟悉物流成本计算中存在的问题，掌握物流成本计算的要求和原则；

➢ 掌握物流成本的归集、分配和物流成本报表的编制。

◆ 引导案例 ◆

通达公司的利润去哪儿了

通达公司是一家规模较大、品种规格较齐全的电视机零配件生产企业。与国内同行业中的其他企业相比，通达公司的生产技术已相当成熟，并在业内形成了良好的品牌效应。然而，近3年的财务报表显示，通达公司的净利润始终低于预期水平。

为了查明原因，通达公司委托信晟咨询公司对其经营业绩进行评价，对生产流程、财务管理及公司政策进行全面调查。调查结果表明，通达公司的物流成本在实际产品成本中所占的比重高达30%，且如此之高的物流成本没有明确地进行计算和分析，通达公司无法实现利润的原因与其物流成本管理有关。于是，按照通达公司的高层管理部门的要求，信晟咨询公司向其提供了一份有关此次调查的详细书面报告。

书面报告要求对通达公司的物流成本管理进行一次重大调整。信晟咨询公司建议通达公司建立企业物流成本计算制度，通过单独反映物流成本的项目、物流成本的各项构成，明确物流活动中的成本耗费，进而为企业建立物流成本预算制度、标准成本管理制度，以及明确物流成本责任和进行业绩评价提供依据。

资料来源：王欣兰．物流成本管理[M]．北京：清华大学出版社，2010.

思考：

1. 通达公司为什么要建立企业物流成本计算制度？
2. 通达公司的物流成本计算制度对其他企业有什么启示？

第一节　物流成本计算概述

凡是在一般企业或者物流企业中从事物流工作或与物流相关工作的人都关心物流成本。因为前面提到，所谓的物流成本也就是与物流相关的开支、花费或物流活动的费用。能把成本这笔账算得很细，把物流最基本的活动费用都用在刀刃上，或者说把物流成本控制在最低限度，才能收到最好的效果，取得理想的收益；才能获得个人与企业的共同发展或者双赢，甚至是多赢。

一、物流成本计算的意义

（一）物流成本计算的微观意义

1. 帮助企业发现不合理的物流活动

通过成本计算，发现企业费用过高的物流活动，从而发现企业不合理的物流活动环节，帮助企业调整物流管理方法和策略。

2. 为企业自营或外包物流决策提供依据

建立物流成本计算制度，准确、及时计算物流成本，可以使企业较详尽地了解自身物流成本支出情况，同时通过自身物流成本和委托物流成本二者的比较，在充分考虑其他相关因素的基础上，对自营或外包物流做出科学合理决策。

3. 为企业间物流成本水平的比较提供依据

通过建立企业物流成本计算制度，准确及时地进行物流成本计算，不仅有可能使企业了解其他企业物流成本的水平，而且使行业平均物流成本水平的生成成为可能，为物流成本水平的横向比较提供依据。

4. 为企业提高资源利用率提供依据

在进行企业物流成本核算时，还需要利用资源动因将作业消耗的资源价值合理地分配到各作业成本库中。这为比较资源的实际利用和需要利用之间的差异提供了依据，从而评价出资源利用效果，促使企业减少资源不必要的浪费。

（二）物流成本计算的宏观意义

1. 为制定物流服务价格提供依据

成本是制定价格的依据，而物流成本是制定物流价格的主要依据。

2. 为完善我国会计核算制度和社会物流统计制度奠定基础

建立企业物流成本计算制度，通过借鉴会计核算的思路计算物流成本，获取物流成本数据,可以弥补现行企业会计核算制度在物流成本计算方面的缺失,为我国企业会计制度与国际会计准则的接轨奠定基础。同时,建立企业物流成本计算制度,计算企业物流成本,可以更准确地获取物流统计数据,有助于推进社会物流统计制度的顺利实施。

小贴士

国家颁布《企业物流成本构成与计算》(GB/T 20523—2006)

中国在1980年以后从日本引入物流的概念,而当时中国关于物流管理方面的书籍和著作几乎没有。此后,很多研究者对我国物流成本的控制和管理进行了相关研究。但如何计算企业物流成本,是我国企业物流运作过程中需要解决的一个问题。

2006年9月由国家质检总局、国家标准委正式发布,直到2007年5月,正式实施了国家标准《企业物流成本构成与计算》(GB/T 20523—2006),该标准借鉴日本、美国的成熟做法,结合我国企业财务和物流统计的有关制度,全面、系统地提出了企业物流成本的内涵、范围、具体构成和计算方法。这项标准能够适应我国的国情,同时与世界接轨,使得国内外的相同产业在物流成本方面的比较成为可能。

这项标准全面、系统地提出了企业物流成本的内涵、范围、具体构成和计算方法。

资料来源:刘伟勋.两项基础性物流国家标准开始实施[EB/OL].经济观察网,2007-05-07.

二、物流成本计算中存在的问题

当前,随着物流重要性的日益突出,很多企业将物流管理工作提到重要的议事日程,设立了专门的物流管理部门,不断提高物流管理的专业化水平。在这样的背景下,部分企业开始尝试在正常的产品成本核算体系之外建立物流成本的计算体系,以获取物流成本数据,为物流管理决策提供依据。但目前多数企业尚未建立系统科学的物流成本计算体系,物流管理决策更多地依赖定性分析。具体来说,目前企业物流成本计算主要存在以下问题。

(一)物流成本计算目的不明确

目前,人们计算物流成本的目的,往往还只是单纯地想了解物流成本,没有达到如何充分有效利用物流成本的阶段。因此,物流负责部门和会计部门花费很大精力计算物流成本,其用途却相对较小,使人们对物流成本计算的积极性不高。

(二)计算要素难以确定

物流成本计算要素难以确定,主要有以下四个原因。

1. 物流成本的计算范围太大

从供应链的角度,物流包括原材料的物流、企业内部的物流、从企业生产线到仓库和配送中心的物流、从配送中心到商店的物流等,涉及的单位很多,应用范围很广,实践跨度大,在计算物流成本时难免有所遗漏,很难做到准确。

2. 以不同的对象计算物流成本的结果相差很大

按照国家标准规定的物流的定义,物流涉及的过程较多,在以物流的过程为对象计算物流成本时,哪些过程应该作为成本的计算对象,哪些过程不应该作为成本的计算对象,难以确定。如果只将运输和保管费用计入物流成本和将运输、保管、装卸、信息等各个物流过程以及物流过程间的协调费用全部计入物流成本进行计算，两者的计算结果相差极大。

3. 物流成本的计算内容难以归集

在企业对物流成本的核算过程中，一般计算的都是对第三方物流支付的运输费用和仓库的保管费用等，比如企业向外部支付的运输费、保管费、装卸费等费用，各企业一般都会计入物流成本，而且也比较容易计入物流成本。但与此同时，企业内部物流管理的费用、存货资金占用的成本、企业内部的运输费用以及内部的包装成本都很容易被忽略，因此造成了物流成本核算的较大误差。因此，大部分企业对物流成本的计算都是“水下冰山”，很多隐性的成本没有计算在内。

4. 一些非物流费用与物流费用很难清楚界定

有些企业的物流部门对于一些物流成本无法掌握和控制。例如，物流成本中过量服务所发生的费用与标准服务所发生的费用混合在一起；很多企业将促销费用列在物流成本中；对于保管费用中的过量进货、过量生产等库存维持费用，紧急送达等产生的费用，一般也是纳入物流成本的，这无疑增加了物流成本的计算和管理的难度。

（三）按照现行会计核算制度计算物流成本难度很大

由于现行的财务会计制度和会计核算方法对物流成本没有分列记账，物流费用在企业财务会计制度中没有单独的科目，一般采用的方法是将企业所有的成本都列在不同的成本费用项目中，如将其分散到“材料采购”“管理费用”“销售费用”及“财务费用”等账户中进行混合核算，所以不能掌握物流费用的实际情况。按照现行会计核算制度，购买原材料所支付的物流费用计入原材料成本，自运运输费用和自用保管费计入营业费用，另外与物流有关的利息计入财务费用。

（四）物流成本计算标准不统一

各企业物流成本的计算标准不一定能按标准要求统一，对物流成本内涵的理解、物流成本计算范围的确定以及物流成本计算方法的运用各不相同，物流成本计算不统一的问题仍然存在。

（五）熟练掌握物流知识、管理知识和财务会计知识的高水平人才配备不足

尽管国内财务会计和管理会计人员的水平在不断提高，但是，由于正规财务会计与管理会计教育中没有相关物流及物流成本的知识，使得在职的会计人员没有物流成本核算与控制的概念，这是当前我国物流成本的核算与运用中面临的最主要问题之一。

案例分析

被误算了的物流成本

企业的物流成本实质上应该是客户订单的完成成本，即客户从下订单开始一直到企业为该客户提供满意的产品及服务为止企业所花费的非材料性成本。长期以来，国内认为物流是一种没有效益的活动，把物流仅看作需要支付的费用。但现代物流成本管理理念认为，今后应当把重点转移到如何应用物流成本上，注重物流成本效益。

成都金桥物流有限公司总经理刘显付为记者算了一笔账，在超市里花 6 元钱买一瓶

2.25 升的可口可乐时,也许不太注意这 6 元钱里包含了人工成本、原材料成本以及物流成本,最后才是一瓶可口可乐的利润。其实,这瓶可口可乐的制造成本(也就是把人工和原材料的费用加在一起)只不过 4 元左右,利润不过几毛钱,而相比之下,物流的成本却超过了 1 元钱。一瓶可口可乐在仓储、运输上消耗的费用能够占到销售价格的 20%~30%。事实上,物流成本已经成为企业生产成本中不可忽视的一笔消耗。

业内人士说,如此隐藏在商品中的物流大成本,某种程度提高了商品的价格。在商业竞争如此激烈的今天,商品价格很大程度上影响一个商品甚至企业的生命力。

有专家认为,物流成本的计算是比较复杂的,具有一定的隐含性。在传统上,物流成本的计算总是被误算、被分解得支离破碎、难辨虚实。由于物流成本没有列入企业的财务会计制度,制造企业习惯将物流费用计入产品成本,流通企业则将物流费用包括在商品流通费用中。因此,无论是制造企业还是流通企业,不仅难以按照物流成本的内涵完整地计算出物流成本,而且连已经被生产领域或流通领域分割开来的物流成本,也不能单独真实地计算并反映出来。任何人都无法看到物流成本真实的全貌,了解其可观的支出。虽然现代的物流管理把物流成本分为库存费用、运输成本和物流管理费用,但实际计算依然难度很大。

资料来源:曹霁霞,任天舒.物流成本管理[M].大连:大连理工大学出版社,2014.

三、物流成本计算的要求

(一)明确物流成本计算的目的

只有明确了物流成本计算的目的才能更有针对性地进行物流成本计算,提高物流成本计算所带来的效益。

(二)了解企业物流成本的内涵及形成机制

准确计算物流成本,首先要求会计人员或其他成本计算人员深入了解物流、物流成本的内涵以及物流成本的形成过程。对企业会计人员而言,物流成本计算的准确程度取决于其对物流及物流成本内涵的理解程度。

(三)企业会计基础工作规范,各有关部门密切协作

物流成本计算可采用两种方式进行:一是与产品成本计算同步;二是于期末单独进行。无论哪种方式,均要求企业建立健全规范的会计工作流程,以及完整可靠的原始资料记录。物流成本计算是对会计数据提取和分离的过程,尤其对于间接成本,当前主要是根据有关实物量的消耗进行分配和计算,因此,会计原始凭证中一定要有清晰、准确的相关实物数量的记录,从而为间接成本分配提供依据。

(四)物流成本计算过程中必须分清有关的费用界限

1. 分清应计入物流成本和不应计入物流成本的费用界限

企业的活动是多方面的,企业耗费和支出的用途也是多方面的,其中只有一部分费用可以计入物流成本。

一般来说,企业的全部经济活动可分为生产经营活动、投资活动和筹资活动。

首先,投资活动的耗费不能计入物流成本,只有生产经营活动和与流动资金有关的筹

资活动的成本才能计入物流成本。其次，物流成本包括正常生产经营活动成本和部分非正常生产经营活动成本。非正常的经营活动成本包括灾害损失、盗窃损失等非常损失；滞纳金、违约金、罚款、损害赔偿等赔偿支出；短期投资跌价损失、坏账损失、存货跌价损失、长期投资跌价损失、固定资产减值损失等不能预期的原因引起的资产减值损失，以及债务重组损失等。

另外，企业正常的生产经营活动成本又分为产品成本和期间费用，这两部分成本费用支出正是物流成本的主要构成内容。所以，计算物流成本首先应从与产品成本和期间费用有关的会计科目出发，按物流成本的内涵，逐一归集和计算物流成本。

2. 分清不同会计期物流成本的费用界限

物流成本的计算期可为月度、季度和年度，一般要求每月计算一次。因此，应计入物流成本的费用，要在各月之间进行划分，以便分月计算物流成本。为了正确划分各会计期的物流成本费用界限，在会计核算上，要求企业不能提前结账，将本月费用作为下月费用处理；也不能延后结账，将下月费用作为本月费用处理。同时，还要求企业严格贯彻权责发生制原则，正确核算待摊费用和预提费用，本月已经支付但应由以后各月负担的费用应作为待摊费用处理，本月尚未支付但应由本月负担的费用应作为预提费用处理。

3. 分清不同物流成本对象的费用界限

对于应计入本会计期物流成本的费用还要在各成本对象之间进行划分：凡是能分清应由某个成本对象负担的直接成本，应直接计入该成本对象；各个成本对象共同发生、不易分清应由哪个成本对象负担的间接费用，应采用合理的方法分配计入有关的成本对象，并保持一贯性。

四、计算物流成本应注意的问题

（一）计算物流成本应把握的几个主要原则

1. 合法性原则

合法性原则是指计入成本的支出都必须符合国家法律、法令、制度等关于成本支出范围和标准的规定，不符合规定的支出不能计入成本。所谓成本费用开支范围，是指哪些支出可计入成本，哪些支出不可计入成本；所谓成本开支标准，是指可计入成本范围的支出的数据限制。

2. 可靠性原则

可靠性具有两项基本品质要素：一是可验证性，即成本核算应当以实际发生的经济业务为基础，以取得的合法业务凭证为依据，进行确认、计量和报告；二是充分披露，即在符合重要性和成本效益原则的前提下，保证所提供信息的完整性，与使用者决策相关的有用信息都能得到充分披露。

3. 相关性原则

相关性原则包括成本信息的有用性和及时性。有用性是指成本核算要为管理部门提供有用的信息，为成本管理、预测、决策服务。及时性是强调信息取得的时间性。及时的信息反馈，可及时地采取措施，改进工作，否则提供的成本核算信息往往成为徒劳无用的资料。

4. 分期核算原则

企业为了取得一定期间所发生的物流成本,必须将川流不息的生产经营活动按一定阶段(如月、季、年)划分为各个时期,分别计算各期的物流成本。成本核算的分期必须与会计年度的分月、分季、分年相一致,这样可以便于利润的计算。

5. 权责发生制原则

权责发生制原则是指成本核算应以权责发生制原则为基础,对于应由本期成本负担的支出,不论其是否在本期已经支出,都要计入本期物流成本;不应由本期物流成本负担的支出(即已计入以前各期的成本,或应由以后各期成本负担的支出),即使是在本期支付,也不应计入本期物流成本。

凡应当由本期负担而尚未支出的费用,作为预提费用计入本期成本、费用;凡已支出,应当由本期和以后各期负担的物流费用,应当作为待摊费用,分期摊如物流成本、费用。

小贴士

权责发生制

权责发生制是以收入和费用是否实现或发生为标志确定其归属期的一种会计核算基础。其含义是:凡是本期已实现的收入,无论其款项是否收到,都应当作为本期的收入;凡是本期应当负担的费用,无论款项是否付出,都应当作为本期的费用。反之,凡是不属于本期的收入,及时款项已在本期收妥,也不应当作为本期的收入;凡是不属于本期的费用,及时款项已在本期付出,也不应当作为本期的费用。

由于权责发生制以是否取得收款权利和是否形成付款义务为标准确认收入和费用,因此,它能更加真实、合理地反映特定会计期间的财务状况和经营成果。我国企业会计的确认、计量和报告应当以权责发生制为基础。

与权责发生制相对应的是收付实现制,它是以实际收到现金或支付现金作为确认收入和费用的记账基础。目前,我国的行政事业单位会计采用收付实现制。

资料来源:曹霁霞,任天舒.物流成本管理[M].大连:大连理工大学出版社,2014.

6. 按实际成本计价的原则

物流成本核算应遵循实际成本计价的原则。企业在生产经营过程中所发生的各项费用、应当以实际发生数计入成本、费用。生产经营所耗用的原材料、燃料、动力要按实际耗用数量和实际单价计算成本。已经完工的服务成本的计算要按实际发生的成本计算。虽然“原材料”“燃料”“产成本”等的账户可按计划成本(或定额成本、标准成本)记账,但计算物流成本时,应加、减成本差异,以调整到实际成本。

7. 一致性原则

成本核算遵循一致性的原则,成本核算对象、成本项目和成本计算方法前后各期一致,其目的是使各期的成本资料有统一的口径,前后连贯,互相可比,以提高成本信息的利用程度。

8. 重要性原则

重要性原则是指在物流成本核算过程中,应基于管理要求,区分主次,对于那些对物流成本有重大影响的项目应作为管理重点,力求精确;对于那些不太重要的琐碎项目,则可以从简处理。一般来讲，发生的经济业务是否重要，既取决于该项业务的金额的大小，也取决于各项业务的性质以及对信息使用者所产生的作用和影响的大小。

（二）计算物流成本和编制物流成本表应注意的问题

1. 物流成本表要在企业内公布

物流成本计算完毕并编制形成物流成本表后，仅作为企业物流部门的内部资料是不够的，还应该在公司内部公布，这样有利于合全公司之力，改善企业的物流活动，从而全员参与降低和控制企业的物流成本。

2. 物流成本计算和报表编制要持续

物流成本计算和报表编制持续包括两层含义：①成本表自身的计算依据、计算方法等，没有特别的理由一般不要轻易改变；②每月制作物流成本，将公司的方针和经营成果做对比，并以此为依据改善物流作业，使提高物流效率成为一种持续的习惯和要求。

3. 物流成本的计算和成本表编制要简易、易懂

在制作物流成本表、决定选取数字的过程中，不要考虑得过于复杂，各项成本的计算依据、计算方法等必须为所有参与成本管理和控制的人所理解。并且，将各项成本的计算依据、计算公式、计算方法在制作物流成本表时如实做出记录，便于后续的人员使用。

第二节 物流成本计算对象与内容

一、物流成本计算的对象

物流成本的计算取决于成本计算对象的选取。成本计算对象的选取方法不同，得出的物流成本的结果也就不同。因此，计算物流成本，明确物流成本计算对象是前提。

一般来说，物流成本计算对象的选取主要取决于物流范围、物流成本项目、物流成本支付形态以及企业物流成本控制的重点。其中前三项是计算物流成本的基础，是最基本的物流成本计算对象，各企业计算物流成本时一般应以物流成本项目、物流范围、物流成本支付形态这三项作为物流成本计算对象。

（一）以物流成本项目作为成本计算对象

物流成本项目是最基本的物流成本计算对象。以物流成本项目作为物流成本计算对象，是将物流成本首先按是否属于功能性成本分为物流功能成本和存货相关成本。

（二）以物流范围作为成本计算对象

起点与终点间的物流活动过程的选取，也就是对物流活动过程空间的截取，具体包括供应物流、企业内物流、销售物流、回收物流和废弃物物流等不同阶段所发生的成本支出。它的主要任务是从材料采购和管理费用等科目中分离出供应物流成本，如材料采购账户中的外地运输费、装卸搬运费等，管理费用中的市内运杂费以及列入有关费用科目中的采购环节所发生的企业自行运输的人工费、燃料费，运输工具的折旧费、维修费等。

从生产成本、制造费用、管理费用等账户中分离企业内物流成本,例如与仓储有关的人工费、仓库的折旧费、维修费,企业内的运输成本,企业内的包装成本以及仓储存货的资金占用成本、风险损失等。

(三)以物流成本支付形态作为成本计算对象

以物流成本的支付形态作为物流成本计算对象是将一定时期的物流成本从财务会计数据中予以分离,按照成本支付形态进行分类计算。它将企业的物流成本分为自营物流成本和委托物流成本。其中,自营物流成本指企业在物流活动过程中发生的人工费、材料费、办公费、差旅费、折旧费、维修费、租赁费、利息费、保险费等。

以支付形态表现的物流成本是企业物流成本发生的最原始状态,这里将上述形式多样的支付形态按其性质归为五类:材料费、人工费、维护费、一般经费和特别经费。其中,材料费和人工费意义较为明确;维护费指物流设施设备的折旧费、维修费、燃料动力消耗费等维护性支出;一般经费指物流功能成本中人工费、材料费和维护费以外的其他费用支出;特别经费仅用于计量与存货有关的费用支出。委托物流成本指企业委托外单位组织物流活动所支付的运输费、保管费、装卸搬运费等支出。

(四)其他物流成本计算对象

除了以上述物流成本项目、物流范围、物流成本支付形态作为物流成本计算对象,企业还可以根据物流成本管理和控制的重点选取其他物流成本计算对象。

1. 以客户作为成本计算对象

以客户作为物流成本计算对象主要是针对物流服务企业而言的。在物流服务业竞争日益激烈的今天,以客户作为成本计算对象,可以掌握为不同客户提供服务所发生的成本支出,对加强客户服务管理、确定有竞争力的服务价格以及为不同客户提供差别化的物流服务具有重要意义。

2. 以产品作为成本计算对象

以产品作为物流成本计算对象主要指生产企业及流通企业以产品品种作为成本计算对象。通过计算为组织不同产品购、产、销所发生的物流成本,掌握各产品的物流成本开支情况,明确管理和控制重点。同时,通过不同产品物流成本支出的比较和分析,明确目标产品物流成本改进的取向。但是,以产品作为物流成本计算对象,不同产品的成本计算会相对复杂,主要涉及间接成本在不同产品之间的分配以及在完工产品和在产品之间的分配,这需要借鉴产品成本分配的一些思路和规则。

3. 以部门作为成本计算对象

以部门作为物流成本计算对象获取物流成本信息,对于内部划分了运输、保管、装配等部门的企业而言,意义尤为重大。这种计算方式便于明确物流成本责任中心,有利于开展物流责任成本管理。通过不同责任部门物流成本的趋势分析,了解各责任中心物流成本的升降趋势,可以进一步明确责任,为部门绩效考核提供依据。

4. 以营业网点作为成本计算对象

计算各营业网点组织物流活动所花费的物流成本,进而了解企业物流总成本以及各网点物流成本构成,是企业进行物流成本日常控制、对各网点实施绩效考核和物流系统优化决策的重要依据。

案例分析

某公司的成本控制策略

一家生产化学品添加剂的公司为了降低成本，按各种产品的销售量比重进行分类：A类产品的销售量占总销售量的70%以上，B类产品占20%左右，C类产品则为10%。对A类产品，公司在各销售网点都备有库存；B类产品只在地区分销中心备有库存，而在各销售网点不备库存；C类产品连地区分销中心都不设库存，仅在工厂的仓库才有存货。经过一段时间的运行，事实证明这种方法是成功的，企业总的配送成本下降了20%之多。

资料来源：朱海鹏．配送业务处理[M]．北京：清华大学出版社，2013.

二、物流成本的归集与分配

从一定意义上讲，物流成本计算就是成本归集和成本分配两大工作。首先是成本归集，然后是成本分配，两者是密切联系、交错进行的。正确的成本归集是保证成本计算质量的关键。要做到成本归集的正确，一是费用划分要正确，如果费用划分错误，应由甲对象负担的费用，误归入乙对象的成本，则成本计算就不可能正确；二是汇总要按一定的程序进行，如果汇总程序搞乱了，就会发生费用漏记或重记的情况，影响成本计算的正确性。

（一）物流成本归集

物流成本归集是指对企业生产经营过程中所发生的各种物流费用，按一定的对象，如各种产品、作业、各个车间或部门所进行的成本数据的收集或汇总。收集某类成本的聚集环节，称为成本归集点。对于直接材料、直接人工，应按成本计算对象，如物流服务的品种、批别、步骤进行归集。对于间接费用，则应按发生地点或用途进行归集，然后再计入各成本对象的成本。

（二）物流成本分配

物流成本分配是指在有多个物流成本计算对象的情况下，为求得各成本计算对象的成本，对不能直接计入成本对象的费用，在按照费用发生的地点和用途归集后，按一定分配标准所进行的分配。成本的分配，是指将归集的间接成本分配给成本对象的过程，也称间接成本的分摊或分派。

成本分配要使用某种参数作为成本分配基础。成本分配基础是指能联系成本对象和成本的参数。可供选择的分配基础有许多：人工工时、机器台时、占用面积、直接人工工资、订货次数、采购价值、品种数、直接材料成本、直接材料数量等。

1. 成本分配的原则

为了合理地选择分配基础，正确分配间接物流成本，需要遵循以下原则。

1）因果原则

因果原则是指资源的使用导致成本发生，两者有因果关系，因此应当按使用资源的数量在对象间分摊成本。按此原则，要确定各对象使用资源的数量，例如耗用的材料、工时、机时等，按使用资源的数量比例分摊间接物流成本。

2）受益原则

受益原则可概括为两句话，即谁受益、谁负担；负担多少，视受益程度而定。按此原则，成本管理人员要确定间接物流成本的受益者，例如房屋维修成本按各部门的面积分摊，广告费按这种项目的业务额分摊等。因果原则是看“起因”，受益者原则是看“后果”，两者是有区别的。

3）公平原则

公平原则是指物流成本分配要公平地对待涉及的各方。

4）承受能力原则

承受能力原则是指假定利润高的部门耗用的间接成本大，应按成本对象的承受能力分摊较多的间接物流成本。例如，按部门的营业利润分配公司总部的费用，其依据是承受能力原则。

5）成本效益性原则

成本分配也要讲究成本效益比，即成本分配本身也是有成本的，而成本分配所带来的效益要远大于成本分配的成本才行。当然这种成本效益比不易计算，这就要求在进行成本分配工作时，要注意适度，不要将大量的时间和精力放在一些意义不大的数据收集和计算上，而且要注意成本分配能带来何种效果。

6）及时性原则

及时性原则是指要及时将各项成本费用分配给受益对象，反对将本应在上期或下期分配的成本费用分配给本期。不及时分配成本费用必然会影响成本的及时计算和计算结果的准确性，也必然会影响成本信息的质量，造成经济决策的失误。

7）基础性原则

成本分配要以完整的、准确的原始记录为依据，不能凭主观臆断乱分配，更不能故意搞乱成本分配秩序，制造虚假成本信息。如果各项基础工作做不好，必然使成本分配工作陷入被动局面。

8）管理性原则

成本分配要有利于企业加强成本管理。成本是一个综合性指标，既可以用它进行经济预测和决策，又可以用它编制成本计划，考核各部门的业绩，因此提高成本分配的科学性，对提高成本管理水平是极为有利的。

9）多元性原则

成本分配标准是多元的，成本分配方法是多样化的，成本分配的目的也是多元的。因此在进行成本分配时要灵活加以应用，不能固定不变地采用一个分配标准、一种分配方法。成本分配只有遵循多元性原则，才能逐步科学化，才能更好地发挥其应有的作用。

2. 成本分配的用途

物流成本分配的首要目标是使物流成本信息精确合理；其次在正确计算物流成本的基础上，成本分配要有助于经济决策，有利于激励员工提高效率，降低成本，提高企业经济效益。

1）成本分配用于变动成本法

对于成本分配而言，区分变动成本和固定成本，可用于经济决策，也可用于业绩评价，具有特别重要的意义。它强调成本形态模型，强调某组织或个人对企业整体的贡献。变动成本的分配通常比较简单，固定成本在一般情况下可不予分配。但为了一些特殊目的，也可能要对固定成本进行分配，而这种成本分配有时就比较复杂。

2）成本分配用于确定责任单位的业绩

许多成本可通过分配，直接追溯到各责任单位、各产品或各服务项目。为了确定各责任单位的业绩，需要进行成本分配。但有些成本分配到各责任单位是有一定难度的，特别是那些间接成本或约束性固定成本。因此从成本分配的精确性角度分析，往往陷入困境。但如果通过成本分配，在确定责任单位业绩的同时起到了激励作用，则成本分配的主要目标就算达到了。有些成本本身是可以不分配的，要针对责任单位的性质做具体分析。

3）成本分配用于经济决策

企业的许多经济决策都与成本分配有密切关系，为了决定经营什么项目，必须预测总物流成本和单位物流成本，而总成本、单位成本的多少又受成本分配的影响。完全成本法之所以还被企业普遍接受，与人们对成本分配的某种认识有关，即把全部成本在各项物流服务之间进行分配，作为各产品“真实的”或“实际的”成本近似值，借此对付不确定因素，增强经济决策的稳健性。

4）成本分配用于资产计价和确定损益

企业中各项资产的计价一般是建立在历史成本基础上的，而各项资产历史成本的确定离不开成本分配。确定损益是企业的一项重要的会计工作，而损益的确定是在产品与劳务成本确定的基础上进行的，各产品和劳务成本的确定也离不开成本分配。

5）成本分配用于培养员工的成本意识

管理部门为什么进行各种形式的成本分配，原因之一是通过成本分配使员工树立强烈的成本意识。尽管有些成本分配本身并不存在因果关系，但把一些基本的费用在各经营部门之间进行分配，这样就会使各部门关心该项活动。相反如果不进行成本分配，就会失去员工的警觉与关心，最终造成成本上升而引起各方面的不满。

第三节　物流成本计算方法

一、物流成本计算方法分类

（一）物流成本会计式的计算方法

会计式的物流成本计算方法是指通过凭证、账户、报表等对物流耗费予以连续、系统、全面地记录、计算和报告的方法。会计式的物流成本计算包括以下两种形式。

1. 单轨制

单轨制强调在现有成本核算基础上增设与物流成本相应的会计科目、凭证和账簿，具体如图 2 1 所示。

在这种情况下，要对现有的凭证、账户、报表体系进行较大的改革，对某些凭证、账户、报表内容进行调整，同时还要增加一些凭证、账户和报表，这种结合通常是比较困难的，但

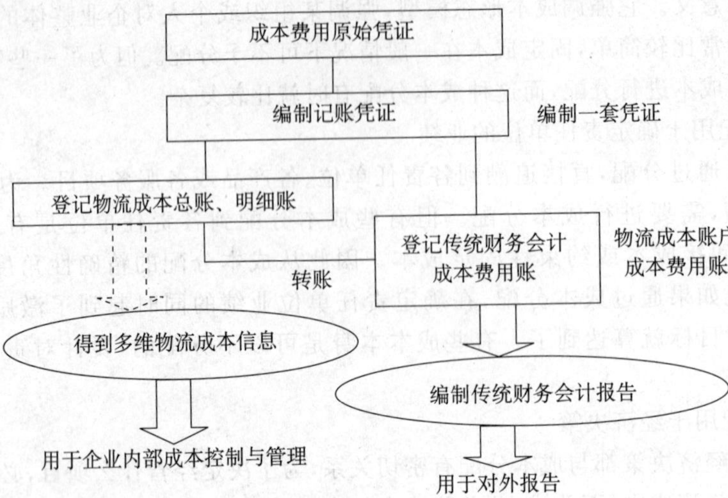

图 2-1 结合财务会计体系的单轨制物流成本核算模式

不是不可能。单轨制比较符合节约原则,但对企业的内在条件有很高的要求。

(1) 核算人员必须有较高的业务素质。

(2) 企业基础管理工作必须健全。

(3) 管理人员必须具备综合的现代化成本管理意识。

(4) 企业的成本工作必须实现标准化和现代化,并具有基本的组织保证等。

单轨制的优点是两种成本的核算工作同时进行,在不增加更多工作量的前提下,提供有关物流成本的信息;其缺点是需要对原有的会计体系和相关内容做较大的调整,弄不好会使账簿体系显得混乱,所以这种结合无疑也是有一定困难的。

2. 双轨制

双轨制强调把物流成本计算与其他成本核算截然分开,单独建立物流成本计算的科目、凭证和账簿。为提供详细的物流成本信息,物流成本计算应首先依赖于现有的会计信息系统,但是仅靠传统的会计方法难以取得足够的所需数据来计算物流成本,而折中之举就是对其进行若干修正。具体做法如下。

首先,在财务会计制度的基础上明确物流成本项目。企业在进行物流成本计算时,首先要根据物流成本的会计核算对象确定本企业物流成本不同核算层级的具体项目。可以按照物流范围、支付形态、功能分类、对象等不同标准确定,但要注意所确定的物流成本计算项目必须能全面反映本企业物流业务所发生的成本费用。

其次,根据物流成本项目和物流成本会计计算管理的需要,企业要进一步设置好相应的会计科目、凭证和会计账簿,这是物流成本会计计算的关键。企业可以选择采用单轨制或双轨制两种方式。企业应综合考虑自身的管理水平、员工素质、会计基础工作的高低来选择相应的会计核算模式。

最后,根据物流成本的核算特点设置物流成本会计报表。编制物流成本会计报表,提供本企业物流成本信息,是企业进行物流成本核算的目的所在。企业应根据物流成本管理需要来设置物流成本会计报表的种类;根据企业物流活动的基本职能构成或物流成本的性质设计会计报表的内容，其具体内容应与物流成本项目保持一致。此外，还可以编制“物流成本明细表”反映物流成本的增减变动情况，具体如图 2-2 所示。

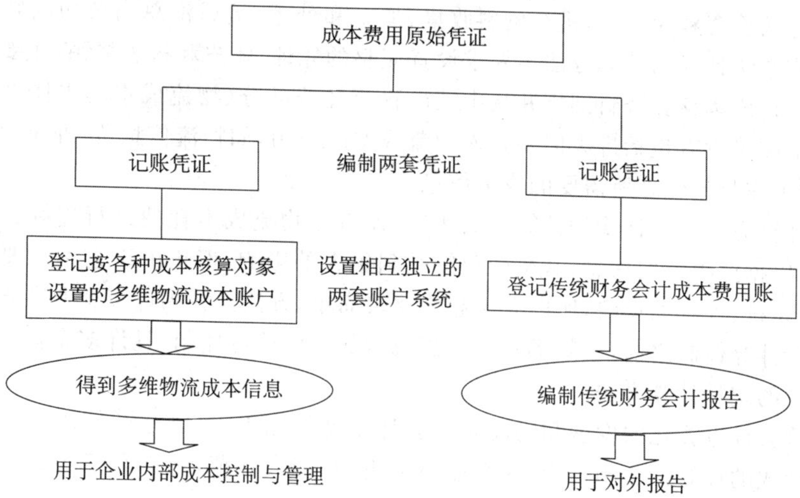

图 2-2 独立的物流成本会计核算双轨制模式

在实施物流成本的会计核算方法时，还应注意以下两点。

(1) 物流成本核算属于管理会计体制范畴，不能纳入一般的财务会计核算体制中，以免影响企业原有会计体制的正常运行。

(2) 个别物流成本科目的数据在原有会计科目中是无法获取的，也不能还原到会计科目中，如存货的机会成本这类损失必须在管理会计体制中进行核算。

双轨制的优点是能随时清晰地反映物流成本的相关资料；其缺点是成本核算的工作量大，如果财会人员数量不多，物流专业知识缺乏，提供的信息也未必准确，从成本效益角度看，可行性比较小。

3. 辅助账户制

辅助账户制即在不影响当前会计核算体系的前提下，设置“物流成本”辅助账户。

方法：在“物流成本”账户下，根据需要按照成本项目、物流范围、支付形态等设置二级账簿、三级账簿或专栏。若需要随时收集物流成本信息，可与日常会计核算同时进行，企业在按照会计制度的要求编制记账凭证、登记账簿、进行正常产品成本核算的同时，登记相关的物流成本辅助账户，在不影响现行成本费用归集分配的基础上，通过账外核算得到物流成本资料。若不与日常会计核算同时进行，企业平时按照财务会计制度的要求进行核算，不需进行额外的处理，然后定期(最好按旬或月末)对有关物流业务的原始凭证和单据进行归类整理，对现行成本核算资料进行解剖分析，从中分离物流成本的部分，计入有关账户，加工成所需的物流成本信息。

辅助账户制的优点是既不像双轨制核算工作量那么大，也不像单轨制需对原有会计核算体系进行调整。其缺点是若辅助账户设置不当或者登记方法不科学，也会增加工作量。

(二)物流成本统计式的计算方法

物流成本统计式的计算方法是一种简单、易用的计算方法。这种方法利用统计原理，以公司会计核算资料为基础，进行资料收集、加工和处理，最后汇总出公司的物流成本资料。物流成本统计式的计算方法不要求设置完整的凭证、账户和报表体系，主要目的在于通过企业现行成本核算资料剖析并从中抽出物流耗费部分(物流成本的主体部分)，再加上现行成本核算没有包括进去但要归入物流成本的费用，如物流信息费、外企业支付的物流费等，加工成物流管理所需要的成本信息。

该种计算方法与会计式的计算方法相比，没有对物流成本耗费进行连续、全面、系统的跟踪，所以据此得出的信息，其精确程度受到很大的影响，但正由于它不需要对物流耗费做全面、系统、连续的反映，所以运用起来比较简单、方便。我国许多企业在未建立物流成本的会计计算体制之前，一般都实施物流成本的统计计算体制，且许多企业不愿意改变其物流成本的统计计算方法。

但随着会计电算化的发展和物流企业会计制度的完善，可以逐渐使用统计式的计算方法与会计式的计算方法相结合，为企业提供更为一致、规范，更有利于决策的成本数据信息。

(三)会计和统计相结合的方式计算物流成本

会计和统计相结合的方式计算物流成本，其要点是将物流耗费的一部分内容通过会计方式予以计算，另一部分内容通过统计方式计算。由于企业物流成本包括显性成本和隐性成本两部分内容，显性成本主要取自会计核算数据，隐性成本主要通过统计方式进行计算，因此在实践中，计算企业物流成本通常要采用会计和统计相结合的方式。

1. 显性物流成本计算思路

显性物流成本主要是指现行会计核算中已经反映，可以从会计信息中分离和计算的物流成本。对于显性物流成本的计算，可根据企业实际情况选择期中或期末两种方式进行。

若期中收集物流成本信息，企业在按照会计制度的要求编制记账凭证、登记账簿、进行正常产品成本核算的同时，登记相关的物流成本辅助账户，在不影响现行成本费用核算的基础上，通过账外核算得到物流成本资料。

若期末收集物流成本信息，企业平日无须进行额外的处理，按照财务会计制度的要求进行会计核算，期末(月末、季末、年末)通过对有关物流业务的原始凭证和单据进行再次的归类整理，对现行成本核算资料进行解剖分析，从中分离出物流成本的部分，加工成所需的物流成本信息。

2. 隐性物流成本计算思路

隐性物流成本是指现行会计核算中没有反映，需要在企业会计核算体系之外单独计算的那部分物流成本，主要指存货占用自有流动资金所发生的机会成本。这部分物流成本可在期末根据有关存货统计资料按一定的公式计算。

二、物流成本计算的程序

物流成本包括显性成本和隐性成本，它们有不同的计算方法和程序，下面将分别介绍显性物流成本和隐性物流成本的计算程序。

(一) 显性物流成本的计算程序

对于显性物流成本,即现行成本核算体系中已经反映但分散于各会计科目中的物流成本,按以下程序计算。

1. 选取会计科目

计算显性物流成本必须依赖于现行会计核算体系,完整、准确的会计核算资料尤其是成本核算资料,是物流成本计算的基础。从纷繁复杂的会计信息中获取物流成本信息,无论是在期中与会计核算同步进行还是在期末单独进行,需找到计算物流成本的切入点。实践中,是从原始凭证、会计科目入手还是从会计报表入手?哪个切入点计算物流成本更便捷?这是首先要考虑的问题,下面一一进行分析。

从原始凭证入手计算物流成本,理论上行得通,逐一分析每张原始凭证,通常不会遗漏相关物流成本信息,但与物流成本无关的信息太多,徒增工作量。从会计报表入手计算物流成本,会计信息高度概括,无法准确分析哪些内容包含物流成本信息,而且即使明确了包含物流成本信息的会计报表项目,物流成本的计算仍需向会计科目和原始凭证追溯。从会计科目入手计算物流成本,方法相对折中。因为就物流成本的含义而言,由于其归属于成本费用类支出范畴,所以在计算物流成本时,只要从会计核算中所有的成本费用类会计科目入手,逐一分析其发生的明细项目,必要时追溯至原始凭证,逐一确认其是否属于物流成本的内容,就找到了计算物流成本的切入点。

基于上述思想,企业在计算物流成本时,应选取成本费用类会计科目计算。对生产制造企业而言,成本费用类会计科目主要包括管理费用、销售费用、财务费用、生产成本、制造费用、其他业务支出、营业外支出等科目。另外,我国会计核算中对于采购环节存货成本的确认通常包括运输费、装卸费等与物流成本有关的内容,而这部分内容连同存货本身的采购价格一并计入“材料采购”科目。所以,计算企业物流成本时,除了从上述成本费用类会计科目入手计算,还应考虑材料采购科目中所包含的物流成本信息。

2. 设置物流成本辅助账户

计算物流成本往往需要设置物流成本辅助账户,具体要设置哪些账户,主要取决于物流成本计算对象的选取和物流成本管理的要求。从物流成本构成的角度看,物流成本计算对象主要包括三维,即物流成本项目、物流范围和物流成本支付形态。

根据这三个维度,以“物流成本”作为一级账户;在“物流成本”账户下,按物流成本项目设置运输成本、仓储成本、包装成本、装卸搬运成本、流通加工成本、物流信息成本、物流管理成本、流动资金占用成本、存货风险成本、存货保险成本等二级账户;按物流范围设置供应物流、企业内物流、销售物流、回收物流和废弃物物流三级账户;按支付形态设置自营物流和委托物流成本四级账户;对于自营物流成本,还应按费用支付形态设置材料费、人工费、维护费、一般经费、特别经费费用专栏。

例如,物流成本中自营运输成本的计算可设置以下15个明细账户。

(1) 物流成本——运输成本——供应物流成本——人工费;

(2) 物流成本——运输成本——供应物流成本——维护费;

(3) 物流成本——运输成本——供应物流成本——一般经费;
(4) 物流成本——运输成本——企业内物流成本——人工费;
(5) 物流成本——运输成本——企业内物流成本——维护费;
(6) 物流成本——运输成本——企业内物流成本——一般经费;
(7) 物流成本——运输成本——销售物流成本——人工费;
(8) 物流成本——运输成本——销售物流成本——维护费;
(9) 物流成本——运输成本——销售物流成本——一般经费;
(10) 物流成本——运输成本——回收物流成本——人工费;
(11) 物流成本——运输成本——回收物流成本——维护费;
(12) 物流成本——运输成本——回收物流成本——一般经费;
(13) 物流成本——运输成本——废弃物物流成本——人工费;
(14) 物流成本——运输成本——废弃物物流成本——维护费;
(15) 物流成本——运输成本——废弃物物流成本——一般经费。

其他物流成本明细账户的设置可参照上述物流运输成本账户的设置,这里不再列举。

关于物流成本账户的设置,要注意以下五个方面的问题。

(1) 前面介绍的物流成本明细账户的设置是"大而全"的概念,实践中,企业仅需对本会计期间实际发生的物流成本耗费设置相应的明细账户。

(2) 物流成本二级、三级、四级账户及费用专栏设置次序,可根据企业实际情况确定,不必拘泥于前述设置次序的安排。

(3) 企业物流成本账户除了按物流成本项目、物流范围和物流成本支付形态设置,还可按产品、客户、部门等设置,具体取决于企业的物流成本管理要求。

(4) 物流企业一般不划分具体的物流范围,其物流成本账户直接按物流成本项目和物流成本支付形态设置即可。

(5) 无论期中还是期末计算物流成本,都需要设置明细账户。期中计算时需要实时登记各物流成本明细账户,期末进行汇总;期末计算时需要在各明细账户中逐一归集各物流成本,然后汇总计算。

3. 计算物流成本

在设置物流成本辅助账户,明确应选取会计科目的基础上,企业物流成本计算人员通过逐一分析各相关会计科目,明确哪些费用支出应计入物流成本。对于应计入物流成本的内容,可根据本企业实际情况,选择在期中与会计核算同步登记物流成本辅助账户,或在期末(月末、季末、年末)集中归集计算物流成本,分别反映出按物流成本项目、物流范围和物流成本支付形态作为归集动因的物流成本数额。

(二) 隐性物流成本的计算程序

对于隐性物流成本,即现行成本核算体系中没有反映但应计入物流成本的费用,本书主要指存货占用自有资金所发生的机会成本,其计算程序如下。

1. 统计存货占用的资金额

期末(月末、季末、年末)对存货按采购在途、在库和销售在途三种形态分别统计出账面余额。无论哪种状态统计,均以存货正在占用自有资金为统计标准,对于存货已购在途或在库但企业尚未支付货款以及企业已收到销售货款但存货仍在库或在途的，不进入统计范围。

2. 计算存货占用自有资金的机会成本

按照存货占用自有资金的账面金额，以行业基准收益率为机会成本率，计算存货占用自有资金所发生的机会成本。其计算公式如下：

存货资金占用成本＝存货账面余额×行业基准收益率

其中，对于生产制造和流通企业而言，若企业计提了存货跌价准备，则存货账面余额为扣除存货跌价准备后的余额；对于物流企业而言，由于不发生存货购销业务，只是在受托物流业务时需要垫付一定的备用金和押金，这部分备用金和押金可视同存货占用自有资金，也应计算其产生的机会成本。

企业若无法取得有关行业基准收益率的数值，也可用1年期银行贷款利率或企业内部收益率计算。当企业计算物流成本仅为内部管理所用时，则使用内部收益率计算物流成本对于其内部物流成本管理更有意义。

第四节　物流成本报表

为了反映、监督和考核企业物流成本计划的执行情况及结果，使日常物流成本计算取得的各种资料得到充分有效的利用，企业有必要编制物流成本报表。企业在编制完物流成本报表后，还要利用成本计划、成本核算及其他相关资料，采取科学的分析方法，分析评价物流成本水平及其构成的变动情况，以揭示影响物流成本升降的各种因素及其变动的原因，寻找降低物流成本的措施。

一、物流成本报表的作用

1. 可以反映物流成本计划的执行情况

通过物流成本报表反映企业在一定时期内的物流资源实际耗费水平，将其与物流成本计划相比，可以反映物流成本计划的执行情况，揭示出企业为完成物流成本计划而取得的成绩和存在的问题，找出差距，进一步挖掘降低物流成本的潜力；将实际物流成本水平与上期比较，可以揭示企业物流成本水平的变动趋势。

2. 为贯彻和完善经济责任制提供参考依据

通过物流成本报表的分析，可以考核物流成本计划的完成情况，落实奖惩措施，激励先进，鞭策落后，促进降低物流成本战略和措施的实施，为贯彻和完善经济责任制提供参考依据。

3. 有利于有针对性地编制下期的物流成本预算

根据物流成本报表反映的有关报告期成本降低任务完成情况的资料，结合对下一物流成本计算期间有关物流系统成本控制和绩效考核的需要，有利于有针对性地编制下一物流成本计算期间的物流成本预算。

4. 促进和提高物流成本管理水平

对于有主管部门的企业,通过编制并报送物流成本报表给主管部门,有利于主管部门了解和监督企业对国家有关方针、政策以及法规的执行情况,还有利于组织企业间的交流,促进和提高企业的物流成本管理水平。

二、企业物流成本主表

(一)企业物流成本主表格式

企业物流成本主表是按成本项目、成本范围和成本支付形态三维形式反映企业一定期间各项物流成本信息的报表。它是根据物流成本的三维构成,按一定的标准和顺序,把企业一定期间的项目物流成本、范围物流成本和支付形态物流成本予以适当的排列,并对在日常工作中形成的大量成本费用数据进行整理计算后编制而成的。

企业物流成本主表对企业物流成本计算对象的三个维度进行了整合,物流成本信息使用者可以从该表中了解详尽的企业物流成本信息,既可以了解不同物流功能成本及存货相关成本的发生额,也可以了解不同物流范围的成本发生额;既可以了解单项物流成本项目在不同物流范围的成本明细额,也可以了解单一物流范围所发生的不同的成本项目明细额;既可以了解内部自营物流成本及其具体的成本项目和物流范围成本发生额,也可以了解委托物流成本及其支出明细。同时,企业物流成本主表还能够提供进行物流成本评价的基本资料,它是企业物流成本评价的基础。企业物流成本主表的规范格式,如表2-1所示。

(二)企业物流成本主表编制的具体要求

企业物流成本主表所反映的信息是否有效,取决于其所提供信息的质量。为了充分发挥物流成本主表的作用,企业编制的物流成本主表必须数据真实、内容完整、指标明晰、编报及时。此外,还必须符合以下六点具体要求。

(1)企业物流成本主表的编报期为月报、季报和年报。

(2)生产企业和流通企业一般应按供应物流、企业内物流、销售物流、回收物流和废弃物物流五个范围阶段逐一进行填列。

(3)按范围形态填列时,若某阶段未发生物流成本或有关成本项目无法归属于特定阶段的,则按实际发生阶段据实填列或填列横向合计数即可。

(4)对于委托物流成本,若无法按物流范围进行划分但可以按成本项目分别付费的,填写“物流总成本——委托——17”一列的有关内容即可;若采用不分成本项目的整体计费方式付费但可以划分物流范围的,则填写“物流总成本——14”一行中与委托有关的成本即可;若既采用整体计费方式又无法划分物流范围的,则填写“物流总成本——14”一行与“物流总成本——委托——17”一列交界位置的成本即可。

(5)在上述第3项和第4项具体要求中直接填写“物流总成本”有关内容的,应对其内容在后面做备注说明。

(6)对于物流企业,不需按物流范围进行填列,按成本项目及成本支付形态填写物流成本即可。

表 2-1 企业物流成本主表

表号:企业物流 A1 表

企业详细名称: 企业法人代码: (计量单位:元) 年 月

成本项目		代码	范围及支付形态																	
			供应物流成本			企业内物流成本			销售物流成本			回收物流成本			废弃物物流成本			物流总成本		
			自营	委托	小计	自营	委托	小计	自营	委托	小计	自营	委托	小计	自营	委托	小计	自营	委托	小计
甲		乙	01	02	03	04	05	06	07	08	09	10	11	12	13	14	15	16	17	18
物流功能成本	运输成本	01																		
	仓储成本	02																		
	包装成本	03																		
	装卸搬运成本	04																		
	流通加工成本	05																		
	物流信息成本	06																		
	物流管理成本	07																		
	合计	08																		
存货相关成本	流动资金占用成本	09																		
	存货风险成本	10																		
	存货保险成本	11																		
	合计	12																		
其他成本		13																		
物流总成本		14																		

单位负责人: 填表人: 填表日期: 年 月 日

(三)企业物流成本主表的编制方法

企业物流成本主表的编制主要是对日常会计核算中的成本费用数据加以归集、整理和计算,使之成为有用的物流成本信息。企业物流成本主表中各项目的数据来源于会计核算资料和物流成本计算的结果。具体编制方法包括以下三种情况。

1. 根据会计明细账发生额汇总填列

企业物流成本主表中各项委托物流成本,一般可根据会计明细账发生额汇总填列。例如,对于生产制造和流通企业而言,委托运输成本和委托装卸搬运成本可根据会计明细账中的“销售费用——运费”“销售费用——装卸费”分别汇总填列;对于物流企业而言,委托运输成本和委托装卸搬运成本,可根据会计明细账中的“主营业务成本——运费”“主营业务成本——装卸费”分别汇总填列。

2. 根据会计明细账发生额分析汇总填列

企业物流成本主表中有些项目需要根据会计明细账发生额分析汇总填列。例如,对于生产制造企业来说,可根据会计明细账“制造费用——折旧费”具体分析其中有哪几项、多少数额是用于包装设备折旧费的,根据会计明细账“制造费用——保险费”具体分析其中有哪几项、多少数额是用于包装设备保险费的,从而获取和计算包装成本的有关信息,最后将与包装成本有关的信息汇总填列。

3. 根据会计明细账发生额分析计算汇总填列

企业物流成本主表中的多数项目都属于间接物流成本,其填列都需要根据会计明细账的有关资料进行分析,并采用一定的标准和方法进行分摊和计算,最后汇总为某一成本项目有关的细目后加以填列。

例如,在填列仓储成本时,首先要看企业仓储成本包括哪些内容。假设经查企业会计明细资料,得知企业仓储成本主要包括人工费和维护费两部分内容,这时需要分别计算人工费和维护费的数额。经查“销售费用——工资”明细账,发现这部分工资费用支出既包括仓库管理人员的工资,也包括仓库运作人员的工资。这时,需要进一步分析和计算仓库运作人员的工资,以确定仓储成本中人工费的支出数额;经查“销售费用——折旧费”明细账,发现这部分内容既包括仓库也包括营业用房的折旧费用支出,这时需要进一步分析计算仓库的折旧费,以确定仓储成本中维护费的支出数额。然后再将“仓储成本——人工费”和“仓储成本——维护费”两部分内容相加,才能得到仓储成本的有关信息。

总之,企业物流成本主表的填列以物流成本的计算结果为主要依据,是在汇总各物流成本项目的基础上进行填列的,而物流成本的计算是以会计成本费用类账户明细资料为依据的。

(四)企业物流成本主表的编制程序

企业物流成本主表的编制大致遵循以下程序。

1. 分析各项成本费用是否属于物流成本

在获取成本费用类明细账资料的基础上,按明细账科目逐一分析该项费用是否属于物流成本的内容。

2. 设置物流成本四级明细账户

对于属于物流成本内容的,设置物流成本四级明细账户,即“物流成本——物流项目成本——物流范围成本——物流支付形态成本”账户。例如,“物流成本——运输成本——供应物流成本——人工费”。对于可直接计入物流成本明细账户的,直接计入；对于不能直接计入的，则根据不同情况，按一定的标准对成本进行分摊，分析计算后计入。

3. 汇总计算物流成本明细项目

按企业物流成本主表内容的要求，汇总同一物流成本明细项目。

4. 填列企业物流成本主表

按对同一物流成本明细项目汇总的结果，填列企业物流成本主表。

三、企业自营物流成本支付形态表

（一）企业自营物流成本支付形态表格式

按支付形态不同进行物流成本的分类，主要是以财务会计中发生的费用为基础，通过乘以一定比率加以核算。此时，配送成本可分为以下几种。

（1）材料费：因物流物料消耗而发生的费用。

（2）人工费：因人力劳动的消耗而发生的费用，包括工资、奖金、福利费、医药费、劳保费以及职工教育培训费和其他一切用于职工的费用。

（3）公益费：向电力、煤气、自来水公司提供公益服务的部门支付的费用。

（4）维护费：土地、建筑物、机械设备、车辆搬运工具等固定资产的使用、转运和维修保养所产生的费用。

（5）一般经费：差旅费、交通费、资料费等费用。

（6）特别经费：按实际使用年限计算的折旧费和企业内利息等。

（7）委托物流费：对外支付的托运费、包装费、报关费、装卸费、委托物流加工等费用。

（8）其他企业支付费用：本期发生购进时其他企业支付或发生销售时其他企业支付的与物流有关的费用。

企业自营物流成本支付形态表是按照成本项目和自营物流成本支付形态二维形式反映企业一定期间自营物流成本信息的报表。它是根据物流成本项目和自营物流成本支付形态之间的相互关系，按一定的标准和顺序，把企业一定期间的项目物流成本及其对应的自营支付形态物流成本予以适当排列，并对日常工作中形成的大量成本费用数据进行整理计算后编制而成的。

企业自营物流成本支付形态表是对企业物流成本主表的补充说明。物流成本按支付形态划分为自营物流成本和委托物流成本，自营物流成本又有其具体的支付形态。企业在物流成本管理过程中，除了要了解自营物流成本和委托物流成本的数额，还需要了解不同支付形态下的各项自营物流成本数额。企业自营物流成本支付形态表对企业物流成本主表中的自营物流成本做了进一步的诠释和细化，使相关信息使用者可以更详尽地了解企业内部不同支付形态下的物流成本发生额以及不同成本项目的支付形态构成。

企业自营物流成本支付形态表成本项目一维的构成内容与企业物流成本主表的构成内容完全一致，其支付形态一维主要包括材料费、人工费、维护费、一般经费和特别经费内容，基本格式如表 2-2 所示。

表 2-2 企业自营物流成本支付形态

表号:企物流 A2 表

企业详细名称: 企业法人代码: (计量单位:元) 年 月

成本项目		代码	范围及支付形态					
			材料费	人工费	维护费	一般经费	特别经费	合计
甲		乙	1	2	3	4	5	6
物流功能成本	运输成本	01						
	仓储成本	02						
	包装成本	03						
	装卸搬运成本	04						
	流通加工成本	05						
	物流信息成本	06						
	物流管理成本	07						
	合 计	08						
存货相关成本	流动资金占用成本	09						
	存货风险成本	10						
	存货保险成本	11						
	合 计	12						
其他成本		13						
物流总成本		14						

单位负责人: 填表人: 填表日期: 年 月 日

(二) 企业自营物流成本支付形态表编制的具体要求

企业自营物流成本支付形态表编制的具体要求如下。

(1) 企业自营物流成本支付形态表编报期为月报、季报和年报。

(2) 对于运输成本、仓储成本、装卸搬运成、物流信息成本和物流管理成本,对应的支付形态一般为人工费、维护费和一般经费;对于包装成本、流通加工成本,对应的支付形态一般为材料费、人工费、维护费和一般经费;对于流动资金占用成本、存货风险成本、存货保险成本,对应的支付形态一般为特别经费。

(3) 凡成本项目中各明细项目有相应支付形态的,均需填写;无相应支付形态的,则不填写。

(4) 企业自营物流成本支付形态表中"合计——6"一列中各项成本数值应等于企业物流成本主表中"物流总成本——自营——16"一列中各项成本数值。

(三) 企业自营物流成本支付形态表的编制方法

企业自营物流成本支付形态表的编制方法与企业物流成本主表的编制方法基本相同,各项目的数据也主要来源于会计核算资料和物流成本计算结果。自营物流成本支付形态表主要依据会计明细账发生额分析汇总或分析计算汇总填列，一般不能直接汇总填列。

1. 根据会计明细账发生额分析汇总填列

企业物流成本支付形态表中的有些项目需要根据会计明细账发生额分析汇总填列。例如，计算“仓储成本——人工费”时，需要对“销售费用——工资”明细账进行分析，分析在销售费用列支的工资额中，有多少数额或多大比例是仓储作业人员的工资支出。同时，还需要进一步收集和分析与“仓储成本——人工费”有关的其他信息。例如，为仓储作业人员支付的奖金、福利费、保险费、住房公积金支出等，最后将与“仓储成本——人工费”有关的信息汇总填列。

2. 根据会计明细账发生额分析计算汇总填列

企业物流成本支付形态表中的有些项目需要根据会计明细账发生额分析计算汇总填列。例如，在“销售费用——办公费”明细账中含有物流作业现场管理人员的办公费支持，由于办公费的列支没有按人员明细记账，通过查询明细资料无法直接获得物流管理人员的办公费支出，这时需要计算物流管理人员在全体人员中所占的人数比例，从而计算出物流管理人员所耗用的办公费支出，获得“物流管理成本——一般经费”的信息。

在企业经营管理过程中，应当列入“物流管理成本——一般经费”内容较多，因此，在填列该项内容之前，需要将属于“物流管理成本——一般经费”的内容进行汇总。

总之，填列企业自营物流成本支付形态表多数情况下要对有关的会计成本费用明细账资料进行分析计算，与企业物流成本主表的填列相同，也要获取成本费用类明细账资料，设置物流成本四级辅助账户，分析、计算、汇总和填写表格。

事实上，只要设置了完整的企业物流成本明细账户，明确了企业物流成本的计算过程，根据企业物流成本表的内容设置，即可完成填写工作。填写企业物流成本主表和企业自营物流成本支付形态表可共享物流成本的计算结果。报表是对物流成本构成内容和物流成本计算结果的综合反映。

案例分析

凭借几年来积累下来的企业关系资源，兴隆物流公司的业务拓展非常顺利，客户也比较满意。但一到财务部门上交财务报表时，总经理就坐不住了，一系列数字告诉他，公司利润微薄，长期这样下去，不要说公司稳步发展了，维持都显得困难。公司高层召开会议，决定由总经理负责抓成本管理。于是总经理派出了自己最得力的助手邓超到自己老朋友王鹏的企业学习成本管理的成功经验。

王鹏总经理安排邓超到他们企业的财务部学习成本管理。财务主管向邓超介绍了他们企业的成本的分类与构成。学习 3 天后，财务主管将一个按支付形态计算好的成本表（见表 2-3）交给邓超，要求邓超将表中按支付分类的成本根据实际作业的发生，按照其作业功能分别进行归类，并计算各作业功能发生的费用与总费用的占比。

表 2-3 费用(按支付形态分类)

序号	费用支付项目	支付金额/元
1	折旧费	94 779
2	材料费	6 722
3	工资津贴	116 882
4	修缮费	11 253
5	水电费	11 472
6	燃料费	50 206
7	其他支出	17 998
合计		309 312

邓超按照财务主管这几天教的成本相关知识，将按支付分类的成本根据作业情况重新进行了分类，并得出了各功能的成本占比，如表 2-4 所示。

表 2-4 费用(按功能分类) 单位:元

费用项目		作业环节						
		运输	储存	分拣	加工	包装	信息处理	合 计
1	折旧费	35 789	21 700	28 970	2 350	1 320	4 650	94 779
2	材料费	1 432	587	897	1 370	1 795	641	6 722
3	工资津贴	12 567	13 680	56 421	16 590	7 844	9 780	116 882
4	修缮费	7 632	1 870	786	965			11 253
5	水电费	1 243	4 288	2 387	1 675	589	1 290	11 472
6	燃料费	50 206						50 206
7	其他支出	10 206	2 567	1 845	2 520	860		17 998
合计	金额	119 075	44 692	91 306	25 470	12 408	16 361	309 312
	构成/%	38	14	30	8	4	6	100

资料来源:朱海鹏,配送业务处理[M]. 北京:清华大学出版社,2013.

思考:

1. 邓超所列作业环节合适吗?
2. 这些作业环节适合所有公司吗?

知识拓展

作业成本法的发展

20 世纪杰出的会计大师美国人埃里克·科勒(Eric Kohler)教授于 1941 年在《会计论坛》杂志发表论文，首次对作业、作业账户设置等问题进行了讨论。1971 年，乔治·斯托布斯(George J. Statubus)在具有重大影响的《作业成本核算和投入产出会计》一书中，对作业、成本、作业会计、作业投入产出系统等概念做了全面、系统的阐述，这是理论上研究作业会计的第一部宝贵著作，但是当时作业成本法未能在理论界和实业界引起足够的重视。

20 世纪 80 年代后期，随着 MRP、CAD、CAM、MIS 的广泛应用，以及 MRPⅡ、FMS 和 CIMS 的兴起，美国实业界普遍感到产品成本与现实脱节，成本扭曲普遍存在，且扭曲程度令人吃惊。美国芝加哥大学的青年学者罗宾·库伯(Robin Cooper)和哈佛大学教授罗伯特·S. 卡普兰(Robert S. Kaplan)注意到这种情况，在对美国公司调查研究之后，发展了斯托布斯的思想，对作业成本管理的现实意义、运作程序、成本动因选择和成本库的建立等做了进一步应用。

资料来源：曹霁霞，任天舒．物流成本管理[M]．大连：大连理工大学出版社，2014.

复习思考

1. 我国企业在物流成本计算中存在哪些问题？
2. 如何选择物流成本计算对象？
3. 物流成本的计算方法有哪些？
4. 物流成本报表编制的作用有哪些？

第三章 物流成本分析

◆ 学习目的与要求 ◆

➢ 了解物流成本分析的意义；

➢ 熟悉物流成本分析的一般步骤和基本方法；

➢ 掌握物流成本结构分析、效益和效率分析。

◆ 引导案例 ◆

2012 年钢铁物流成本分析

全国重点企业物流统计调查数据显示，2012 年我国钢铁行业物流需求增速明显放缓，企业物流成本小幅增长，保管成本占比持续提高，物流费用率水平有所回升。

1. 钢铁行业物流费用率回升

2012 年钢铁行业物流成本费用率为 11.1%，同比提高 0.6 个百分点，比调查的全部工业企业高 1.9 个百分点，虽有所回升，但与 2008 年比较下降了 1.2 个百分点。

2. 企业物流成本小幅增长

2012 年重点调查钢铁企业物流成本比上年同期增长 2.3%，小幅增长。其中，运输成本比上年同期增长 1.9%；管理成本增长 1.7%；保管成本增长 3.1%。

在保管成本中，仓储成本比上年同期增长 9.0%，增幅同比回落 0.6 个百分点；利息成本增长 18.6%，回落 21.6 个百分点；伴随电子商务平台建设的快速发展，信息及相关成本增长 13.5%。从行业看，根据推算，2012 年规模以上钢铁企业物流总成本达 7 870 亿元，比 2014 年增加 850 亿元；物流成本占主营业务成本的比重为 11.9%，提高 0.5 个百分点。

3. 保管成本占比提高

在物流成本构成中，运输成本占 51.6%，比上年同期下降 0.2 个百分点；保管成本占 37.1%，提高 0.3 个百分点；管理成本占 11.3%，下降 0.1 个百分点。在保管成本中，仓储成本占 4.4%，利息成本占 12.4%，配送、流通加工、包装成本占 16.1%。

在保管成本中，配送、流通加工、包装成本占比近年来维持较高水平，均在 16% 以上。这反映出随着配送加工中心的发展，钢铁企业在销售环节向下游企业的加工制造环节不断推进，这也成为优化企业物流、拓展产品服务的一种方式，钢铁企业得以进一步延伸供应链。

4. 钢铁物流外包保持较高水平

2012 年对外支付的物流成本同比增长 0.3%，占物流成本的比例为 71.3%，同比下降 1.6 个百分点，但仍处于较高水平，高于工业企业平均 11.3 个百分点。

从运输量看，2012 年钢铁企业委托代理货运量同比增长 27.4%，增幅高于货运量 4.9 个百分点。委托代理货运量占货运总量的比重为 68.8%，同比提高 6 个百分点。

5. 物流成本费用率与发达国家仍存差距

2012 年日本钢铁企业物流费用率为 6.2%，同比提高了 1.3 个百分点。与日本相比，我国钢铁企业仍高出 5 个百分点，但与上年同期相比，中日企业物流费用率差距缩小 2.1 个百分点。如果达到日本钢铁企业物流费用率水平，可节约物流成本近 3 成。

资料来源：孟圆 .2013 年钢铁物流成本分析[EB/OL]. 中国物流与采购网，2014-04-20.

思考：

1. 通过案例数据，谈谈你对钢铁业物流成本的认识。
2. 日本钢铁企业物流成本较低的原因是什么？

第一节　物流成本分析概述

物流成本分析是在成本核算及其他有关资料的基础上，运用一定的方法，分析物流成本水平与构成变动的情况，研究影响物流成本升降的各种因素及其变动原因，寻求改善物流成本的途径，以便为企业物流成本管理和决策提供依据。物流成本分析的主要目的是在实现既定的顾客服务水平的条件下降低企业的物流成本，提高企业的竞争能力。

一、物流成本分析的意义

物流成本分析是企业物流成本管理的重要组成部分。企业在物流过程中原材料消耗的多少、劳动生产率的高低、物流的技术状况、设备使用效果及生产管理水平等，都会直接或间接地反映到企业物流成本中。因此，通过物流成本分析，可以了解企业物流计划的完成情况和变动趋势,掌握物流成本变动的规律,查找影响物流成本变动的原因及影响程度,从而为引入先进技术,采取科学合理的方法控制企业物流成本提供基础和前提,有利于管理者合理配置企业各类资源,做出正确的物流成本决策,以降低物流总成本,改进物流成本管理工作。

二、物流成本分析的一般步骤

(一) 选择物流成本分析指标的评价标准

针对物流成本分析指标,根据以下几个标准判断成本数据优劣。

1. 同行业其他企业的状况或行业的平均值

一般来讲,竞争对象清楚的企业,如果能够和同行业其他企业的状况做比较,就能判断自身的好坏。在物流业中,性质相仿的企业不少,即使不是直接竞争的企业,只要规模、物流过程性质差不多,也可作为比较的对象。

2. 企业过去的状况

除与同行业其他企业比较以了解别人怎样做、做得如何外,将本企业前后期的物流成本情况做比较,可清楚地知道企业物流成本当前是处于改善状况还是处于恶化状况。

3. 目标或计划

企业物流成本的分析,除注意趋势的变化外,若企业已针对营运状况设定好目标或计划,则应进一步将物流成本实际发生情况与目标或计划值比较,以判断企业运作的水准是否达到预期的程度,其结果可作为管理者今后计划的方向或重新设定新目标值的参考。

(二) 收集资料

收集资料就是收集与物流成本有关的各种计划资料、定额资料、核算资料等。如竞争性的比较资料收集,除了一些属于一般性的财务资料可由评鉴之类的刊物中获得外,较详细的资料可通过参观、沟通来取得。

(三) 指标的具体分析

在得到物流成本分析指标相关资料之后,采用合适的方法,对成本指标进行分析,找出差距,查明原因。

(四) 总结与改善

对分析的结果进行综合概括,写出书面分析报告,提出问题改善措施并实施。

三、物流成本分析的基本方法

总的来说,物流成本分析有定性分析和定量分析两种方法。定性分析是为了揭示影响成本费用各因素的性质、内在联系及其变动趋势而对物流成本变动性质的分析;定量分析是为了确定物流成本指标变动幅度及其各因素影响程度而对物流成本变动数量的分析。两者相辅相成,互为补充。

物流成本定量分析采用的技术方法是多种多样的,它可以采用会计的方法、统计的方法或数学的方法。在实际的物流成本分析工作中,有指标对比分析法、因素分析法和比率分析法。

（一）指标对比分析法

1. 指标对比分析法的含义

指标对比分析法通常是把两个相互联系的物流成本指标数据进行比较,从数量上展示和说明研究对象规模的大小、水平的高低、速度的快慢,以及各种关系是否协调。在对比分析中,选择合适的物流成本对比标准是十分关键的步骤。选择合适,才能做出客观的评价;选择不合适,评价可能得出错误的结论。指标对比分析法适用于同质指标的数量对比。采用这种分析方法,应注意相比指标的可比性。若指标不可比,应先按可比的口径进行调整,然后再进行对比。

2. 指标对比分析法的形式

物流成本指标的对比分析可采取以下几种形式。

1）本期实际指标与计划指标对比

进行物流成本分析时,可以将实际成本指标与计划成本指标进行比较,通过对比,检查计划完成情况,分析完成计划的积极因素和影响计划完成的原因,以便及时采取措施,保证成本目标的实现。在进行实际与计划对比时,还应注意计划本身的合理性。如果物流成本计划本身出现问题,则应调整计划,重新正确评价实际物流成本实施情况。

2）本期实际指标与前期(如上年同期或历史最好水平)指标对比

通过本期实际与上期或历史先进水平的实际数据对比,主要了解企业各项物流成本指标动态情况和变化趋势,反映当期物流成本执行的优劣,有助于汲取历史经验,不断改进成本管理工作,降低物流成本。

3）本期实际指标与同行业先进水平对比

通过企业本期实际与国内外同类先进企业的相同指标对比,主要了解本企业与国内外先进企业之间的差距,以便扬长避短,努力挖掘降低物流成本的潜力,提高竞争能力,不断提高企业的经济效益。

【例 3-1】 某企业物流中心加工作业有关资料如表 3-1 所示。

表 3-1　某企业物流中心加工作业有关资料　　单位:元

成本项目	本期		上期	上年同期	历史最高水平	同行业水平	国外同行业水平
	计划	实际					
直接材料	42	40	41	44	37	35	32
直接人工	5	5	5	7	5	5	3
制造费用	7	6	6	9	5	6	4
合　计	54	51	52	60	47	46	39

根据以上数据资料,将本期的实际单位成本与各有关单位成本指标进行对比分析,编制单位成本对比分析表,如表 3-2 所示。

表 3-2 单位成本对比分析

成本项目	与本期计划		与上期		与上年同期		与历史最高水平		与同行业水平		与国外同行业水平	
	差距/元	差距比例/%	差距/元	差距比例/%	差距/元	差距比例/%	差距/元	差距比例/%	差距/元	差距比例/%	差距/元	差距比例/%
直接材料	−2	−4.76	−1	−2.44	−4	−9.09	3	8.11	5	14.29	8	25.00
直接人工	0	0.00	0	0.00	−2	−28.57	0	0.00	0	0.00	2	66.67
制造费用	−1	−14.29	0	0.00	−3	−33.33	1	20.00	0	0.00	2	50.00
合计	−3	−5.56	−1	−1.92	−9	−15.00	4	8.51	5	10.87	12	30.77

通过表中的计算分析,可以看出企业实际成本水平有所下降,已完成成本计划。直接材料实际成本比计划降低2元,比上期降低1元,比上年同期降低4元,但仍未达到历史最高水平,与国内同行业和国外同行业相比,还有很大的差距。因此应进一步查明原因,采取措施,挖掘潜力,赶上或超过国内外同行业水平。

(二)因素分析法

1. 因素分析法的含义

因素分析法是依据分析指标与其影响因素的关系,从数量上确定各因素对分析指标影响方向和影响程度的一种方法。其基本思路是:当有若干因素对分析指标发生影响作用时,假定其他各个因素都无变化,顺序确定每一个因素单独变化所产生的影响。

企业物流成本是一个综合性的价值指标,其变化受诸多因素影响,概括起来有两类:一类为外部因素,另一类为内部因素。外部因素来自社会,是外部经济环境和条件所造成的;内部因素是由企业本身经营管理所造成的。这样分类有利于评价企业各方面的工作质量。

2. 因素分析法的计算方法

(1) 指标分解:将综合性指标分解为相互联系的各个因素,并按一定顺序排列,使其成为能用数学公式表达的因素分解式。

(2) 依次替代:以计划指标体系为基础,顺序地将每个因素的计划数替换为实际数,一直替换到指标全部为实际数为止。

(3) 比较替代结果:将每次替代的结果与替代前的指标数据相比较,这一差额即为该因素变动对综合性指标影响的数值。

(4) 综合影响数值:将各个因素变动对综合性指标影响的数值相加,其代数和应等于综合性指标实际数与计划数的总差异。

【例 3-2】 某企业物流中心 2013—2014 年仓储业务资料如表 3-3 所示。

表 3-3 某企业物流中心 2013—2014 年仓储业务资料

库位	计量单位	收费单价/元		业务量/t	
		2013 年	2014 年	2013 年	2014 年
1 号库	t	12	15	5 000	6 000
2 号库	箱	10	12	8 000	7 200
3 号库	m^2	8	20	5 000	7 500
4 号库	件	16	12	6 000	6 000

结合表 3-3 的数据分析如下：

2014 年仓储业务收入＝15×6 000＋12×7 200＋20×7 500＋12×6 000＝398 400(元)

2013 年仓储业务收入＝12×5 000＋10×8 000＋8×5 000＋16×6 000＝276 000(元)

$$收入指数=\frac{398\ 400}{276\ 000}\times 100\%=144.35\%$$

增加额＝398 400－276 000＝122 400(元)

其中：

(1) 由于单位成本变化的影响结果为

$$单位成本指数=\frac{15\times 6\ 000+12\times 7\ 200+20\times 7\ 500+12\times 6\ 000}{12\times 6\ 000+10\times 7\ 200+8\times 7\ 500+16\times 6\ 000}\times 100\%$$

$$=\frac{398\ 400}{300\ 000}\times 100\%=132.8\%$$

增加额＝398 400－300 000＝98 400(元)

(2) 由于业务量变化的影响结果为

$$业务量指数=\frac{12\times 6\ 000+10\times 7\ 200+8\times 7\ 500+16\times 6\ 000}{12\times 5\ 000+10\times 8\ 000+8\times 5\ 000+16\times 6\ 000}\times 100\%$$

$$=\frac{300\ 000}{276\ 000}\times 100\%=108.7\%$$

增加额＝300 000－276 000＝24 000(元)

由上述计算可见：

$$144.35\%\approx 132.8\%\times 108.7\%$$

$$122\ 400\ 元=98\ 400\ 元+24\ 000\ 元$$

计算结果表明，2014 年仓储业务收入比 2013 年仓储收入增长了 44.35%，增加额 122 400 元，是由于仓储收费水平上升 32.8%(增加额为 98 400 元)以及仓储业务量增长了 8.7%(增加额为 24 000 元)这两个因素共同作用的结果。

有时指标的变动可能受到三个或三个以上因素变动的影响，属于多因素分析。同样按照上述方法可得出不同因素对物流成本指标的影响方向和程度。

(三) 比率分析法

比率是两数相比所得的数值。在物流成本分析中，比率分析法是指在物流成本表的不同项目之间，或在物流成本表与其他财务报表的有关项目之间进行对比分析，以计算出的比率反映各项目之间的相互关系，据此分析、评价企业的物流成本水平。

由于比率是由密切关联的两个或两个以上的相关数字计算出来的,是相对数,排除了规模的影响,所以通过比率分析,往往可以更好地揭示企业的物流成本水平。例如,物流成本与销售收入的比率,可以反映出单位销售额的物流成本水平;再如,物流成本与销售数量的比率,可以反映出单位产品的物流成本水平等。

第二节 物流成本结构分析

物流成本结构分析是以共同比物流成本表和比较共同比物流成本表的形式,反映不同物流成本项目、物流范围和支付形态物流成本在物流总成本中所占的百分比,以及该百分比在企业不同时期的比较、与其他企业之间的比较,进而明确企业物流成本结构是否合理,了解物流成本结构的变化趋势,明确企业降低物流成本的取向。

小贴士

共同比分析法

共同比分析法是一种分析方法,它可以用于财务资料的分析方面。在一张财务报表中,用表中各项目的数据与总体(或称报表合计数)相比较,以得出该项目在总体中的位置、重要性与变化情况。共同比分析法又称垂直分析法,与水平分析法相对应。水平分析法注重的是关键项目不同年份的比较;垂直分析法更注重于报表内部各项目的内在结构分析,它只是对当期利润表或是资产负债表等做纵向分析。利润表中的所有项目用营业收入的百分率表示,资产负债表中的项目则用资产总额的百分率表示。

共同比分析法可以用于不同规模的企业之间直接进行财务报表的比较分析。例如,A公司拥有1 500万元负债,B公司拥有15 000万元负债,那么,如果依此认为B的杠杆程度比A高可能就是错误的。因此,不同规模的公司进行比较时,就必须控制规模差异。控制规模差异的途径之一,就是编制共同比的财务报表。

资料来源:http://www.baike.com/wiki/垂直分析法.

一、物流成本范围结构分析

物流活动的范围成本主要包括供应物流成本、企业内物流成本、销售物流成本、回收物流成本和废弃物物流成本几个部分。本章物流活动的范围成本结构分析主要从这几个方面进行,对各部分的结构比率做横向和纵向比较分析,找出物流活动成本结构不合理的地方,对其进行调整,寻求整体成本支出最小。

(一) 物流范围成本结构的总体分析

在物流范围成本结构中,首先应该分析物流活动各部分在物流活动总成本中所占的比例。例如,A、B两个公司是同类型、同规模的公司,通过调查研究得到A公司和B公司2013年度和2014年度物流活动的范围成本结构资料,如表3-4所示。

表 3-4　A 公司、B 公司的物流活动范围成本结构明细　　单位：万元

物流范围成本	A 公司 2013 年度	A 公司 2014 年度	B 公司 2014 年度
供应物流成本	42	50	55
企业内物流成本	10	13	15
销售物流成本	45	47	49
回收物流成本	1	3	1
废弃物物流成本	0.5	2	0.5
合　计	98.5	115	120.5

通过这两个公司的物流成本明细表，可以把各个物流成本所占的比重计算出来，以此来编制 A、B 两个公司在 2013 年度和 2014 年度的物流活动共同比成本表，具体情况如表 3-5所示。

表 3-5　A 公司、B 公司的物流活动共同比成本明细　　单位：%

物流共同比成本	A 公司 2013 年度	A 公司 2014 年度	B 公司 2014 年度
供应物流成本	42.64	43.48	45.64
企业内物流成本	10.15	11.30	12.45
销售物流成本	45.69	40.87	40.67
回收物流成本	1.02	2.61	0.83
废弃物物流成本	0.50	1.74	0.41
合　计	100.00	100.00	100.00

通过表 3-5 的物流活动的共同比成本明细表可知，对于 A 公司而言，在 2013 年度的物流范围成本结构中，销售物流成本所占的比重最大，占总成本的 45.69%；其次是公司的供应物流成本，占总成本的 42.64%，这两部分累计高达总成本的 88.33%。从这个信息中可以看出，企业物流活动的范围成本结构主要包括销售物流成本和供应物流成本这两部分。如果把这两部分的成本降下来，企业的物流活动的总成本也会随之下降。

从表 3-5 中可以看出，2014 年度企业的销售物流成本由 2013 年的 45 万元上升到 47 万元，增长了 2 万元；但是由于 2014 年度企业物流活动总成本有较大幅度的增长，所以销售物流成本在范围成本中的比例反而下降了，由 2013 年度的 45.69%下降到 40.87%。除了销售物流成本，A 公司其他物流活动的范围成本比例基本没有多大的变化，说明这两年物流活动的范围成本支出结构变动趋势不明显。

上面的分析是从纵向比较 A 公司 2013 年度和 2014 年度的物流活动范围成本结构的变化情况。下面从同行业角度考查 A 公司与 B 公司在行业竞争中所处的地位，进行横向比较分析。由表 3-5 可以看出，2014 年度 A 公司与 B 公司相比较，A 公司物流活动的范围成本比 B 公司低，相对来说竞争力较强。B 公司回收物流成本和废弃物物流成本比 A 公司低 2.5 万元，这说明 B 公司在绿色物流和环保物流方面做得比较好，值得 A 公司学习和借鉴。

(二)物流范围成本结构的具体分析

由于企业物流活动的范围成本结构中,销售物流成本和供应物流成本所占比重较大,而企业内物流成本、回收物流成本和废弃物物流成本所占比重过小,所以,在这里主要对销售物流成本和供应物流成本做进一步分析。

企业销售物流成本主要包括自营成本和委托成本。通过调查可得出A、B两公司销售物流成本中自营成本和委托成本的具体数据,根据这些数据可以推算出自营成本和委托成本在销售物流中所占的比重,详情如表3-6所示。

表3-6 A公司、B公司销售物流成本明细及比重

销售物流成本	A公司2013年度	A公司2014年度	B公司2014年度
自营成本/万元	35	47	49
委托成本/万元	10	0	0
销售物流成本合计/万元	45	47	49
自营成本所占比重	77.78%	100%	100%
委托成本所占比重	22.22%	0%	0%
合计	100%	100%	100%

从表3-6可以看出,A公司2013年度销售物流成本由自营成本和委托成本两部分构成,其中委托成本所占比例超过了20%。而在2014年度,公司改变了原有的销售策略,销售物流成本都是自营物流成本,这样有利于增强企业自身的销售能力。通过A、B两公司在2014年度的横向比较看,两个公司都没有委托其他单位进行销售,所发生的成本都是销售物流自营成本,但A公司较B公司占有的优势也非常微弱。

除了销售物流成本外,企业的物流活动范围成本结构主要还有供应物流成本。根据调查的数据资料可以把A公司和B公司供应物流成本进行归类,如表3-7所示。

表3-7 A公司、B公司供应物流成本明细及比重

供应物流成本	A公司2013年度	A公司2014年度	B公司2014年度
自营成本/万元	34	40	49
委托成本/万元	8	10	6
供应物流成本合计/万元	42	50	55
自营成本所占比重	80.95%	80%	89.09%
委托成本所占比重	19.05%	20%	10.91%
合计	100%	100%	100%

从表3-7可以看出,A公司在2014年度的供应物流自营成本增长了6万元,增幅达到17.65%,追述原因,主要是一些基础材料的成本较2013年度有所增长;委托成本也比2013年度增长了2万元;物流供应成本总体情况较2013年度增长了8万元,涨幅为19.05%。由于受2014年度的一些行业因素的影响,所以从纵向分析,A公司这两年的物

流供应成本变动不大，在可接受的范围内。

从横向比较看，2014 年物流供应成本方面 A 公司和 B 公司差距为 5 万元，差距在 10%左右，说明 A 公司在竞争中还是微占优势的；A 公司的自营成本要比 B 公司的自营成本所占的比例稍微多一点。

（三）物流范围成本结构的进一步分析

企业自营物流成本主要包括供应物流成本和销售物流成本，下面将逐一分析。

1. 物流活动的自营物流成本结构分析

1）自营物流成本中的供应物流成本分析

物流活动的自营物流成本结构分析主要是对供应物流成本所包含的具体成本项目进行比较分析。下面根据调查数据可列出一个明细及比重表，如表 3-8 所示。

表 3-8 A 公司、B 公司自营物流成本的供应物流成本明细及比重

自营物流成本		A 公司 2013 年度	A 公司 2014 年度	B 公司 2014 年度
供应物流/万元	运输成本	19	21	23
	装卸搬运成本	9	10	12
	物流信息成本	2	4	5
	物流管理成本	4	5	9
	合 计	34	40	49
各成本比重/%	运输成本	55.88	52.50	46.94
	装卸搬运成本	26.47	25	24.49
	物流信息成本	5.88	10	10.20
	物流管理成本	11.77	12.50	18.37
	合 计	100	100	100

通过表 3-8 可以得出以下结论：自营物流成本中的供应物流成本主要包括运输成本、装卸搬运成本、物流信息成本和物流管理成本。

根据表 3-8 的资料，可做如下分析。

（1）从绝对数看，和 2013 年度相比，A 公司 2014 年度的自营物流成本中供应物流成本方面的各项成本均有所增加，但从比例上看，物流的运输成本和装卸成本都有所下降。2014 年度的总运输成本要比 2013 年度多，有一部分原因在于物流信息成本和物流管理成本的增长，主要是物流信息成本的增长比较大，成本增长了 2 万元，物流信息成本所占比重也由 2013 年度的 5.88%增长到 2014 年度的 10%，增幅达到 4.12%。

在这里可以看出，在其他外界条件不变的情况下，如何有效地降低物流信息成本和物流管理成本应是公司相关领导关注的重点。同时，科学合理地安排运输路线也可以有效地降低物流运输成本，这也是一个降低成本的焦点。

（2）在 2014 年度，自营成本中 A 公司的供应物流成本比 B 公司的供应物流成本少了 9 万元，B 公司的运输成本所占的比重相对来说较少，比 A 公司相对来说少 5%左右；B 公司的物流信息成本高于A公司1万元,但从占自营供应物流成本的比重看,两个公司基本保持在同一个水平。另外,2014年A公司和B公司在装卸搬运成本方面和物流管理成本方面的比例也相差不大。

2）自营物流成本中的销售物流成本分析

企业在进行物流活动时,自营物流成本中的销售物流成本主要指销售过程中产生的物流成本。具体包括运输成本、装卸搬运成本、流通加工成本、物流信息成本和物流管理成本。根据调查资料可以编制一个明细表,销售物流成本明细及比重如表3-9所示。

表3-9　A公司、B公司自营物流成本的销售物流成本明细及比重

自营物流成本		A公司2013年度	A公司2014年度	B公司2014年度
销售物流/万元	运输成本	18	20	25
	装卸搬运成本	4	7	9
	流通加工成本	3	4	0
	物流信息成本	4	7	6
	物流管理成本	6	9	9
	合　计	35	47	49
各成本比重/%	运输成本	51.43	42.55	51.02
	装卸搬运成本	11.43	14.89	18.36
	流通加工成本	8.57	8.52	0
	物流信息成本	11.43	14.89	12.25
	物流管理成本	17.14	19.15	18.37
	合　计	100	100	100

根据表3-9的资料,可做如下分析。

(1) A公司2014年度的自营物流成本中销售物流成本比2013年度增长了12万元,增幅较大的分别是装卸搬运成本、物流信息成本和物流管理成本,增额均为3万元。在销售环节上,物流的运输成本和流通加工成本增幅较小,分别为2万元和1万元。从各成本所占的比重可以看出,运输成本在销售物流成本中的比重也由原来的51.43%下降到42.55%,降幅很大。究其原因,是在这一年中,A公司一个配送中心搬迁使得距离几个客户更近后降低了运输成本的比重;物流信息成本和物流管理成本的比重有所上浮,说明企业现在开始重视物流信息和物流管理方面的工作,逐渐加大了投入力度;装卸搬运成本所占比重有所上涨,应引起相关部门的重视。

(2) 2014年,A公司和B公司的自营成本中销售物流成本在总体上相差不多,B公司在销售物流总成本上高于A公司2万元。但是,通过各项具体成本比较看,B公司没有流通加工费用,这是B公司较A公司优越的地方,也是A公司应该注意改进的地方,但同时也说明B公司在该环节没有增值。运输成本方面,B公司明显高于A公司,原因在于后者配送中心选址的变化,短期内B公司在这个部分不容易迅速改善。两个公司其余的成本基本相差无几,在此不进行讨论。

2. 物流活动的委托物流成本结构分析

在供应物流成本和销售物流成本结构中，除了自营成本之外，最主要的就是委托成本。它主要是指把一些活动委托给第三方公司进行运作，节省自己的人力和物力，但是需要支付一定的费用。

委托物流成本也分为在供应物流环节发生的成本和在销售物流环节发生的成本，根据前面所提供的关于A公司和B公司的数据资料，对这些数据进行整理。从表3-6～表3-9可以看出，A公司和B公司在2014年度销售物流成本中没有发生委托成本，所以在委托成本这部分主要是对供应物流发生的委托成本进行归类整理，并对这些数据进行分析，以此来调整企业在这部分的经营策略。在这里通过表格的形式展现出来，如表3-10所示。

表3-10　A公司、B公司2013年度和2014年度委托物流成本信息明细

委托物流成本/万元		运输成本	装卸搬运成本	合　计
销售物流	A公司2013年度	6.5	3.5	10
	成本所占比重/%	65	35	100
	完成同样任务预计花费自营物流成本	7.5	2.8	10.3
	预计自营成本比委托成本高	1	−0.7	0.3
供应物流	A公司2013年度	5.6	2.4	8
	成本所占比重/%	70	30	100
	完成同样任务预计花费自营物流成本	6.8	2.6	9.4
	预计自营成本比委托成本高	1.2	0.2	1.4
	A公司2014年度	6	4	10
	成本所占比重/%	60	40	100
	完成同样任务预计花费自营物流成本	7.2	3.5	10.7
	预计自营成本比委托成本高	1.2	−0.5	0.7
	B公司2014年度	4.3	1.7	6
	成本所占比重/%	71.67	28.33	100
	完成同样任务预计花费自营物流成本	5.8	1.2	7
	预计自营成本比委托成本高	1.5	−0.5	1

从销售物流委托成本分析，A公司在2013年度委托成本总计为10万元，但是这部分由企业自主经营来完成，估计要花费10.3万元，和委托成本相差不大，这也是公司在2014年度没有委托第三方帮助完成销售物流这个环节工作的主要原因。

但是在供应物流成本这部分，委托第三方物流能够帮助企业节省较多成本。从表3-10可以看出，在2013年度A公司委托第三方进行一部分供应物流工作，节省了大约14 000元，在委托第三方进行工作时，其中运输成本节省12 000元，搬运成本节省了2 000元，综合起来，值得委托第三方提供供应物流服务。

二、物流成本项目结构分析

物流成本按成本项目划分,可以分为物流功能成本和存货相关成本,其中物流功能成本又包括运输成本、仓储成本、装卸搬运成本、流通加工成本、物流信息成本和物流管理成本;存货相关成本包括流动资金占用成本、存货风险成本和存货保险成本。物流成本项目结构分析就是要分析上述各具体成本项目在物流总成本中所占的比重及变化情况,以便对物流成本管理工作进行分析评价。

(一) 物流成本项目结构的总体分析

分析物流成本项目结构,首先应分析在物流总成本中物流功能成本和存货相关成本所占的比重。在这里,以 C 企业和 D 企业为例,两公司有关的物流成本资料如表 3-11 所示。

表 3-11 C 企业、D 企业的物流成本信息

单位:万元

成本项目		C 企业		D 企业
		2013 年度	2014 年度	2014 年度
物流功能成本	运输成本	18	20	16
	仓储成本	11	10	12
	包装成本	6	6	7
	装卸搬运成本	9	11	12
	流通加工成本	7	8	8
	物流信息成本	8	9	11
	物流管理成本	10	12	10
	小 计	69	76	76
存货相关成本	流动资金占用成本	7	6	5
	存货风险成本	3	2	2
	存货保险成本	3	3	2
	小 计	13	11	9
其他成本		0	0	0
物流成本合计		82	87	85

根据上述资料,编制 C 企业 2013 年度、2014 年度及 D 企业 2014 年度物流成本项目结构总体分析表,如表 3-12 所示。

表 3-12 C 企业、D 企业比较共同比物流成本

成本项目	C 企业 2013 年度比重/%	C 企业 2014 年度比重/%	D 企业 2014 年度比重/%
物流功能成本	84.15	87.36	89.41
存货相关成本	15.85	12.64	10.59
物流总成本	100	100	100

根据表 3-12 的资料，可做如下分析。

(1) C 企业 2013 年度物流成本的总体构成是物流功能成本占 84.15%，存货相关成本占 15.85%。从上述数据看，物流功能成本在物流总成本中占有相当大的比重，是今后降低和控制物流成本的主要取向，但存货相关成本是否有下降潜力，仍需做进一步的细化分析后才能确定。

(2) 与 2013 年度相比，C 企业 2014 年物流功能成本和存货相关成本在物流总成本中所占的比重差异不大，物流功能成本比重上升了 3.21 个百分点，存货相关成本比重下降了 3.21 个百分点，具体原因需做进一步分析。

(3) 2014 年 C 企业与 D 企业相比，物流功能成本和存货相关成本在总成本中所占的比重差异也不大，物流功能成本比重比 D 企业低 2.05 个百分点，存货相关成本比重比 D 企业高 2.05 个百分点。与 D 企业相比，C 企业存货相关成本比重上升，初步分析有可能是 C 企业期末存货余额加大，导致流动资金占用成本上升，但具体原因仍需做进一步分析。

（二）物流成本项目结构的具体分析

1. 物流功能成本结构分析

仍以表 3-11 的有关资料为依据，编制 C 企业 2013 年度、2014 年度及 D 企业 2014 年度物流功能成本项目结构分析表，如表 3-13 所示。

表 3-13　C 企业、D 企业比较共同比物流功能成本

成本项目	C 企业 2013 年度比重/%	C 企业 2014 年度比重/%	D 企业 2014 年度比重/%
运输成本	26.09	26.32	21.05
仓储成本	15.94	13.16	15.79
包装成本	8.70	7.89	9.21
装卸搬运成本	13.04	14.47	15.79
流通加工成本	10.14	10.53	10.53
物流信息成本	11.59	11.84	14.47
物流管理成本	14.50	15.79	13.16
物流功能成本合计	100	100	100

根据表 3-13 的资料，可做如下分析。

(1) C 企业 2014 年物流功能成本中运输成本所占比重最大，为 26.32%，其次为物流管理成本、装卸搬运成本和仓储成本，其比重分别为 15.79%、14.47%、13.16%，上述四项成本合计占物流功能成本的 69.74%，因此有必要对上述四项成本从物流范围和支付形态方面做进一步的分析。

(2) 与 2013 年相比，C 企业 2014 年各成本项目占物流功能成本的比重差异不大，说明物流功能成本构成结构相对稳定，比重变化不明显。

(3) 2014 年 C 企业与 D 企业相比，除运输成本和物流信息成本在物流功能成本中所占比重有一定差异，其他各项成本所占比重差异不大。其中，C 企业运输成本所占比重比

D企业高5.27个百分点,C企业物流信息成本所占比重比D企业低2.63个百分点,说明进一步分析C企业运输成本的构成及产生原因极为必要。

例如,C企业物流信息成本所占比重比D企业低,可能有两个原因:一是C企业物流信息成本控制较好;二是C企业运用信息化手段进行物流成本管理的程度低,所以需要结合企业实际情况做具体分析。

2. 存货相关成本结构分析

仍以表3-11的相关资料为依据,编制C企业2013年度、2014年度及D企业2014年度存货相关项目结构分析表,如表3-14所示。

表3-14 C企业、D企业比较共同比存货相关成本

成本项目	C企业2013年度比重/%	C企业2014年度比重/%	D企业2014年度比重/%
流动资金占用成本	53.84	54.55	55.56
存货风险成本	23.08	18.18	22.22
存货保险成本	23.08	27.27	22.22
存货相关成本合计	100	100	100

根据表3-14的资料,可做如下分析。

(1) C企业2014年存货相关成本中,流动资金占用成本所占比重最大,达54.55%,所以,要想降低存货相关成本进而降低物流总成本,应首先从降低流动资金占用成本入手,详细分析影响流动资金占用成本的各个因素及影响程度。

(2) 与2013年相比,C企业2014年有关项目占存货相关成本的比重差异不大,说明存货相关成本构成结构相对稳定,比重变化不大。

(3) 2014年C企业与D企业相比,流动资金占用成本在存货相关成本中所占的比重差异不大,说明流动资金占用成本水平相对合理,存货风险成本和存货保险成本在存货相关成本中所占的比重有一定差异,这种差异反映了企业存货保管水平和风险控制的差异。

3. 相关物流功能成本范围结构分析

在物流成本项目结构具体分析中的物流功能成本结构分析部分,需要对物流功能成本中所占比重较大的运输成本、物流管理成本、装卸搬运成本和仓储成本做进一步分析。下面仍以C企业、D企业有关物流成本信息作为分析依据,分析上述四个成本项目的物流范围结构。具体资料如表3-15所示。

表3-15 C企业、D企业有关物流成本信息一览 单位:万元

项目		C企业2013年度	C企业2014年度	D企业2014年度
运输成本	供应物流	10	10	10
	企业内物流	2	1	
	销售物流	6	7.5	6
	回收物流		1	
	废弃物物流		0.5	
	小计	18	20	16

续表

项目		C企业2013年度	C企业2014年度	D企业2014年度
物流管理成本	供应物流	3	4	4
	企业内物流	3	3	2
	销售物流	4	4	4
	回收物流		0.5	
	废弃物物流		0.5	
	小计	10	12	10
装卸搬运成本	供应物流	4	4	6
	企业内物流	1	2	2
	销售物流	4	4	4
	回收物流		0.5	
	废弃物物流		0.5	
	小计	9	11	12
仓储成本	企业内物流	11	10	12
合计		48	53	50

根据上述资料，分别对有关物流功能成本做进一步分析。

1）运输成本物流范围结构分析

根据表3-15的有关资料，编制C企业2013年度、2014年度及D企业2014年度运输成本物流范围结构分析表，如表3-16所示。

表3-16 C企业、D企业运输成本物流范围结构一览

项目		C企业2013年度比重/%	C企业2014年度比重/%	D企业2014年度比重/%
运输成本	供应物流	55.56	50	62.5
	企业内物流	11.11	5	
	销售物流	33.33	37.5	37.5
	回收物流		5	
	废弃物物流		2.5	
	小计	100	100	100

根据表3-16的资料，可做如下分析。

(1) C企业2014年运输成本中，供应物流成本和销售物流成本所占比重最大，分别为50%和37.5%，合计达87.5%，同时，由于企业内部也发生一部分短途运输业务，所以企业内运输成本在运输成本总额中也占有一定比重。另外，从表3-16中也可看出，2014年企业发生了退货、返修以及废旧物品处理等运输业务。不过，就比重而言，供应和销售阶段运输成本所占比重最大，应成为成本降低的方向。

(2) 与2013年相比，C企业2014年各物流范围运输成本占总运输成本的比重差异不大，2013年供应物流和销售物流运输成本占总运输成本的比重达88.89%。

(3) 2014年C企业与D企业相比，供应物流运输成本占总运输成本的比重有一定差异,C企业比D企业低12.5个百分点,但D企业2014年度在企业内物流、回收物流和废弃物物流阶段未发生运输成本。另外,C、D两企业销售物流运输成本占总运输成本的比重水平均为37.5%。

2) 物流管理成本物流范围结构分析

根据表3-15的有关资料,编制C企业2013年度、2014年度及D企业2014年度物流管理成本物流范围结构分析表,如表3-17所示。

表3-17 C企业、D企业物流管理成本物流范围结构一览

项目		C企业2013年度比重/%	C企业2014年度比重/%	D企业2014年度比重/%
物流管理成本	供应物流	30	33.33	40
	企业内物流	30	25	20
	销售物流	40	33.33	40
	回收物流		4.17	
	废弃物物流		4.17	
	小计	100	100	100

根据表3-17的资料,可做如下分析。

(1) C企业2014年物流管理成本中,供应物流、销售物流和企业内物流成本所占比重最大,分别为33.33%、33.33%和25%,合计达91.66%,同时,C企业2014年也发生了退货、返修以及废旧物品处理等业务,所以物流管理成本在回收物流和废弃物物流阶段也发生了一定支出。

(2) 与2013年相比,2014年C企业销售物流范围管理成本占物流管理总成本的比重下降6.67个百分点,下降原因有可能与销售物流业务减少有关,也可能与成本控制有关,详细原因应做进一步分析。

(3) 2014年C企业与D企业相比,各物流范围成本占物流管理总成本的比重差异不大,说明企业物流管理工作集中体现在供应、企业内和销售物流三个阶段。

3) 装卸搬运成本物流范围结构分析

根据表3-15的有关资料,编制C企业2013年度、2014年度及D企业2014年度装卸搬运成本物流范围结构分析表,如表3-18所示。

表3-18 C企业、D企业装卸搬运成本物流范围结构一览

项目		C企业2013年度比重/%	C企业2014年度比重/%	D企业2014年度比重/%
装卸搬运成本	供应物流	44.44	36.36	50
	企业内物流	11.12	18.18	16.67
	销售物流	44.44	36.36	33.33
	回收物流		4.55	
	废弃物物流		4.55	
	小计	100	100	100

根据表3-18的资料,可做如下分析。

(1) C企业2014年装卸搬运成本中,供应物流和销售物流所占比重最大,均为

36.36%,合计达72.72%,同时,C企业2014年也发生了退货、返修以及废旧物品处理等业务,所以装卸搬运成本在回收物流和废弃物物流阶段也发生了一定支出。

(2) 与2013年相比,C企业201年在扣除回收物流和废弃物物流的影响因素后,各物流范围成本占装卸搬运总成本的比重大致相当,说明装卸搬运业务主要集中在供应物流和销售物流阶段。

(3) 2014年C企业与D企业相比,供应物流成本占装卸搬运总成本的比重下降了13.64个百分点,从表3-18的数据可看出,下降的比重基本由回收物流和废弃物物流所占比重抵补。

4. 相关物流功能成本支付形态结构分析

在物流成本项目结构具体分析中的物流功能成本结构分析部分,需要对物流功能成本中所占比重较大的运输成本、物流管理成本、装卸搬运成本和仓储成本做进一步分析,下面对上述四个成本项目进一步分析其物流支付形态结构。仍以C企业、D企业有关物流成本信息作为分析依据,具体资料如表3-19所示。

表3-19 C企业、D企业有关物流成本信息一览 单位:万元

项目		C企业2013年度	C企业2014年度	D企业2014年度
运输成本	人工费	10	13	8
	维护费	6	5	6
	一般经费	2	2	2
	小计	18	20	16
物流管理成本	人工费	5	7	4
	维护费	0.5	1	1
	一般经费	4.5	4	5
	小计	10	12	10
装卸搬运成本	人工费	4	5	5
	维护费	4	4.5	5
	一般经费	1	1.5	2
	小计	9	11	12
仓储成本	人工费	4	3.5	4
	维护费	6	5	6
	一般经费	1	1.5	2
	小计	11	10	12
合计		48	53	50

1) 运输成本支付形态结构分析

根据表3-19的有关资料,编制C企业2013年度、2014年度及D企业2014年度运输成本支付形态结构分析表,如表3-20所示。

表 3-20 C企业、D企业运输成本支付形态结构一览

项目		C企业2013年度比重/%	C企业2014年度比重/%	D企业2014年度比重/%
运输成本	人工费	55.56	65	50
	维护费	33.33	25	37.5
	一般经费	11.11	10	12.5
	小　计	100	100	100

根据表3-20的资料,可做如下分析。

(1) C企业2014年运输成本中,人工费和维护费所占比重最大,分别为65%和25%,合计达90%。所以,要想降低运输成本,应首先从降低人工费和维护费入手,详细分析人工费和维护费的支出明细,寻找成本降低点。

(2) 与2013年相比,C企业2014年人工费支出占运输成本的比重较高,接近10个百分点,应进一步分析人工费支出比重增加的原因,明确是由于增加了司机,人员数增加导致了人工费支出增加,还是由于人工费列支和控制方面存在问题,应将2014年人工费支出明细与2013年做详细比较,寻找原因。

(3) 2014年C企业与D企业相比,人工费占运输成本的比重有一定差异,C企业比D企业高15个百分点,进一步说明了2014年C企业人工费支出可能存在一定问题,应做深入分析。

2) 物流管理成本支付形态结构分析

根据表3-19的有关资料,编制C企业2013年度、2014年度及D企业2014年度物流管理成本支付形态结构分表,如表3-21所示。

表 3-21 C企业、D企业物流管理成本支付形态结构一览

项目		C企业2013年度比重/%	C企业2014年度比重/%	D企业2014年度比重/%
物流管理成本	人工费	50	58.33	40
	维护费	5	8.33	10
	一般经费	45	33.34	50
	小　计	100	100	100

根据表3-21的资料,可做如下分析。

(1) C企业2014年物流管理成本中,人工费和一般经费所占比重最大分别为58.33%和33.34%,合计达91.67%。所以,要想降低物流管理成本首先应从降低人工费和一般经费入手,详细分析人工费和一般经费的支出明细,逐一查明各明细支出是否合理。

(2) 与2013年相比,C企业2014年一般经费支出占物流管理成本的比重降低近12个百分点,说明企业2014年一般经费支出的控制较好。

(3) 2014年C企业与D企业相比,各支付形态成本占物流管理成本的比重有一定差异。就人工费支出比重而言,C企业比D企业高18.33个百分点;就一般经费支出而言,

C 企业比 D 企业低 16.66 个百分点。应进一步分析这种支付形态结构是否合理。

3）装卸搬运成本支付形态结构分析

根据表 3-19 的有关资料，编制 C 企业 2013 年度、2014 年度及 D 企业 2014 年度装卸搬运成本支付形态结构分析表，如表 3-22 所示。

表 3-22　C 企业、D 企业装卸搬运成本支付形态结构一览

项　目		C 企业 2013 年度比重/%	C 企业 2014 年度比重/%	D 企业 2014 年度比重/%
装卸搬运成本	人工费	44.44	45.45	41.67
	维护费	44.44	40.91	41.67
	一般经费	11.12	13.64	16.66
	小　计	100	100	100

根据表 3-22 的资料，可做如下分析。

(1) C 企业 2014 年装卸搬运成本中，人工费和维护费所占比重最大，分别为 45.45% 和 40.91%，合计达 86.36%。所以，要想降低装卸搬运成本，应首先从降低人工费和维护费入手，要详细分析人工费和维护费的支出明细，逐一查明各明细支出是否合理。当然，还应考虑是否由于业务需要，增加了装卸搬运设施和人员等。

(2) 与 2013 年相比，C 企业 2014 年各支付形态支出占装卸搬运成本的比重大致相当，说明装卸搬运成本支付结构较稳定。

(3) 2014 年 C 企业与 D 企业相比，各支付形态成本占装卸搬运成本的比重大致相当，说明各结构支出较合理。

4）仓储成本支付形态结构分析

根据表 3-19 的有关资料，编制 C 企业 2013 年度、2014 年度及 D 企业 2014 年度仓储成本支付形态结构分析表，如表 3-23 所示。

表 3-23　C 企业、D 企业仓储成本支付形态结构一览

项　目		C 企业 2013 年度比重/%	C 企业 2014 年度比重/%	D 企业 2014 年度比重/%
仓储成本	人工费	36.36	35	33.33
	维护费	54.55	50	50
	一般经费	9.09	15	16.67
	小　计	100	100	100

根据表 3-23 的资料，可做如下分析。

(1) C 企业 2014 年仓储成本中，人工费和维护费所占比重最大，分别为 35% 和 50%，合计达 85%，维护费所占比重较大，可能是由于仓储折旧费和维修费支出较多，具体原因应详细分析。

(2) 与 2013 年相比，C 企业 2014 年各支付形态支出占仓储成本的比重大致相当，说明仓储成本支付形态结构较稳定。

(3) 2014 年 C 企业与 D 企业相比，各支付形态成本占仓储成本的比重大致相当，说明各结构支出较合理。

三、物流成本支付形态结构分析

物流成本按支付形态首先可划分为自营物流成本和委托物流成本,其中自营物流成本又可以分为材料费、人工费、维护费、一般经费和特别经费。物流成本支付形态结构分析就是分析各支付形态成本在物流总成本中所占的比重,了解各支付形态成本支出结构分布和变化情况,为降低物流成本提供依据。

(一) 物流成本支付形态结构的总体分析

分析物流成本支付形态结构,首先应分析在物流总成本中,自营和委托物流成本所占的比重。在这里,获取了E企业和F企业的有关资料,具体如表3-24所示。

表3-24 E企业、F企业物流成本信息

单位:万元

物流范围成本		E企业2013年度	E企业2014年度	F企业2014年度
自营物流成本	材料费	1	1.5	1
	人工费	12	13	10
	维护费	18	17	15
	一般经费	5	5.5	6
	特殊经费	2	3	3
	小计	38	40	35
委托物流成本		10	15	13
合计		48	55	48

根据上述资料,编制E企业2013年度、2014年度及F企业2014年度物流成本支付形态结构总体分析表,如表3-25所示。

表3-25 E企业、F企业物流成本支付形态结构一览

物流支付形态成本	E企业2013年度比重/%	E企业2014年度比重/%	F企业2014年度比重/%
自营物流成本	79.17	72.73	72.92
委托物流成本	20.83	27.27	27.08
合计	100	100	100

根据表3-25的资料,可做如下分析。

(1) E企业2014年度物流成本总体构成中自营和委托物流成本所占比重分别为72.73%和27.27%,说明E企业已将一部分物流业务进行了外包,且占有相当比重,应对委托物流成本与完成同等物流业务量的预计自营物流成本进行比较,以确定外包物流业务是否合理。对所占比重较大的自营物流成本也应进一步分析其具体的支付形态,从而确定物流成本降低的取向。

(2) 与2013年度相比,E企业2014年自营物流成本支出下降6.44个百分点,委托物流成本支付比重上升 6.44 个百分点，说明企业 2014 年物流外包业务程度加大，这种运作策略是否合理，还应进一步分析。

(3) 2014 年 E 企业和 F 企业相比，各物流支付形态成本在物流总成本中所占的比重大致相当，说明 E 企业物流成本支付形态结构相对合理。

（二）物流成本支付形态结构的具体分析

1. 自营物流成本支付形态结构分析

根据表 3-24 的资料，编制 E 企业 2013 年度、2014 年度及 F 企业 2014 年度自营物流成本支付形态结构表，如表 3-26 所示。

表 3-26　E 企业、F 企业自营物流成本支付形态结构一览

自营物流支付形态成本	E 企业 2013 年度比重/%	E 企业 2014 年度比重/%	F 企业 2014 年度比重/%
材料费	2.63	3.75	2.86
人工费	31.58	32.5	28.57
维护费	47.37	42.5	42.86
一般经费	13.16	13.75	17.14
特殊经费	5.26	7.5	8.57
合　计	100	100	100

根据表 3-26 的资料，可做如下分析。

(1) E 企业 2014 年自营物流成本中，维护费和人工费支出比重最大，分别为 42.5% 和 32.5%；其次为一般经费和特别经费，其支出比重分别为 13.75% 和 7.5%。企业可根据实际情况，选择对其中一部分或全部支付形态成本做进一步分析。在本书中，选择对维护费、人工费和特别经费做进一步分析。

(2) 与 2013 年度相比 E 企业 2014 年除了维护费支出比重有所下降，其他支付形态成本比重变化不大，说明自营物流成本各支付形态结构相对稳定。

(3) 与 F 企业相比，E 企业 2014 年人工费支出比重稍大，一般经费支出比重略有降低，这两种形态费用支出的此消彼长是否合理，还需做进一步分析。但总体来说，2014 年 E 企业和 F 企业的支付形态比重差异不大，说明 E 企业 2014 年支付形态结构相对合理。

2. 委托物流成本支付形态结构分析

根据表 3-25 的资料可知，E 企业 2014 年与 2013 年相比以及与 F 企业 2014 年相比，委托物流成本在自营物流成本中所占比重基本相当，说明这种支出结构相对稳定和合理。由于委托物流成本的支付有时是不分具体成本项目的整体支付方式，有时是按具体成本项目支付，且分析委托物流成本中各成本项目所占比重意义不大，而应当将委托物流成本与完成同等业务量的预计自营物流成本做比较。

（三）物流成本支付形态结构的进一步分析

根据前面的分析结果，物流成本支付形态结构的进一步分析主要是对维护费、人工费和特别经费做进一步分析。E 企业 2013 年度、2014 年度及 F 企业 2014 年度维护费、人工费和特别经费的具体成本项目资料如表3-27所示。

表3-27 E企业、F企业自营物流成本支付形态及项目成本一览 单位:万元

物流支付形态项目成本		E企业2013年度	E企业2014年度	F企业2014年度
维护费	运输成本	4	4	4
	仓储成本	10	8	7
	包装成本	1	0.5	0.5
	装卸搬运成本	1	1.5	1
	流通加工成本	1	1	0.5
	物流信息成本	1	2	2
	小 计	18	17	15
人工费	运输成本	2	3	2
	仓储成本	2	1.5	1.5
	包装成本	2	2	1.5
	装卸搬运成本	2.5	3	2.5
	流通加工成本	1	1	0.5
	物流信息成本	1.5	1.5	1
	物流管理成本	1	1	1
	小 计	12	13	10
特别经费	流动资金占用成本	1	2	2
	存货风险成本	0.3	0.4	0.5
	存货保险成本	0.7	0.6	0.5
	小 计	2	3	3
合 计		32	33	28

1. 维护费成本项目结构分析

根据表3-27的有关资料,编制E企业及F企业维护费成本项目结构一览表,如表3-28所示。

表3-28 E企业、F企业维护费成本项目结构一览

维护费项目成本	E企业2013年度比重/%	E企业2014年度比重/%	F企业2014年度比重/%
运输成本	22.22	23.53	26.67
仓储成本	55.56	47.06	46.67
包装成本	5.56	2.94	3.33
装卸搬运成本	5.56	8.82	6.67
流通加工成本	5.56	5.88	3.33
物流信息成本	5.54	11.77	13.33
合 计	100	100	100

根据表3-28的资料,可做如下分析。

(1) E企业2014年维护费总额中,仓储成本和运输成本所占比重最大,分别为

47.06%和 23.53%，其次依次为物流信息成本、装卸搬运成本、流通加工成本和包装成本。因维护费的具体构成又包括维修费、折旧费、租赁费等内容，所以有必要对支出比重较大的仓储及运输成本按维护费的支出细目逐一进行分析，明确各项支出是否合理。

(2) 与 2013 年相比，E 企业 2014 年各项目成本占维护费的比重中，仓储成本比重下降了 8.5 个百分点，应进一步分析企业 2013 年是否对仓库进行了大修；物流信息成本比重上升了 1.56 个百分点，应进一步分析企业 2014 年是否投入了新的物流信息软件及设施；其他项目成本占维护费的比重差异不大，支出结构相对稳定。

(3) 与 F 企业相比，E 企业 2014 年维护费中各项目成本所占比重差异不大，说明这种支出结构相对合理。

2. 人工费成本项目结构分析

根据表 3-27 的有关资料，编制 E 企业及 F 企业人工费成本项目结构一览表，如表 3-29所示。

表 3-29 E 企业、F 企业人工费成本项目结构一览

人工费项目成本	E 企业 2013 年度比重/%	E 企业 2014 年度比重/%	F 企业 2014 年度比重/%
运输成本	16.67	23.08	20
仓储成本	16.67	11.54	15
包装成本	16.67	15.38	15
装卸搬运成本	20.83	23.08	25
流通加工成本	8.33	7.69	5
物流信息成本	12.5	11.54	10
物流管理成本	8.33	7.69	10
合 计	100	100	100

根据表 3-29 的资料，可做如下分析。

(1) E 企业 2014 年人工费支出总额中，运输成本和装卸搬运成本所占比重最大，均为 23.08%；另外，包装成本、仓储成本、物流信息成本所占比重均在 10%以上。就整个支出结构而言，各成本项目支出较为均衡。当然，不同项目成本中，人均人工费支出有较大差异。各项支出是否合理，还应结合以前年度和其他企业的支出情况做进一步分析。

(2) 与 2013 年相比，E 企业 2014 年人工费支出中，运输成本比重上升了 6.41 个百分比，仓储成本比重下降了 5.13 个百分点，其他项目成本比重变化不大。初步分析，E 企业 2014 年可能增加了司机人数或提高了司机人工费支出，同时减少了仓库保管人员人数或降低了仓储人员人工费支出。这种调整是否合理，应做进一步分析。

(3) 与 F 企业相比，E 企业 2014 年人工费支出中，各成本项目结构差异不大，说明这种支出结构相对合理。

3. 特别经费成本项目结构分析

根据表 3-27 的有关资料，编制 E 企业及 F 企业特别经费成本项目结构一览表，如表 3-30所示。

表 3-30 E企业、F企业特别经费成本项目结构一览

特别经费项目成本	E企业2013年度比重/%	E企业2014年度比重/%	F企业2014年度比重/%
流动资金占用成本	50	66.67	66.66
存货风险成本	15	13.33	16.67
存后保险成本	35	20	16.67
合 计	100	100	100

根据表 3-30 的资料,可做如下分析。

(1) E企业2014年特别经费支出中,流动资金占用成本所占比重最大,达66.67%,所以应对流动资金占用成本做进一步分析。流动资金占用水平又受资金占用水平和利率的影响,所以,有必要运用因素分析法分别分析资金占用水平和利率水平对流动资金占用成本的影响,以便为存货成本管理提供依据。

(2) 与2013年相比,E企业2014年流动资金占用成本所占比重高16.67个百分点,初步说明E企业2014年存货管理水平好于2014年。

(3) 与F企业相比,E企业2014年特别经费中各项目成本所占比重大致相当,说明这种支出结构较合理。

第三节 物流成本的效益和效率分析

一、物流成本效益分析

(一) 物流成本效益分析的意义

在核算出物流成本之后,就可以计算出各种成本在总成本中所占比重,采用前面所述的指标比较分析法,对于物流成本的效益分析,可以帮助企业掌握物流成本的效益状况与存在的问题,为企业进行相关物流成本决策,改进物流系统,实现总体物流成本的降低,提高物流效益提供依据。

(二) 物流成本效益指标

1. 单位销售额物流成本率

$$单位销售额物流成本率=\frac{物流成本}{销售额}\times 100\%$$

单位销售额物流成本率可以用来说明每单位销售额需要支付的物流成本。该比率越高,则说明百元销售额中所含物流成本越高。从本企业历年的数据中,大体可以了解其动向。另外,通过与同行业和行业外进行比较,可以进一步了解企业的物流成本水平。但该比率受价格变动和交易条件变化的影响较大,因此作为考核指标还存在一定的缺陷。

2. 单位物流成本率

$$单位物流成本率=\frac{物流成本}{企业总成本}\times 100\%$$

单位物流成本率可以用来评价企业物流成本占企业总成本的比重。该指标一般作为考核企业内部的物流合理化或检查企业是否达到合理化目标的指标使用，这个比率受原材料价格变动、设备折旧及企业业务量的多少的影响较大。该指标越大，说明物流成本占企业总支出的比重越大，就应该找出原因，提出改进方法。

3. 单位营业费用物流成本率

$$单位营业费用物流成本率=\frac{物流成本}{销售费用+一般管理费用}\times 100\%$$

单位营业费用物流成本率可以用来分析物流成本占营业费用的比重。通过物流成本占营业费用(销售费用+一般管理费用)的比率，可以判断企业物流成本的比重。而且，这个比率不受制造成本变动的影响，得出的数值比较稳定。因此，适合于作为企业物流过程合理化的评价指标。

4. 物流功能成本率

$$物流功能成本率=\frac{各项物流功能成本}{物流总成本}\times 100\%$$

物流功能成本率可以用来分析物流各项职能成本占物流总成本的比例。该指标可以明确包装费、运输费、保管费、装卸费、流通加工费、信息流通费、物流管理费等各物流职能成本占物流总成本的比率。企业应合理计算各项物流功能成本，为企业物流成本控制和提高物流过程的管理水平提供依据。

5. 产值物流成本率

$$产值物流成本率=\frac{物流成本}{企业总产值}\times 100\%$$

产值物流成本率可以用来分析企业创造单位产值需要支出的物流成本。该指标是一定时期生产一定数量产品过程中物流成本与总产值的比率。一定时期的产值物流成本率反映了该时期物流过程耗费的经济效果，企业的投入产出率。通过与不同时期或与计划指标的对比，可以说明企业物流过程耗费经济效果的变动情况。

6. 物流效用增长率

$$物流效用增长率=\frac{物流成本本年比上年增长率}{销售额本年比上年增长率}\times 100\%$$

物流效用增长率可以用来分析企业物流成本变化和销售额变化的关系。

7. 物流成本利润率

$$物流成本利润率=\frac{利润总额}{物流成本}\times 100\%$$

物流成本利润率可以用来分析一定时期生产和销售一定数量产品所发生的物流成本的总额与获得利润总额的比率。该指标说明在物流活动中，耗费一定量的资金可以获得经济利益的能力。物流效率高，市场竞争能力强，产品成本水平低，盈利能力增强，该指标也会相应提高。通过与不同时期或与计划指标的对比，可以说明企业物流资金耗费经济效益的变动情况。

二、企业物流成本的详细分析

通过全面分析，可以了解企业物流成本的变化情况及变化趋势，但是对引起物流成本变化的原因,还要进一步按照职能分类,详细分析,然后提出对策。以企业的配送中心为例,详细分析所用的指标有四类,通过这四类指标的序时分析或按配送中心内的部门、设施分类比较以及与同行业其他企业进行比较,就可以掌握物流成本的发展趋势及其差异。

1. 与运输、配送相关的指标

$$装载率=\frac{实际载重量}{标准载重量}\times 100\%$$

$$车辆开动率=\frac{月总开动次数}{拥有台数}\times 100\%$$

$$运行周转率=\frac{月总运行次数}{拥有台数}\times 100\%$$

$$单位车辆月行驶里程=\frac{月总行驶里程}{拥有台数}$$

$$单位里程行驶费=\frac{月实际行驶三费}{月总行驶里程}$$

(行驶三费=修理费+内外胎费+油料费)

$$单位运量运费=\frac{运输费}{运输总量}$$

2. 有关保管活动指标

$$仓库利用率=\frac{存货面积}{总面积}\times 100\%$$

$$库存周转次数=\frac{年出库金额(数量)}{平均库存金额(数量)}$$

$$=年出库金额(数量)\times\frac{2}{(年初库存金额+年末库存金额)}$$

3. 有关装卸活动指标

$$单位人时工作量=\frac{总工作量}{装卸作业人时数}$$

(装卸作业人时数=作业人数×作业时间)

$$装卸效率=\frac{标准装卸作业人时数}{实际装卸作业人时数}$$

$$装卸设备开工率=\frac{装卸设备实际开动时间}{装卸设备标准开动时间}$$

$$单位工作量修理费=\frac{装卸设备修理费}{总工作量}$$

$$单位工作量卸装费=\frac{装卸费}{总工作量}$$

4. 有关物流信息活动指标

$$物流信息处理率=\frac{物流信息处理数量(传票张数等)}{标准物流信息处理数(传票张数等)}$$

$$单位产品物流信息流通费=\frac{物流信息流通费}{总产量}$$

知识拓展

管理学中的效率、效果和效益

效率、效果和效益向来都是企业追求的目标，三者既有联系又有区别。

效率是指以尽可能少的投入获得尽可能多的产出。效率通常指的是正确地做事，即不浪费资源。例如，劳动生产效率常用人均产量、人均产值等指标来表示。

效果是一项活动的成效与结果，是人们通过某种行为、力量、方式或因素而产生的合乎目的性的结果。效果通常是指做正确的事情，即所从事的工作和活动有助于组织达到其目标，其主要是由战略(如经营领域选择是否得当？生产的产品是否对路？为了扩大企业的规模，应该并购什么样的企业？为了扩大产品出口，是应该先打开发达国家还是应该先打开发展中国家的市场?)决策所决定的。

效益是指某一特定系统运转后所产生的实际效果和利益。具体地说，它反映了人们的投入与所带来的利益之间的关系，包括经济效益、社会效益。

资料来源：http://wenda.haosou.com/q/1366338018069683.

三、物流效率分析

(一) 物流效率分析的意义

物流成本管理的最终目的是提高物流效益，为企业创造更多的利润。上节所介绍的成本效益分析是从价值量的角度来考虑的，另外还可以通过分析物流过程中的生产效率来找到提高效益的途径。在物流行业，如今已进入强者生存、弱者淘汰的高竞争时期，要实行能削减固定费用、提高附加值，或提升物流过程效率的办法来降低公司的损益平衡点比率。因此，企业物流效率的分析是不可忽视的问题，也是企业实现提高经济效益目标的手段之一。

(二) 物流效率分析指标

在明确了物流分析的原则后，就可以依据进出货物流过程、储存物流过程、盘点物流过程、订单处理物流过程、拣货物流过程、配送物流过程、采购物流过程及整体物流过程的分析顺序，设置进行效率分析的指标并给出评价标准。

1. 进出货物流过程效率指标

进出货物流过程效率指标主要有每小时处理进出货物量及进出货时间率、每台进出货设备每天的装卸量等。进货是货物进入物流中心的第一阶段，而出货则是货物准备移出物流或配送中心的最后阶段物流过程。一进一出的动作是否正确有效率，严重关系到其他物流过程。

2. 储存物流过程效率指标

储存物流过程效率指标主要有储区面积率、可供保管面积率、储位容积使用率和单位面积保管量、库存周转率、库存管理费率、库存掌握程度等。

3. 盘点物流过程效率指标

盘点物流过程效率指标主要有盘点数量误差率、盘点品种误差率等。

4. 拣货物流过程效率指标

拣货物流过程效率指标主要有拣货人员装备率、拣货设备成本产出率、每订单投入拣货成本、每取货次数投入拣货成本、单位体积投入拣货成本等。

5. 配送物流过程效率指标

配送物流过程效率指标主要有每人每天负责的配送量、每人每天负责的配送距离、每人每天负责的配送车次、平均每车的吨千米、单位配送成本、每车配送成本等。

6. 整体物流过程效率指标

整体物流过程效率指标主要有人员生产量、人员生产率、固定资产周转率、营业成本占营业额比率等。

复习思考

1. 企业进行物流成本分析的意义有哪些?
2. 物流成本分析的基本方法有哪些?
3. 物流成本结构分析的基本思路是什么?
4. 物流成本效益指标有哪些?

实 训 题

1. 根据表3-31的资料,分析说明某企业物流中心计划完成情况及其动态和变化趋势。

表3-31 某企业物流中心利润资料 单位:元

项 目	本期计划	本期实际	上期实际
主营业务收入	1 796 000	2 113 000	1 643 000
主营业务利润	685 000	754 000	652 000
营业利润	574 000	649 000	546 000
利润总额	499 000	614 000	458 000

2. 查阅一个具体的物流成本分析案例,通过阅读物流成本分析的具体案例,总结案例分析中运用的物流成本分析方法,并总结物流成本分析的基本步骤。

第四章 物流成本的预测与决策

◆ 学习目的与要求 ◆

- 了解物流成本预测的意义、内容和分类；
- 掌握物流成本预测的定性和定量预测分析法；
- 熟悉物流成本决策的含义、分类和基本程序；
- 掌握物流功能成本决策的方法；
- 掌握物流成本综合决策的方法。

◆ 引导案例 ◆

驹马物流："不挣钱"的最后一公里配送

当货运企业不挣货运的钱，它靠什么生存？四川的驹马物流，城市配送业务起家，做的就是"不挣钱"的生意。

轻资产的城市配送

驹马物流成立于2011年，2012年才开始正式运营。经过两年，驹马物流已初具规模，目前拥有138台城市货运车，主要客户为京东、天猫、苏宁易购、海尔商城等电商企业，以及沃尔玛、全家、711等商超企业。驹马物流把客户进行定制化项目管理，每个客户都有相对固定的车辆为其提供运输服务，固定的线路、固定的车辆、固定的司机，能有效保证服务质量。

驹马物流是一家轻资产的企业，目前管理人员20余人，车辆由个体车主来购买。"轻资产是驹马物流的亮点，这样我们既能减少资金投入，又能较好地管理驾驶员。"白如冰说。

不赚货运钱

货运企业挣货运差价，在当今被认为天经地义。或许是刚进入这行业，白如冰才会有不挣货运差价的思考和想法，那么驹马物流如何获得利润，白如冰认为现在有四个利润点。

(1) 车辆集中采购的利润:骑马物流团购买车,可以与车辆制造商协商车辆优惠政策,车辆的差价是骑马物流的利润之一。

(2) 购车金融的利润:在重卡市场,一般制造商会提供金融服务,而轻卡由于价格较低,制造商提供的购车金融还不够完善,这时银行贷款成了车老板买车的首要选择。"很多个体车老板没有注册公司,也没有可抵押的资产,所以在银行贷款较难,而骑马物流就可以解决这些问题。"白如冰说,"不仅如此,银行还会给予骑马物流较为优惠的车贷利率。"

(3) 车辆维修及零配件集中采购的利润:物流业务与车辆售后业务相辅相成,获得利润最大化。

(4) 车体广告的利润:流动的车辆是最好的广告载体。骑马物流的车辆可以为客户喷涂广告,这也是现在的利润点之一。

目前骑马物流还在积极挖掘新的利润点,但是始终坚持不挣货运的差价。

资料来源:http://www.chinawuliu.com.cn/xsyj/201408/27/293123.shtml.

思考:

1. 骑马物流为什么选择轻资产的方式来开展城市配送服务?
2. 骑马物流依靠什么来赚钱?

第一节 物流成本预测

预测是企业制定战略规划、生产安排、销售计划,尤其是物流管理计划的重要依据,是企业物流管理中最重要的环节,也是物流工作的龙头。准确的预测可以提高决策的准确性,提高客户满意度,提高企业的竞争力。

所谓预测是指对未来不确定事项的推断和测定,是研究未来不确定事项的理性表述,是对事物未来发展变化的趋向,以及对人类实践活动的后果事先所做的估计和测定。

一、物流成本预测的含义

物流成本预测是依据所掌握的历史物流成本信息以及物流成本与各种技术经济因素的相互依存关系,采用科学的方法做出合乎客观发展规律的定量描述和逻辑推断。物流成本预测是企业物流成本管理工作的首要环节,也是正确进行物流成本决策和编制物流成本计划的前提条件,实际工作中必须予以高度重视。

物流成本预测能使企业对未来的物流成本水平及其变化趋势做到"心中有数",并能与物流成本分析一起为企业的物流成本决策提供科学的依据,以减少物流成本决策中的主观性和盲目性。准确的预测有助于减少企业的库存,有效地安排生产,改善物流管理水平以及做出信息含量更高的定价、促销决策。

二、物流成本预测的内容与分类

（一）物流成本预测的内容

1. 采购成本的预测

采购成本是指向外部的供应商发出采购订单的成本或指内部的生产准备成本。它是企业为了实现一次采购而进行的各种活动的费用，如办公费、差旅费、电话费等。采购成本中，一部分与采购次数有关，随采购次数的增加而增加，如差旅费；也有一部分采购成本与采购次数无关，固定不变，如采购人员的工资、管理费等。进行采购成本的预测，有助于采购成本预算的编制和采购成本的控制。

2. 运输成本的预测

运输成本的预测是在企业编制运输成本计划之前，根据企业现有的经济、技术条件和发展前景，通过对影响运输成本变动的有关因素的分析、测算，运用科学的方法对企业未来的成本变化趋势进行估计和推测，规划未来一定时期的运输成本水平和成本目标。对运输成本的预测可以提高企业成本管理的科学性和预见性，为企业进行目标成本管理和成本决策提供科学的依据。

3. 仓储成本的预测

仓储成本是指在储存、管理、保养、维护物品的相关物流活动中发生的各种费用，即伴随着物流仓储活动消耗的物化劳动和活劳动的货币表现。仓储成本随仓储面积、仓储存货水平的变动而变动。仓储面积大，仓储成本随即提高。仓储成本主要包括存货持有成本、订货成本、缺货成本、在途存货持有成本和库存风险成本。仓储成本的预测为企业编制资金计划、合理调整库存提供依据。

4. 配送成本的预测

配送成本也称为配送费用，是指在配送活动的备货、储存、分拣及配装、送货、送达服务及配送加工环节发生的各项费用的总和，主要由运费，保管、包装及流通加工费等组成。在配送成本中运费的比重最大，可以根据运输成本的预测方法进行科学预测。储存保管费、包装费和流通加工费等配送成本的预测，可以为资金的筹措、配送中心的布局、库存决策等提供依据。

（二）物流成本预测的分类

1. 按对象的范围分类

按对象的范围可分为宏观预测和微观预测。

宏观预测是指对整个行业的综合的、总体的预测，例如对整个流通领域物流成本的预测，它要求对整个流通领域在物资流通全过程中所消耗的成本进行预测。而微观预测是对个别具体的物流企业物资流通过程中所产生的成本进行预测，例如每个企业所做的生产成本、运输成本、仓储成本、配送成本的预测等。

2. 按时间的长短分类

按时间的长短可分为短期预测和长期预测。

短期预测是指一年或一年以内的预测，短期预测由于预测的周期短，不确定因素和影响因素较少，所以预测结果比较准确。一般把一年以上的预测统称为长期预测，长期预测由于预测的周期比较长,有许多不确定因素的影响,所以预测结果一般不很精确,需要经常收集新的信息或数据对预测方案和预测结果不断地进行完善和修补。

3. 按预测所用方法分类

按预测所用方法可分为定性预测和定量预测。

定性预测是指预测者依靠熟悉业务知识、具有丰富经验和综合分析能力的人员与专家,根据已掌握的历史资料和直观材料,运用个人的经验和分析判断能力,对事物的未来发展做出性质和程度上的判断,然后再通过一定的形式综合各方面的意见,作为预测未来的主要依据。定性预测法主要有集合意见法、德尔菲法、主观概率法、历史类比法、经济指标法、调查预测法等。

定量预测是根据过去和现在的资料,运用一定的数学方法,建立预测模型,对现象未来的变化数值做出预测。定量预测法包括时间序列分析预测法、回归分析预测法等。

三、物流成本预测的步骤

预测分析是一项细致复杂的工作,必须有计划、按步骤地进行。企业进行预测分析的一般程序大体可分为以下七个步骤。

(一) 确定预测目标

预测目标是进行物流成本预测首先要解决的问题,它是制订预测工作计划、确定资料来源、选择预测方法、组织预测人力的重要依据,是预测工作的出发点。进行物流成本预测首先要弄清楚预测什么,是预测物流运输成本,还是预测配送成本;是预测采购成本,还是预测包装成本等。然后根据预测的具体对象和内容确定预测的范围,并规定时间期限及数量单位等。预测目标一般应根据企业不同时期的总体目标来设计和选择,以避免脱离企业实际的盲目性。

(二) 收集整理资料

预测目标确定以后,需要广泛系统地收集相关信息及其他相关的原始资料和数据。这是预测工作的起点,是展开预测的必要前提条件,资料的收集应紧紧围绕预测目标。收集的信息是否准确、可信、全面对预测的准确性起着决定性的作用。因此,对所收集的信息的来源是否可靠、真实、全面要认真进行审查,同时有些信息还需进行加工、整理、归纳、鉴别,找出各因素之间相互依存、相互制约的关系,并从中发现事物发展的规律,作为预测的依据。

(三) 选择预测模型并进行预测

在进行预测时,必须对已收集到的有关资料进行分析研究,了解预测对象的特性,同时根据预测的目标和各种预测方法的适用条件及性能,选择出合适的预测模型,借以揭示有关变量之间的规律性联系。每种预测方法都有其特定的用途,预测方法的选择决定物流成本预测的质量高低。必须根据预测目标、内容、要求以及所掌握的资料,选择相应的预测方法。需要进行定量预测分析的,要选择预测分析的专门方法,建立数学模型;对于定性预测的,也要合理选定方法,建立设想的逻辑思维模型,并拟订预测的调查提纲。

（四）实际进行分析预测

分析评价就是对预测结果的准确性和可靠性进行验证，预测结果受资料的质量、预测人员的分析判断能力、预测方法本身的局限性等因素的影响，未必能确切地估计预测对象的未来状态。此外，各种影响预测对象的外部因素在预测期限内也可能出现新的变化。要分析内、外部各种影响因素，应用选定的预测方法和建立的模型分别进行定性分析和定量分析，并给出实事求是的预测结果。

（五）对预测结果进行验证评价

经过一段时间，必须对上一阶段的预测结果进行验证和分析评价。即以实际数与预测数进行比较，检查过去预测的结果是否准确，并找出误差原因以便及时对之前选择的预测方法加以修正。这是一个反复进行信息数据处理和选择判断的过程，也是多次进行反馈的过程。

（六）修正预测结果

对于原用定量方法进行的预测，常常由于某些原因导致数据不充分或无法定量而影响预测的精度，这就需要用定性方法考虑这些因素并修正定量预测的结果。对于原用定性方法预测的结果，往往也需应用定量方法加以修正、补充，使预测结果更接近实际。总之，这个过程是定量分析与定性分析相结合的过程。

（七）输出最终的预测结论

根据上一阶段的修正、补充，把最终的预测结论提交给有关决策部门。

四、物流成本预测的方法

物流成本预测分析的基本方法大体上可以分为定量预测分析法和定性预测分析法两大类。

（一）定量预测分析法

定量预测分析法也称“数量分析法”，是指在充分掌握与预测对象有关的各要素定量资料的基础上，应用现代数学方法（包括运筹学、概率论和微积分等）和各种现代计算工具（包括计算机）对与预测对象有关的各种经济信息进行科学的加工处理，并建立预测分析的数学模型，充分揭示各有关变量之间的规律性联系，最终对计算结果做出结论。定量预测分析法最常用的方法是趋势预测分析法。

趋势预测分析法是把预测对象过去的变化趋势作为预测的依据，根据预测对象过去的、按时间顺序排列的一系列数据，应用一定的数学方法进行加工、计算，借以预测其未来发展趋势的分析方法，也称“时间序列分析法”或“外推分析法”。预测分析中所应用的算术平均法、移动加权平均法、指数平滑法、直线回归分析法等都属于趋势预测分析法这种类型。

1. 算术平均法

算术平均法是用物流企业在过去若干期间实际物流成本的算术平均值对计划期成本水平进行预测的方法。计算公式为

$$计划期物流成本预测数=\frac{各期物流成本总和}{期数}$$

【例 4-1】 某物流运输公司 2015 年 1～6 月的运输成本资料如表 4-1 所示。结合资料运用算术平均法对 2015 年 7 月的运输成本进行预测。

表 4-1 运输成本 单位:万元

项 目	1月	2月	3月	4月	5月	6月	合 计
运输成本	2 400	2 300	2 800	3 200	3 000	2 800	16 500

运用算术平均法对 7 月的运输成本的预测值＝16 500÷6＝2 750(万元)。

用算术平均法预测未来成本水平,计算比较简单,但它没有考虑不同时期成本水平变化对预测值的影响,把成本差异平均化了,因此它只适用于物流成本基本稳定的情形。

2. 移动加权平均法

移动加权平均法是建立在移动平均值计算基础上的物流成本预测方法,是假定未来时期的成本与相接近时期的直接继续,与较远时期的成本关系较小。

移动平均值的计算是对原时间序列按一定的时间跨度逐项移动,计算一系列的时间序列平均值,形成一个新的时间序列,以消除短期的、偶然的因素引起的变动,显现出长期趋势。在移动平均值的计算中包括的过去观察值的实际个数,必须从一开始就明确规定,每出现一个新的观察值,就要从移动平均值中减去一个最早的观察值,再加上一个最新的观察值,计算移动平均值。因而,移动平均值从数列中所取数据点数一直不变,只是包括最新的观察值。移动加权平均法预测公式为

某期预测值＝最后一期移动平均数＋推后期数×最后一期趋势移动平均数

【例 4-2】 物流公司 2015 年全年的采购成本如表 4-2 所示。根据资料用移动加权平均法预测 2016 年 1 月的采购成本。

表 4-2 采购成本数据 单位:万元

月份	实际采购成本	五月平均	变动趋势	三期趋势平均数
1	200			
2	220			
3	230			
4	260			
5	250	232		
6	230	238	6	
7	260	246	8	
8	300	260	14	9.3
9	280	264	4	8.7
10	290	272	8	8.7
11	300	286	14	8.7
12	320	298	12	11.3

1 月的采购成本＝298＋4×11.3＝343.2(万元)。

移动加权平均法计算简单，但它把各期数据对将要发生的数据的影响视为同等的，预测精度较低，只适合数据变化趋势明显的近期预测。

3. 指数平滑法

指数平滑法是布朗(Robert G. Brown)所提出。布朗认为时间序列的态势具有稳定性或规则性，所以时间序列可被合理地顺势推延。他认为最近的过去态势在某种程度上会持续到最近的未来，所以将较大的权数放在最近的资料。

指数平滑法的基本公式为

$$S_t=\alpha y_{t-1}+(1-\alpha)S_{t-1}$$

式中：S_t——时间 t 的平滑值；

y_{t-1}——时间 $t-1$ 的实际值；

S_{t-1}——时间 $t-1$ 的预测值；

α——平滑常数，其取值范围为[0,1]。

指数平滑常数取值至关重要。平滑常数决定了平滑水平以及对预测值与实际结果之间差异的响应速度。平滑常数 α 越接近于1，远期实际值对本期平滑值的下降越迅速；平滑常数 α 越接近于0，远期实际值对本期平滑值影响程度的下降越缓慢。由此，当时间数列相对平稳时，可取较大的 α；当时间数列波动较大时，应取较小的 α，以不忽略远期实际值的影响。α 的取值通常在0.3～0.7。

【例 4-3】 沿用表4-2的资料，假设 $\alpha=0.4$，2015年1月的预测值为190万元。要求：计算2016年1月的预测值。

$S_2=\alpha y_1+(1-\alpha)S_1=0.4\times200+(1-0.4)\times190=194$(万元)

$S_3=\alpha y_2+(1-\alpha)S_2=0.4\times220+(1-0.4)\times194=204.4$(万元)

$S_4=\alpha y_3+(1-\alpha)S_3=0.4\times230+(1-0.4)\times204.4=214.64$(万元)

$S_5=\alpha y_4+(1-\alpha)S_4=0.4\times260+(1-0.4)\times214.64=232.78$(万元)

$S_6=\alpha y_5+(1-\alpha)S_5=0.4\times250+(1-0.4)\times232.78=239.67$(万元)

$S_7=\alpha y_6+(1-\alpha)S_6=0.4\times230+(1-0.4)\times239.67=235.80$(万元)

$S_8=\alpha y_7+(1-\alpha)S_7=0.4\times260+(1-0.4)\times235.80=245.48$(万元)

$S_9=\alpha y_8+(1-\alpha)S_8=0.4\times300+(1-0.4)\times245.48=267.29$(万元)

$S_{10}=\alpha y_9+(1-\alpha)S_9=0.4\times280+(1-0.4)\times267.29=272.37$(万元)

$S_{11}=\alpha y_{10}+(1-\alpha)S_{10}=0.4\times290+(1-0.4)\times272.37=279.42$(万元)

$S_{12}=\alpha y_{11}+(1-\alpha)S_{11}=0.4\times300+(1-0.4)\times279.42=287.65$(万元)

2016年1月的预测值 $=0.4\times320+(1-0.4)\times287.65=300.59$(万元)

通过上述例题计算分析，这种预测方法更符合客观实际，但 α 的取值具有较大的主观因素。指数平滑法适用于不但实际值对预测值有影响，而且上一期预测值对下一期预测值也有影响的情况下。

4. 直线回归分析法

直线回归分析法一般是运用直线回归方程，根据自变量的变动，来预测因变量发展变动趋势的方法。

应用回归预测法时，应首先确定变量之间是否存在相关关系。如果变量之间不存在相关关系,对这些变量应用回归预测法就会得出错误的结果。

运用直线回归模型进行预测时,首先应将过去一定时期的历史资料按时间序列在坐标上画图,观察散点图的分布情况,判断自变量和因变量之间基本上存在着线性联系,可建立直线回归方程:

$$y=a+bx$$

式中:$a=(\sum y-b\sum x)/n$

$b=(n\sum xy-\sum x\sum y)/(n\sum x^2-\sum x\sum x)$

【例 4-4】 某物流公司 2015 年 1～5 月的运输量和运输成本的资料如表 4-3 所示。

要求:预测当运输量为 450 吨千米时的运输成本是多少?

表 4-3 运输数据

时期	运输量/吨千米 x	运输成本/元 y	xy	x^2
1月	250	27 500	6 875 000	62 500
2月	200	24 000	4 800 000	40 000
3月	300	31 500	9 450 000	90 000
4月	360	35 000	12 600 000	129 600
5月	400	38 800	15 520 000	160 000
$n=5$	$\sum x=1\,510$	$\sum y=156\,800$	$\sum xy=49\,245\,000$	$\sum x^2=482\,100$

$$b=\frac{n\sum xy-\sum x\sum y}{n\sum x^2-\sum x\sum x}$$

$$=\frac{5\times 49\,245\,000-1\,510\times 156\,800}{5\times 482\,100-1\,510\times 1\,510}$$

$$=\frac{9\,457\,000}{130\,400}=72.52(\text{元/吨千米})$$

$$a=\frac{\sum y-b\sum x}{n}$$

$$=\frac{156\,800-72.52\times 1\,510}{5}=9\,458.96(\text{元})$$

运输成本的预测值 $y=a+bx=9\,458.96+72.52x$

当 $x=450$ 吨千米时,运输成本预测值 $=9\,458.96+72.52\times 450=42\,092.96$(元)。

直线回归分析法利用“回归直线的误差平方和最小”的原理,计算预测结果最准确。

(二) 定性预测分析法

定性预测分析法也称“非数量分析法”。它是一种直观性的预测方法,主要是依靠预测人员的丰富实践经验以及主观的判断和分析能力(它们必须建立在预测者的智慧和广博的科学知识的基础上),在不用或少量应用计算的情况下,推断事物的性质和发展趋势的分析方法。

1. 专家判断法

专家判断法是指向学有专长、见识广博的经济专家进行咨询,并根据他们多年来的实践经验和判断能力对计划期物流成本做出预测的方法。这里的所谓“专家”,一般包括本企业或同行企业的高级领导人(例如总经理)、销售部门经理、经销商和其他外界专家,但不包括顾客和推销人员。汲取专家意见的方式多种多样,最主要的有以下三种。

(1) 个人意见综合判断法:先向各位专家征求意见,要求他们对本企业物流成本的未来趋势和当前的状况做出个人判断,然后把各种不同意见加以综合归纳,形成一个成本预测值。

(2) 专家会议综合判断法:先把各位专家分成若干预测小组,然后分别召开各种形式的会议或座谈会共同商讨。最后把各小组意见加以综合,形成一个集体判断的成本预测值。

(3) 采用国际流行的“德尔斐法”:即先分别通过函询调查的方式向专家征求意见,然后把各专家的判断汇集在一起,并采用匿名方式反馈给各位专家,请他们参考别人意见修正本人原来的判断。如此反复 3～5 次,最后集各家之所长,对成本的预测值做出综合判断。

总之,专家判断法的三种方式的共同优点是:在缺乏历史资料的条件下,能比较迅速地做出预测,成本低廉,考虑比较周到。但这类预测往往会因为缺乏事实根据,主观片面性较强。

2. 员工意见综合判断法

员工意见综合判断法是由本企业的员工根据他们的主观判断,把各个环节的成本预测值填入卡片或表格,然后由各部门经理加以综合来预测企业未来期间的各种物流成本。

员工意见综合判断法的优点是:由于员工最接近、最了解本企业的情况,而且他们的预测数据大多是直接向客户调查后填列的。但是由于员工对待预测成本问题的态度各异,往往会造成预测过程中做出过于高估或过于低估成本的判断。

3. 经理人员意见综合判断法

经理人员意见综合判断法是先由企业经理人员,特别是那些最熟悉业务、能预测成本发展趋势的主管人员,以及各地经销商的负责人,根据他们多年的实践经验和判断能力,对计划期成本进行预估,然后再通过集思广益,博采众长,并应用加权平均法做出综合判断的方法。

这种方法的优点是快捷、实用,但其缺点是主观因素较多,所做出的估计和判断易受人们乐观或悲观心理状态相互感染的影响。故在应用这种方法之前,必须向预测人员提供近期政治经济形势和市场情况的调查分析资料,并组织他们座谈讨论,然后把各种意见综合平衡,做出预测结论。

第二节 物流成本决策

一、物流成本决策的含义

物流成本决策是在物流成本预测的基础上,结合其他有关资料,运用一定的科学方法,从若干个方案中选择一个满意的方案的过程。

从物流整个流程来说,有配送中心新建、改建、扩建的决策;装卸搬运设备、设施购置的决策;流通加工合理下料的决策等。进行成本决策、确定目标成本是编制成本预算的前提,也是实现成本的事前控制,提高经济效益的重要途径。

管理的中心在于经营,经营的中心在于决策,决策构成整个企业经营管理的核心,一个完整的决策一般包括:确定应达到的明确的目标;有若干个可供选择的方案,有关方案有可计量的预期值;属于不确定情况下的决策,各种自然状态出现的概率基本上可以预计。

二、物流成本决策的分类

(一) 按物流决策分析的时间长短进行分类

按物流决策分析的时间长短进行分类,可以将决策分为短期经营决策和长期投资决策分析。

1. 短期经营决策

短期经营决策是指只涉及一年以内的一次性专门的,并仅对该时期内的合理利用经济资源以期取得最佳经济效益而进行的决策,短期经营决策的支出属于"收益性支出"。

2. 长期投资决策

长期投资决策分析是指那些产生收益的周期超过一年,并对较长时期内的收支盈亏产生影响的问题所进行的决策。其特点是投资金额大,属于"资本性支出",并将对企业多个生产经营周期产生影响。

长期投资决策主要涉及改变或扩大企业的现有生产能力或服务能力而进行的决策。诸如企业厂房、设备的改建、扩建、更新;资源的开发利用;固定资产是举债购置还是通过租赁的决策等。这些涉及企业发展方向和规模的重大问题都属于长期投资决策。

(二) 按决策所依据环境进行分类

按决策所依据的环境、条件的状况分类,可分为确定型、风险型和非确定型决策。

1. 确定型决策

确定型决策是指与决策相关的那些客观条件或自然状况是肯定的、明确的,并且可用具体的数字表示出来,决策者可直接根据完全确定的情况,从中选择最有利的方案。

2. 风险型决策

风险型决策是指与决策有关的因素的未来状况不能完全肯定,只能预计大概情况,无论选择哪一种方案都带有一定的风险。所以这类决策称为风险型决策。这类决策一般以概率表示其可能性的大小,尽可能做到近似地符合实际情况。

3. 非确定型决策

非确定型决策是指影响决策的因素不仅不能肯定,而且连出现各种结果的概率也无法确切知晓的情况下进行预计分析,这类问题的决策称为非确定型决策分析。

三、物流成本决策的基本程序

(一) 提出决策问题,确定决策的目标

决策目标是决策分析的出发点和归宿,决策是为了解决问题,确定决策目标就是要弄

清这项决策究竟要解决什么问题。例如采购哪家的产品，选择什么样的运输方式，利用何种生产工具生产等。决策目标一般具有两个特点：①目标成果可以计量；②目标的实现在主客观上具有现实性和可能性。

（二）广泛收集信息

决策目标确定以后就要针对决策目标广泛收集尽可能多的、对决策目标有影响的各种定量与定性的信息。为了正确进行决策，所收集的信息必须符合决策所需的质量要求，必要时应对相关信息进行加工延伸。

（三）提出各种备选方案

在获取了大量信息之后，针对预定的决策目标要求，提出若干可行性的备选方案。即每个备选方案都必须是在技术上合理，在经济上适宜，同时要充分考虑企业各种资源的合理配置。

（四）对各种备选方案做出初步评价

对各种备选方案做出初步评价主要是通过定量的方法进行的。首先把各备选方案的可计量资料归类、系统排列，然后选择适当的方法建立相应的数学模型对各方案的预期收益进行计算、比较和分析，最后做出初步判断和评价。

（五）确定最优方案

确定最优方案是决策的关键环节，选优的标准是指在一定的条件下，经济效益最佳的方案。在定量分析的基础上，还需要考虑计划期间国际、国内政治和经济形势以及市场变化等因素，还可以听取一些专家的意见，把定量分析与定性分析有机地结合起来，例如企业的资源条件、市场的需求、国家的有关方针政策等。最后筛选出最优方案。

（六）评估决策的执行情况和信息反馈

在方案实施过程中要建立信息反馈系统。决策者要根据反馈信息采取各种措施针对变化的情况及时对原有方案进行必要的修正，及时纠正偏差以确保决策目标的实现。

四、物流成本决策中应注意的问题

（一）物流成本决策要有明确的目的

物流成本决策的难点来自于目标不清，目标不清往往造成在方案选择上摇摆不定。如果物流成本决策目标明确，按照目标的要求，哪个方案更好一些，物流成本决策者就会毫不犹豫地选择哪个方案。

（二）多方案抉择是科学物流成本决策的重要原则

物流成本决策要有若干个可行的备选方案，一个方案不能比较优劣，也没有选择的余地，只有采纳，所以多方案选择是科学物流成本决策的一个重要原则。

（三）物流成本决策要进行方案的分析比较

物流成本决策时应进行方案的分析比较，对每个方案进行综合分析与评价，比较各方案的优劣，做到心中有数。

(四) 物流成本决策结果是选择满意的方案

在完全掌握信息的基础上,选择既经济又可行的方案,物流成本决策结果是选择满意的方案。

(五) 物流成本决策是一个分析判断的过程

物流成本决策是一个理性的、主观分析判断的过程,也就是说,物流成本决策过程受到各种主观因素的影响。所以对于同一个问题,不同的人会有不同的物流成本决策结果,是正常现象。管理者应能够在听取各方意见的基础上,分析判断并做出正确的物流成本决策。

第三节　物流功能成本决策

一、采购成本决策

(一) 影响采购成本的因素

1. 产品规格

一个好的产品规格,能使得这个产品不仅易于销售,便于生产,而且还易于提供售后服务,便于购买到经济的原材料或部件,反过来又使它具有足够的吸引力,能促使供应商进行生产和供应。

2. 采购数量和时机

物流总成本同样受到库存水平的影响。采购数量多,占用企业的资金相应增加,这就增加了企业资金的机会成本;采购数量少,可能会对生产和销售产生不利的影响。同时采购部门也应当判断供货市场状况,不失时机地购进物资以避免物价上涨或下降给企业带来的不利影响。

3. 市场因素

原材料市场的长期可持续性、可购买性对企业的采购成本有着重大影响。市场供给充足,供应商竞争激烈,则材料的采购成本就会比较稳定,或许还会有所下降;若市场供给短缺,供应商垄断,则材料采购成本就会上涨。

(二) 采购成本的组成

采购成本主要由价格成本和其他相关成本组成。

1. 价格成本

价格成本主要是指采购物资的买价,其总额取决于采购数量和单位成本。由于单位成本一般不会随采购数量的变动而变动,因此在采购决策中,存货的采购成本通常属于无关成本;但当供应商为扩大销售而采取数量折扣优惠时,采购成本就成为与决策相关的成本了。

2. 其他相关成本

1) 运杂费

采购过程中的运杂费主要有运输费、包装费、保险费等。运输费一般占总物流成本的

50%;不同的商品、不同的运输方式采用不同的包装形式,决定了不同的包装费用。

2) 损耗的费用

损耗的费用是指由于自然原因和人为原因造成采购物资的损耗,如散装运输的货物在装卸和运输过程中必然会有一定的损失。

(三) 与存货决策相关的概念

1. 订货成本

订货成本是指从发出订单到收到存货整个过程中所付出的成本,包括采购人员的工资、采购部门的一般性费用(如办公费、水电费、折旧费等)和采购业务费(如订单处理成本、运输费、保险费以及装卸费等)。订货成本按其与订货次数之间的依存关系分为固定订货成本和变动订货成本。

固定订货成本主要包括采购部门的管理费、采购人员的工资等,其发生数额与订货次数的多少无关。与订货次数有关成本,称为变动订货成本。每次订货的变动成本用 K 表示,主要包括差旅费、邮电费、文件处理费等。订货次数等于存货年需求量与每次进货量之商。

而对于生产型的物流公司,如本企业生产所需要的包装物、模型模具、半成品等,订货成本就是一种生产准备成本。生产准备成本是指组织一批存货生产所发生的全部费用,包括每次生产前的设备的准备与调整、准备工具模具、清理作业场所、布置生产线和准备生产作业记录等工作而发生的成本。这类成本是固定的,不以每批的产量多少为转移。

2. 储存成本

储存成本是指企业为持有存货而发生的成本,通常包括两大类:一是付现成本,包括支付的仓储费、按存货价值计算的保险费、陈旧报废损失、检查费用以及企业自行设立仓库发生的所有费用;二是资金成本,即由于投资于存货而不能投资于其他盈利方面所形成的机会成本。

按其与储存量的关系分为固定储存成本和变动储存成本。固定储存成本主要包括仓储房屋及设备的折旧费、维修费、仓库职工的工资等。变动储存成本主要包括存货资金占用或机会成本、仓储费用、保险费用、存货残损损失等。单位存货年储存成本用 C 表示。

3. 缺货成本

缺货成本是由库存供应中断造成的损失,包括原材料供应中断造成的停工损失、产成品库存缺货造成的延迟发货损失和丧失销售机会的损失(还应包括商誉损失)。如果生产企业以紧急采购代用材料来解决库存材料的中断之急,那么缺货成本表现为紧急额外购入成本(紧急采购成本大于正常采购成本部分)。

当一种产品缺货时,客户就会购买竞争对手的产品,这就会对企业产生直接利益损失。如果企业失去客户,还可能为企业造成间接长期成本。在供应物流企业,原材料或半成品或零配件的缺货,意味着机器空闲甚至停产。

缺货成本大多数属于机会成本。在允许缺货的情况下,缺货成本是与决策有关的成本;若在不允许缺货的情况下,缺货成本就是与决策无关的成本了。

4. 平均库存量

平均库存量是指一个企业库存量的平均数。

$$平均库存量=\frac{订货量}{2}$$

5. 经济订货批量(Q)

经济订货批量是指能够使一定时期存货的相关总成本达到最低点的每次订货数量。

$$Q=\sqrt{\frac{2DK}{C}}$$

6. 存货相关总成本(T)

存货相关总成本=变动订货成本总额+变动储存成本总额

即
$$T=\frac{KD}{Q}+\frac{CQ}{2}$$

在经济订货批量下的最低年存货相关总成本为

$$T^{*}=\sqrt{2DKC}$$

7. 安全存货量

安全存货量是指因需求不稳定,防止由不确定因素的作用使订货需求加大而准备的缓冲库存。

安全存货量=(预计每日最大消耗量-预计平均每日正常耗用量)×提前日数

8. 再订货点

一旦经济订货批量确定后,企业就应以此为基础,每次订购固定数量Q。对管理者而言,除了要知道每次订货多少之外,还必须知道什么时候订货,这就是再订货点。再订货点是指企业确定在什么时候订货,如果订货过早,就会增加储存成本和机会成本;如果订货过迟,会影响生产和销售,严重的会出现缺货成本。

影响订货点的因素主要有经济订货批量、正常消耗量、提前期和安全存货量。正常消耗量是为满足每天正常生产需要消耗的数量;提前期是指从提出订货到收到订货的时间间隔。

订货点=提前期×正常消耗量+安全存货量

二、配送成本决策

配送成本总额是由各个环节的总成本组成的,其计算公式为

配送成本=配送运输成本+分拣成本+储存保管费用+配装成本+流通加工成本

(一) 配送运输成本

配送运输成本是指配送车辆在完成配送货物过程中所发生的各种车辆费用和配送间接费用。具体内容见“运输成本决策”部分。

(二) 分拣成本

分拣成本是指分拣机械及工人在完成货物分拣过程中所发生的各种费用,分拣机械费用主要由机械设备的折旧费及修理费。分拣人工费用是指从事分拣工作的人员以及有关人员的工资、奖金、补贴等费用。

(三) 储存保管费用

储存保管费用主要包括仓储费、进出库费和其他费用。

（四）配装成本

配装成本是指在完成配装货物过程中所发生的各种费用，主要有配装员工的工资和福利费、配装所耗用的材料费和其他间接费用。

（五）流通加工成本

流通加工成本主要包括流通加工设备费用、流通加工材料费和流通加工人工费用。

物流配送成本决策通常使用的方法有差量成本法和成本无差别点法。

差量成本法是通过比较两个被选方案的成本之差，以成本低的方案为优的一种决策方法。成本无差别点法是在各个被选方案的收益值相等或无收益值时，且在被选方案的业务量未知的情况下，根据两个被选方案成本相等时的业务量进行决策的一种方法。

$$\text{成本无差别点处的业务量}=\frac{\text{两个方案的固定成本之差}}{\text{两个方案的单位变动成本之差}}$$

三、运输成本决策

运输是物流中最重要的功能之一，运输成本在物流成本中约占 1/2。运输成本包括营运成本、管理费用和财务费用。

（一）营运成本

营运成本主要是指与营运生产直接有关的各项支出。

1. 工资与职工福利费

工资是指支付给配送车辆司机的基本工资及工资性津贴等。职工福利费是指按规定的工资总数及规定比例计提的职工福利费。

2. 燃料费与轮胎费用

燃料费是指配送车辆运行耗用燃料，如汽油、柴油等费用。轮胎费用是指运送车辆耗用的外胎、内胎、垫带等费用支出以及轮胎的翻新费用和维修费用。

3. 修理费与大修费

修理费是指配送车辆进行各种保养和修理时发生的工料费和行车耗用的机油费用；大修费是指运输车辆计提的大修理基金以及大修理竣工后调整的费用差异和车辆超过大修理定额差异应调整增减的费用。

4. 折旧费

折旧费是指运输车辆按规定计提的折旧费。

5. 养路费

养路费是指按规定向公路管理部门缴纳的运营车辆养路费。

6. 公路管理费

公路管理费是指按规定向运输管理部门缴纳的运营车辆管理费。

7. 车船使用税费

车船使用税费是指企业按规定向税务部门缴纳的运营车辆使用税。

8. 行车事故损失

行车事故损失是指运输车辆在运输过程中，因行车肇事发生的事故损失。

9. 其他费用

其他费用是指不属于以上各项的车辆费用,如行车杂费、随车工具费、防滑链条费、中途故障救济费、司机和助手劳动保护用品费、车辆清洗费、冬季预热费以及有运输方负担的过路过桥费用等。

(二)管理费用

管理费用是指运输企业行政管理部门为管理和组织营运生产活动而发生的各项费用。主要包括公司经费、董事会会费、行政管理人员工资和福利费、职工教育经费、劳动保护费、印花税、房产税、车船使用税、土地使用税、技术转让费、诉讼费、排污费等。

(三)财务费用

财务费用是指运输企业为了筹集资金而发生的各项费用,包括筹资的利息支出、汇兑损益、金融机构的手续费等。

决策物流运输成本通常使用的方法是差量成本法和成本无差别点法。

四、仓储成本决策

仓储成本决策中主要涉及的成本包括存货持有成本、订货成本、缺货成本、在途存货持有成本和库存风险成本。存货持有成本包括资本成本、储存空间成本、库存服务成本和存货风险成本。在途存货成本一般包括资本占用成本、仓储运作成本、仓储维护成本、保险和其他成本。库存风险成本是与产品变质、短少(偷窃)、破损或报废相关的费用构成。在库存的过程中,存货会被污染、损坏、腐烂、被盗或由于其他原因不能销售,与之相关的成本可用产品价值的直接损失来估算,也可用重新生产产品或备用仓库供货的成本来计算。

在仓储成本决策中,存货持有成本、订货成本、在途存货持有成本为相关成本。而缺货成本和库存风险成本虽然也是相关成本,但是在决策中应该不允许出现缺货成本和库存风险成本。

在仓储成本决策中,存货持有成本所占的比重较大,其他几种成本所占的比重相对较小。因此,应该重点关注在存货中价值大、数量相对较少的存货的决策。对这类存货的决策重点是经济订货批量(或最优生产批量)和再订货点。

经济订货批量在采购成本决策部分已经进行了分析,在此重点讲述最优生产批量的决策。所谓最优生产批量,就是确定一个适当的生产批量,从而使其生产准备成本与储存成本之和达到最小。

最优生产批量的确定可以用公式法。

设:Q^*——某产品成批生产一次投产的最优批量;

D——该产品全年的总产量;

p——生产周期内产品的每天生产量;

d——产品每天的领用量;

K——每批产品投产需花费的生产准备成本;

C——单位产品全年的储存成本;

T——年存货相关总成本;

T^*——最低年存货相关总成本。

1. 在每批产品一次性集中完工入库的情况下

$$最优生产批量\ Q^* = \sqrt{2DK/C}$$

$$最低年相关总成本\ T^* = \sqrt{2DKC}$$

2. 在每批产品陆续完工入库的情况下

$$最优生产批量\ Q^* = \sqrt{2DK/C\left(1-\frac{d}{p}\right)}$$

$$最低年相关总成本\ T^* = \sqrt{2DKC\left(1-\frac{d}{p}\right)}$$

$$年生产批次=\frac{D}{Q^*}$$

第四节　物流成本综合决策

物流企业的成本是各功能成本的总和。在分析了各功能成本的基础上，物流公司所进行的物流成本决策应该是综合的决策。在综合决策中常用的方法有本量利分析法、决策树法和决策表法。

一、本量利分析法

本量利分析法就是对物流成本、业务量（如运输量）和利润之间相互关系的一种分析方法。本量利分析法能在变动成本计算的基础上，以数学模型与图形来揭示固定成本、变动成本、业务量、单价和利润之间的内在规律，为预测和决策提供必要的财务信息。本量利分析法在决策时主要应用于确定型决策中。

本量利分析的主要内容有盈亏平衡分析和盈利分析。

（一）本量利分析的基本公式

本量利分析法的基本公式为

利润＝营业收入－变动成本－固定成本

＝单价×业务量－单位变动成本×业务量－固定成本

即

$$P=px-bx-a$$

式中：P——利润；

a——固定成本；

p——单价；

b——单位变动成本；

x——业务量。

营业收入－变动成本＝贡献毛益总额

即

$$px-bx=Tcm$$

式中：Tcm——贡献毛益总额。

贡献毛益反映了一个项目(或产品)的盈利能力。贡献毛益首先用于补偿固定成本，补偿固定成本之后还有余额，才会为企业提供利润。否则，企业将发生亏损。贡献毛益是一个正指标，越大越好。

贡献毛益有三种表现形式：贡献毛益总额、单位贡献毛益(cm)、贡献毛益率(cmR)。前两个指标是用绝对数来反映产品的盈利能力，后一个指标是用相对数反映盈利能力。贡献毛益率是用贡献毛益总额除以营业收入总额。

$$单位贡献毛益=单价-单位变动成本$$

即

$$cm=p-b$$

$$\begin{aligned}贡献毛益率&=贡献毛益总额/营业收入总额\\&=单位贡献毛益/单价\\&=1-单位变动成本/单价\end{aligned}$$

即

$$cmR=1-b/p$$

$$变动成本率(bR)=单位变动成本/单价$$

即

$$bR=b/p$$

变动成本率反映成本水平的高低，变动成本率是个反指标，越小越好。

$$贡献毛益率+变动成本率=1$$

鉴于上述贡献毛益率和变动成本率的关系，要想提高企业的盈利能力，必须降低成本，降低变动成本率。

(二) 盈亏平衡分析

1. 盈亏临界点

盈亏临界点又称保本点、损益平衡点，是指企业经营所得的营业收入等于营业成本，企业不盈不亏，利润为零时的状态。

2. 盈亏临界点的数学模型

$$利润=营业收入-变动成本-固定成本$$

当利润=0时，营业收入=变动成本+固定成本。

$$盈亏临界点的业务量(x_0)=a/(p-b)$$

$$盈亏临界点的营业收入(y_0)=px_0$$

3. 盈亏临界图分析

盈亏临界图是围绕盈亏临界点，将影响企业盈亏临界点和利润的有关因素及其相应关系，集中在一幅图上，形象而具体地显示各种因素的变动对利润产生怎样的影响，从而有助于决策者在经营管理工作中提高预见性和主动性。也有人称之为保本图、盈亏平衡图、损益平衡图等。其绘制方法如下。

(1) 在直角坐标系中，以横轴表示业务量，以纵轴表示成本和营业收入。

(2) 绘制固定成本线。在纵轴上确定固定成本的数值，并以此为起点，绘制一条平行于横轴的直线，即为固定成本线 $y=a$。

(3) 绘制总成本线。在横轴上取一业务量并计算其总成本,在坐标上标出该点,然后将坐标上的固定成本点与该点连接便可绘出总成本线 $y=a+bx$。

(4) 绘制营业收入线。以坐标原点为起点,并在横轴上任取一个整数业务量,计算其营业收入,在坐标上找出与之相对应的纵轴交叉点,连接这两点就可画出总收入线$y=px$。

(5) 营业收入线与总成本线的交点即为盈亏临界点,其对应的横坐标 x_0 为盈亏临界点的业务量,其对应的纵坐标 y_0 为盈亏临界点的营业收入,如图 4-1 所示。

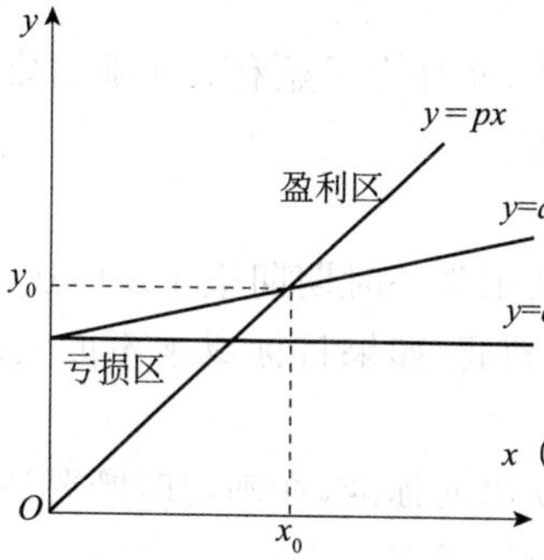

图 4-1　盈亏临界图

图 4-1 从动态上集中而又形象地反映了业务量、成本与利润之间的相互关系,从图中可以得出以下几条基本规律。

(1) 盈亏临界点不变,业务量越大,能实现的利润越多,或亏损越少,如产品业务量超过盈亏临界点一个单位的业务量,即可获得一个单位贡献毛益的盈利;反之,业务量越小,能实现的利润越少,或亏损越多。若产品业务量低于盈亏临界点一个单位的业务量,即亏损一个单位贡献毛益。

(2) 业务量不变,盈亏临界点越低,盈利区的三角形面积就有所扩大,亏损区的三角形面积就有所缩小,它反映了产品的盈利性有所提高,即能实现更多的利润或更少的亏损;反之,盈亏平衡点越高,盈利区的三角形面积就有所缩小,亏损区的三角形面积就有所扩大,它反映了产品的盈利性有所降低,即能实现的利润就越少,或亏损越多。

(3) 在营业成本既定的条件下,盈亏临界点的高低受单位售价变动的影响。产品单价越高,表现为营业收入线的斜率越大,盈亏临界点就越低;反之,产品单价越低,表现为营业收入线的斜率越小,盈亏临界点就越高。

(4) 在营业收入既定的条件下,盈亏临界点的高低取决于固定成本和单位变动成本的多少。固定成本越多或单位产品的变动成本越多,盈亏临界点就越高;反之,盈亏临界点就越低。其中,单位变动成本的变动对于盈亏临界点的影响是通过变动成本线的斜率的变动表现出来的。

明确了以上基本规律,企业可以根据主客观条件有预见地采取相应的措施,对于实现企业扭亏为盈将有较大的帮助。

4. 盈亏临界点作业率

盈亏临界点作业率是用盈亏临界点的业务量除以现有的业务量。它表明了在保本状态下企业的生产经营能力的利用程度。该指标的大小反映经营安全性,该指标越大,经营越不安全,因为企业开工生产的绝大部分产品用于满足保本,而不是盈利;反之,该指标越小,经营越安全,这说明开工生产的一小部分产品就可以保本,其余部分会给企业带来盈利。该指标是一个反指标,越小越好。

$$盈亏临界点作业率(dR)=\frac{盈亏临界点的业务量}{正常的业务量}$$

$$dR=x_0/x_1$$

(三) 盈利分析

企业的经营不仅仅是为了保本,而是为了盈利。企业通常先制定出目标利润,然后再进行目标成本和目标业务量的决策。

1. 目标成本的决策

目标成本是指企业在经营活动中某一时期期望实现的成本目标。确定目标成本是为了降低经营成本,实现企业的目标利润,如果目标成本不能实现,则企业的目标利润就无从谈起。

目标成本作为衡量企业经营支出的标准,在确定时既要注意其先进性,又要注意其可行性。通常有以下两种方法确定目标成本。

(1) 选择某一先进成本水平作为目标成本。先进成本可以是企业历史上的最好水平,也可以是国内外同行业中的先进水平,还可以是计划成本、定额成本或标准成本。

(2) 通过本量利分析的公式,倒挤出目标成本。即

$$目标成本=营业收入-利润$$

2. 安全边际

安全边际是指盈亏临界点以上的业务量(或营业收入)。意味着现有业务量超过盈亏临界点多少,这个差距说明现有的业务量再下降多少,企业就会亏损。这个差距越大,说明企业发生亏损的可能性越小,企业的经营越安全。该指标是一个正指标,越大越好。

安全边际可以用绝对数表示,也可以用相对数表示。用绝对数表示,其计算公式为

$$安全边际量=现有的业务量-盈亏临界点的业务量$$

$$安全边际额=现有的营业收入-盈亏临界点的营业收入$$

用相对数表示,被称为安全边际率。其计算公式为

$$安全边际率=\frac{现有的营业收入-盈亏临界点的收入}{现有的营业收入}$$

其他相关的公式为

$$安全边际率+盈亏临界点作业率=1$$

营业利润率是利润与营业收入的比率。

$$营业利润率=贡献毛益率\times安全边际率$$

企业经营安全状态可如表4-4所示来判断。

表4-4 企业经营安全状态

安全边际率	>30%	25%~30%	15%~25%	10%~15%	<10%
经营安全状况	安全	较安全	不太好	要警惕	危险

3. 实现目标利润的业务量

根据本量利分析的基本公式，在目标利润一定的情况下，对业务量的水平进行决策。

（四）使用本量利分析法应注意的事项

本量利分析法建立在成本与业务量依存关系的基础上，即在一定时期、一定业务量水平下，固定成本不随业务量的增加而增加；变动成本随业务量的增加成正比例增加。在应用该方法时，应该注意这一特点。

由于物流公司的成本种类较多，不同的成本有其不同的固定成本和变动成本，在使用时应该注意进行成本分类，并按类别分别进行成本的决策。

二、物流成本决策树法

风险型决策的特点是决策者对即将出现的两个或两个以上相互排斥的可能状态不能完全肯定。一般可以根据过去的经验和调查研究资料，对各种可能状态出现的可能性做出估计。

风险型决策的标准是期望值。所谓期望值是指各种状态下，以概率为权数的加权平均值。当决策指标为收益时，应以期望值最大的方案为优；当决策指标为成本时，应选择期望值最小的方案为优。

决策树法是风险性决策中常用的方法之一。所谓决策树法是指在决策过程中，把各种方案以及可能出现的状态、后果，用树枝状的图形表示出来，这种利用决策树进行分析的方法，称为决策树法。

决策树是由决策节点、方案枝、状态节点和概率枝四个要素组成的树枝状图，如图4-2所示。

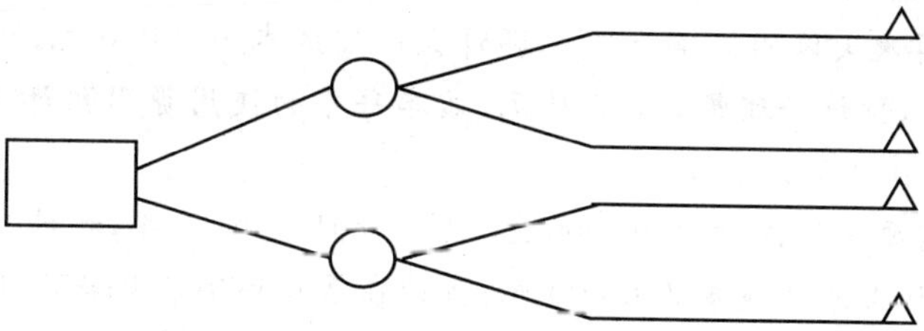

图 4-2　决策树

图 4-2 中，□表示决策节点，从它引出若干条直线，每条直线代表一个方案，称为方案枝。○表示可能出现的状态节点，从它引出若干条直线，代表不同的自然状态，也把它称为概率枝。△表示结果节点，它反映各个方案在不同自然状态下的效益值。

决策树法的决策程序如下。

（1）绘制树形图。图形自左而右层层展开，根据已知条件排列出各个方案和每一个方案的各种自然状态。

（2）将各种状态概率及损益值标于概率枝上。

（3）计算各方案的期望值并将其标于该方案对应的状态节点上。

（4）进行剪枝。比较各个方案的期望值，按照决策原则，将放弃的方案剪掉。

(5) 剪枝后所剩的最后的方案为最佳方案。

小贴士

决策树的剪枝

剪枝是决策树停止分支的方法之一，剪枝有预先剪枝和后剪枝两种。预先剪枝是在树的生长过程中设定一个指标，当达到该指标时就停止生长，这样做容易产生"视界局限"，就是一旦停止分支，使得节点N成为叶节点，就断绝了其后继节点进行"好"的分支操作的任何可能性。

不严格地说这些已停止的分支会误导学习算法，导致产生的树不纯度降差最大的地方过分靠近根节点。后剪枝中，树首先要充分生长，直到叶节点都有最小的不纯度值为止，因而可以克服"视界局限"。然后对所有相邻的成对叶节点考虑是否消去它们，如果消去能引起令人满意的不纯度增长，那么执行消去，并令它们的公共父节点成为新的叶节点。

这种"合并"叶节点的做法和节点分支的过程恰好相反，经过剪枝后叶节点常常会分布在很宽的层次上，树也变得非平衡。后剪枝技术的优点是克服了"视界局限"效应，而且无须保留部分样本用于交叉验证，所以可以充分利用全部训练集的信息。但后剪枝的计算量代价比预剪枝方法大得多，特别是在大样本集中，不过对于小样本的情况，后剪枝方法还是优于预剪枝方法的。

资料来源：http://baike.baidu.com/link?url=1gbRQbHcAR0RyuJKE8xFQ7c8HrLwNY4m0B-HnCVqJprxFDFvaXjRXhEdxR2sVAFeuWQAU2WojcUxqvSitGa3Fqq.

【例 4-5】 力帆公司想添置一辆运输车，现在拟订了两个方案：一个方案是购置新车；另一个方案是购买另一家公司已经用了两年的旧车。两个方案的有关资料如下。

(1) 如购买旧车，购买价为 30 000 元，需要进行一次大修，预计大修理费 8 000 元，预计在第四年年末再次大修的概率为 0.6，预计大修理成本为 8 000 元；预计在第 6 年年末大修的概率为 0.4，预计修理费为 8 000 元；该车每年的使用费用预计 12 000 元，尚可用 10 年，期满残值 5 000 元。

(2) 买新车需要一次性付款 50 000 元，使用时间也为 10 年，预计在第四年年末大修的概率为 0.4，预计大修理成本为 6 000 元；预计在第 6 年年末大修的概率为 0.6，预计修理费为 8 000 元；该车每年的使用费用预计 11 000 元，期满残值 8 000 元。

要求：根据上述资料做出购买旧车还是新车的决策。

解析：对于这个问题的决策，由于维修的时间和概率不同，就每一个方案而言，又有两个状态，需要用决策树法分析，如图 4-3 所示。

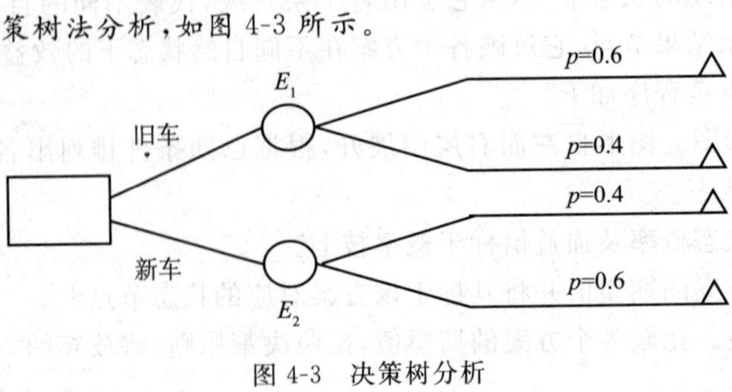

图 4-3 决策树分析

$E_1 = 30\ 000 + 8\ 000 + 0.6 \times 8\ 000 + 0.4 \times 8\ 000 + 12\ 000 \times 10 - 5\ 000 = 161\ 000$(元)

$E_2 = 50\ 000 + 0.4 \times 6\ 000 + 0.6 \times 8\ 000 + 11\ 000 \times 10 - 8\ 000 = 159\ 200$(元)

由于 $E_1 > E_2$,应该选择成本小的方案为优,即应该买新车。

三、物流成本决策表法

在风险型决策中,概率是计算期望值的必要前提,按照期望值才能进行决策。但是,在现实经济活动中很难知道某种状态发生的概率,因此也无法根据期望值进行决策,这时情况下的决策就属于不确定型决策。所以,进行方案选择时就依赖于决策者对待风险的态度。物流成本决策表法主要有小中取大法、大中取小法、大中取大法。

(一) 小中取大法

小中取大法也称为悲观决策方法,其决策过程是:首先从每个方案中选出最小的收益值,然后再从中选出一个收益值最大的方案作为决策方案。其次,以最小收益值中最大的方案为最优方案。

【例 4-6】 合利公司准备开发新的物流营销渠道,有三种设计方案可供选择。因不同设计方案的采购成本、运输成本等各不相同,在不同的市场状态下的收益值也各不相同。有关资料如表 4-5 所示。

表 4-5　各方案收益值　　单位:万元

设计方案	自然状态		
	销路好	销路一般	销路差
方案Ⅰ	50	40	20
方案Ⅱ	70	50	0
方案Ⅲ	100	30	−10

要求:运用小中取大法分析哪种方案为最优的决策方案。

根据表 4-5 所示的数据,首先选出各个方案的"最小收益值":方案Ⅰ的最小收益值为 20;方案Ⅱ的最小收益值为 0;方案Ⅲ的最小收益值为 −10。

然后再比较三个方案,方案Ⅰ是这些最小收益值方案中收益值最大的方案,所以应把方案Ⅰ作为最优的决策方案。

小中取大法是从最不利的情况下选择最有利的方案,所选的是极小值中的极大值。

(二) 大中取小法

大中取小法也称为最小的最大后悔值决策法。所谓后悔值是指在某种状态下,因选择某方案而未选取该状态下的最佳方案少得的收益值。例如在某种状态下,某方案的收益值为 1 000,而在这种状态下其他方案的最大收益值为 1 200,因选择该方案而比最佳方案少收益 200,即后悔值为 200。

用大中取小法进行决策的步骤如下。

(1) 找出在不同自然状态下各个方案的最大收益值。

(2) 计算在不同状态下的各个方案的后悔值。

方案的后悔值=最大收益值−该方案的收益值

(3) 再从各个方案的最大后悔值中,选择最小的最大后悔值为最优方案。

【例 4-7】 合利公司为了扩大营业额,拟订三种方案,各个方案在三种自然状态下可能造成的收益估计如表 4-6 所示。

表 4-6 收益估计 单位:吨千米

设计方案	自然状态		
	需求量好	需求量一般	需求量差
方案 A	300	200	−75
方案 B	400	175	−150
方案 C	200	125	45

要求:运用大中取小法分析哪种方案为最优的决策方案。

首先,找出三种状态下各个方案的最大收益值:①需求量好:400 吨千米;②需求量一般:200 吨千米;③需求量差:45 吨千米。

其次,计算在不同状态下的各个方案的后悔值。

在需求量好的情况下,最大的收益值为 400 吨千米,所以

方案 A 的后悔值=400−300=100

方案 B 的后悔值=400−400=0

方案 C 的后悔值=400−200=200

用同样的方法,可以求出其他两种状态下的各个方案的后悔值,如表 4-7 所示。

表 4-7 各方案后悔值 单位:吨千米

设计方案	自然状态			各方案中的最大后悔值
	需求量好	需求量一般	需求量差	
方案 A	100	0	120	120
方案 B	0	25	195	195
方案 C	200	75	0	200

最后,再从各个方案的最大后悔值中,选择最小的最大后悔值 120 吨千米为最优方案,即方案 A 为最优方案。

(三) 大中取大法

大中取大法也称为大中取大原则。这种方法是以乐观的态度,从最好的客观状态出发,去寻找出预期结果最好的方案。大中取大法的决策步骤是:①从各种决策方案中选取一个最大的收益值;②从各个收益最大的方案中,选取其中收益最大的作为决策方案。

【例 4-8】　资料如例 4-7。要求：运用大中取大法分析哪种方案为最优的决策方案。

首先，在各个方案中找出收益最大者，如表 4-8 所示。

表 4-8　不同方案收益情况　　单位：吨千米

设计方案	自然状态			各方案中的最大收益值
	需求量好	需求量一般	需求量差	
方案 A	300	200	−75	300
方案 B	400	175	−150	400
方案 C	200	125	45	200

其次，在所有方案的最大收益值中找到最大值是 400 吨千米，因此，方案 B 为最优决策方案。

在现实环境下，由于客观状态变化快，不以人们的意识为转移，所以大中取大法带有较大的冒险性。

案例分析

安利如何降低物流成本

面临物流资讯奇缺、物流基建落后、第三方物流公司资质参差不齐的实际情况，国内同行物流成本居高不下，而安利(中国)的储运成本仅占全部经营成本的 4.6%。在安利的新物流中心正式启用之日，安利(中国)大中华区储运/店营运总监许绍明透露了安利降低物流成本的秘诀：全方位物流战略的成功运用。具体物流战略有非核心环节通过外包完成、仓库半租半建、核心环节大手笔投入。

1. 非核心环节通过外包完成

据许绍明介绍，安利的“店铺＋推销员”的销售方式，对物流储运有非常高的要求。安利的物流储运系统，其主要功能是将安利工厂生产的产品及向其他供应商采购的印刷品、辅销产品等先转运到位于广州的储运中心，然后通过不同的运输方式运抵各地的区域仓库(主要包括沈阳、北京及上海外仓)暂时储存，再根据需求转运至设在各省市的店铺，并通过家居送货或店铺等销售渠道推向市场。与其他公司所不同的是，安利储运部还同时兼管着全国近百家店铺的营运、家居送货及电话订货等服务。所以，物流系统的完善与效率，在很大程度上影响着整个市场的有效运作。

但是，由于目前国内的物流资讯极为短缺，他们很难获得物流企业的详细信息，如从业公司的数量、资质和信用等，而国内的第三方物流供应商在专业化方面也有所欠缺，很难达到企业的要求。在这样的状况下，安利采用了适应中国国情的“安利团队＋第三方物流供应商”的全方位运作模式。核心业务如库存控制等由安利统筹管理，实施信息资源最大范围的共享，使企业价值链发挥最大的效益。而非核心环节，则通过外包形式完成。如以广州为中心的珠三角地区主要由安利的车队运输，其他绝大部分货物运输都是由第三方物流公司来承担。另外，全国几乎所有的仓库均为外租第三方物流公司的仓库，而核心业务如库存设计、调配指令及储运中心的主体设施与运作，则主要由安利本身的团队统筹管理。目前已有多家大型第三方物流公司承担安利公司大部分的配送业务。公司会派员定期监督和进行市场调查,以评估服务供货商是否提供具有竞争力的价格,并符合公司要求的服务标准。这样,既能整合第三方物流的资源优势,与其建立坚固的合作伙伴关系,同时又通过对企业供应链的核心环节——管理系统、设施和团队的掌控,保持安利的自身优势。

2. 仓库半租半建

在美国,安利仓库的自动化程度相当高,而在中国,很多现代化的物流设备并没有被采用,因为美国土地和人工成本非常高,而中国这方面的成本比较低。两相权衡,安利弃高就低。"如果安利中国的销售上去了,有了需要,我们才考虑引进自动化仓库。"许绍明说。刚刚启用的安利新的物流中心也很好地反映出安利的"实用"哲学。新物流中心占地面积达40 000m^2,是原来仓库的4倍,而建筑面积达16 000m^2。这样大的物流中心如果全部自建,仅土地和库房等基础设施方面的投资就需要数千万元。安利采取和另一物业发展商合作的模式,合作方提供土地和库房,安利租用仓库并负责内部的设施投入。只用了1年时间,投入1 500万元,安利就拥有了一个面积充足、设备先进的新物流中心。而国内不少企业,在建自己的物流中心时将主要精力都放在了基建上,不仅占用了企业大量的周转资金,而且费时费力,效果并不见得很好。

3. 核心环节大手笔投入

安利单在信息管理系统上就投资了9 000多万元,其中主要的部分之一,就是用于物流、库存管理的AS400系统,它使公司的物流配送运作效率得到了很大的提升,同时大大地降低了各种成本。安利先进的计算机系统将全球各个分公司的存货数据联系在一起,各分公司与美国总部直接联机,详细储存每项产品的生产日期、销售数量、库存状态、有效日期、存放位置、销售价值、成本等数据。

有关数据通过数据专线与各批发中心直接联机,使总部及仓库能及时了解各地区、各地店铺的销售和存货状况,并按各店铺的实际情况及时安排补货。在仓库库存不足时,公司的库存及生产系统亦会实时安排生产,并预定补给计划,以避免个别产品出现断货情况。

资料来源:申纲领. 物流案例与实训[M]. 北京:北京大学出版社,2014(6):178-179.

知识拓展

降低企业物流成本的有效途径

物流长期以来一直被称为企业的第三大利润源泉,在不少企业中,物流成本在企业销售成本中占了很大的比例,因而,加强对物流活动的管理关键是控制和降低企业物流总成本。企业又该如何降低企业物流总成本呢?

建立企业物流成本构成模式与物流管理会计制度

明确物流成本的构成,全面、正确地把握包括企业内外发生的所有物流成本在内的企业整体物流成本,以企业整体成本为对象削减物流成本,建立企业物流成本的构成模式,从原来财务成本费用中剥离出属于物流成本范畴的内容,能准确判断和计算企业现有物流成本及其构成情况。分析和比较物流成本与制造成本,物流费用与其他费用之间的关系，建立科学的物流管理会计制度，使物流成本管理与财务会计在系统上联结起来，切实掌握物流系统的成本。分领域全面清理物流系统的资源配置，建立物流成本数据库，建立物流成本科学的比较依据。

加快企业物流速度，扩大物流量

物流速度越快，物流量越大，其成本也就越小。从物流速度与流动资金的关系来看，在其他条件不变的情况下，物流速度越快，所需流动资金越少，从而减少资金的占用和利息的支出，使物流成本降低。同时，尽可能减少流通环节和节约物流时间，尽可能直运输、减少物资集中和分散运输的次数，实现效率化的配送，从而加快企业物流速度，降低企业物流总成本。

企业要构筑一体化物流战略

任何一个企业只有与别的企业结成供应链才有可能取得竞争的主动权。在激烈的市场竞争中，企业必须将物流活动纳入系统化的统一管理，一体化物流既可以提高顾客服务水平又能降低物流总成本，进而提高市场竞争力。企业内部实现不了一体化，就谈不上与供应链上下游企业之间合作形成一体化供应链。企业应当对商品流通的全过程实现供应链管理，实现由生产企业、销售企业、消费者组成的供应链的整体化和系统化，构筑一体化物流战略，使整个供应链利益最大化，从而有效地降低企业物流成本和供应链成本。

缔结战略联盟，以供应链的整体优势参与竞争

中国的大型制造企业、商业企业应不失时机地与合适的供应商、储运商等结成战略联盟，通过合作以供应链的整体优势参与竞争，在增强竞争力的同时又实现互惠互利。应积极寻求与核心企业的战略合作，成为核心企业长期的、稳定的战略伙伴。结成战略联盟，实行供应链管理，以供应链参与国内、国际竞争，降低企业物流总成本和供应链整体成本，提高中国产品在国内、国际市场的竞争能力和市场份额已是大势所趋。

借助第三方物流公司降低企业物流成本

在控制物流成本方面，欧美国家采用较多的是物流的外包，或称第二方物流或合同制物流。第三方物流服务提供者可以使一个公司从规模经济、更多地门到门运输等方面实现运输费用的节约，并体现出利用物流专业人员与技术的优势，另外，一些突发事件、额外费用，如空运和租车等问题的减少增加了工作的有序性和供应链的可预测性。实际上，物流业务外包不仅可以降低企业物流成本，还可以提高企业的服务水平和作业效率。

通过建立物流子公司寻求削减物流成本

除了通过将物流业务外包给第三方物流公司来削减物流成本外，建立企业物流子公司也是货主企业控制物流费用的一种方法。成立物流子公司后，一方面由于物流子公司是一个自负盈亏的独立经营实体，因而在内部费用管理上会更有效，可以更好地消除设施、设备的重复投资、人员费用过大等现象，遏制物流成本上升的一些主要因素；另一方面，从各经营公司来说，物流作业全部外包给物流子公司，物流费用支出将能在财务报表上明确地表示出来，进而有利于促进各经营公司销售上的成本效益管理，提高经济运行质量。如今大多数企业的物流子公司主要以削减母公司的物流成本为第一目标，在此基础上，子公司的业务逐渐向接受委托和战略经营发展。

资料来源：http://www.xd56b.com/zhuzhan/zhishi/20140317/11639.html.

复习思考

1. 物流成本预测的内容包括什么?
2. 简述物流成本预测的步骤。
3. 定量预测分析法有哪些?各自的适用范围是什么?
4. 简述物流成本决策的基本程序。
5. 物流成本决策过程中应注意哪些问题?

实训题

1. 明光公司2016年一季度的运输业务量800 000吨千米,一季度的预测值为820 000吨千米,若该公司选择的预测平滑系数为0.4,试预测2016年第二季度的运输量。

2. 利和公司2015年1～5月的业务量和配送成本的资料,如表4-9所示。

表4-9 利和公司业务数据

月份	业务量/万件	总配送成本/万元
1	500	50
2	400	50
3	600	60
4	750	65
5	800	70

若计划年度预计的业务量为9 000万件。

要求:采用直线回归预测法计算2015年该公司的总成本和单位成本。

第五章

物流成本的预算与控制

◆ 学习目的与要求 ◆

➢ 了解物流成本预算的概念、内容和作用；

➢ 掌握物流成本预算的编制；

➢ 掌握物流成本控制的原则、内容和方法。

◆ 引导案例 ◆

降低物流成本推进供给侧改革

“在经济下行压力不断增大的情况下，物流业保持了中高速增长，2015 年社会物流总费用与 GDP 的比率约为 15%，与 2010 年的 17.8%相比有较大幅度下降。”中国物流与采购联合会会长、中国物流学会会长何黎明在 2016 年中国货运与物流行业趋势论坛上透露。

社会物流总费用与 GDP 的比率直接反映物流业的效率和水平。降低物流成本关系供给侧改革，涉及的人工成本、资金成本、土地成本等因素，是推进流通领域供给侧改革的重要抓手。“加强供给侧结构性改革，物流业要抓好去产能、去库存、去杠杆、降成本、补短板五大任务，努力适应经济发展新常态。”何黎明认为，“十三五”时期，我国物流业仍然处于可以大有作为的战略机遇期，但也面临一系列矛盾和问题的严峻挑战，要着力突出高效、集约、连通、创新、协调和改革等六大重点工作。

行业进入转型升级新阶段“我国社会物流总费用与 GDP 比率长期处于 18%左右，相当于发达国家的两倍，因而饱受社会诟病。”何黎明表示，“比重下降其中有公路货运量、货物周转量、GDP 数据调整的因素，也有产业结构调整、物流服务价格下降的因素，同时也显示出物流运行效率有所提升。”

何黎明预计,物流业增速将继续趋稳放缓,传统的依靠成本价格竞争的粗放式发展模式难以为继,行业进入以转型升级为主线的发展新阶段。物流业将加快从追求规模速度增长向质量效益增长转变,从铺摊子、上项目向整合资源、做优存量转变,从成本要素驱动向效率提升、创新驱动转变,推动行业提质增效。

国家发展和改革委员会经贸司副司长耿书海在会上表示,2016年国家将着眼降低物流成本,研究出台"降本增效"相关政策措施;拟定发布促进冷链物流发展政策措施;开展物流业支撑国家"三大战略"的大通道及枢纽设施网络的规划布局工作;继续支持物流业重大工程建设。

资料来源:汪名立. 降低物流成本推进供给侧改革[N]. 国际商报,2016-01-21(6).

思考:

1. 推进供给侧改革给企业带来了哪些机遇和挑战?
2. 企业如何降低物流成本顺应供给侧改革?

第一节 物流成本预算

一、物流成本预算的概念

预算是对企业未来一定时期经营活动的数量说明。广义上的预算是指全面预算,它是所有以货币及其他数量形式反映的有关企业未来一段期间内全部经营活动各项目标的行动计划与相应措施的数量说明,包括业务预算、专门决策预算和财务预算三大类。

物流成本预算是对企业物流活动发生的相关费用的预算,是企业物流成本计划的数量说明。物流成本预算是企业物流业务预算的主要内容,对于企业的物流部门来说,其所追求的目标是如何使有限的物流资源实现尽可能大的物流效果。为此,企业在进行物流活动时就必须做好预算工作。

二、物流成本预算的内容

物流成本的预算应根据物流系统成本控制与绩效考核的需要分解到各部门、各个物流功能、各物流成本项目之中,并在日常的成本核算过程中分别实施对这些形式的物流成本的核算,以便比较物流成本预算与实际物流成本发生额之间的差异,达到预算管理的目的。因此,物流成本预算的编制内容与物流成本的核算内容基本类似。

物流成本可按各种不同的划分标准进行分类核算。与此相适应,物流成本预算也可以按照各种不同的标准进行编制。例如,按照某物流功能(包装、运输、储存等)编制;按照每个物流部门(如仓库、运输队、装配车间等部门)进行编制;按照每个服务客户编制;按照每个产品编制;按照物流范围(供应、生产、销售、退货、废弃等)进行编制;按照每个物流成本项目(材料费、人工费、燃料费、办公费、维护费、利息费、折旧费等)进行编制;按照某一物流设备和工具进行编制等。在每一种形式的物流成本预算中,还可以按照更细的项目进行进一步的细化。

三、物流成本预算的编制

（一）预算编制的程序模式

一般而言，预算编制的程序模式包括自上而下式、自下而上式和上下结合式三种方式，它们分别适用不同的企业环境和管理风格，并各具优缺点。

1. 自上而下式

在自上而下方式下，由企业物流管理部门按照战略管理需要制定预算，各物流分部只是预算执行主体。这种方式的最大好处在于能保证企业整体利益，同时考虑企业战略发展需要。但这种方式权力高度集中在管理部门，不能发挥各分部自身的管理主动性和创造性，给员工的感觉是“这是上面强加给我们的预算”，不利于“人本管理”及企业未来长远的发展。

2. 自下而上式

在自下而上方式下，由各物流分部编制并上报预算，管理部门只对预算负有最终审批权。这种方式的优点是有利于提高分部的主动性，充分体现了分权和人本管理，能使员工感觉到“这是我们自己的预算”。

但是自下而上式也存在不足，太多的参与和讨论会导致犹豫不决和耽搁，同时不利于分部盈利潜能的最大限度发挥。如分部经理往往会故意压低预算，只在上期基础上“适当”增长，以保持逐期增长的业绩。

3. 上下结合式

上下结合式取上述两者之长，在预算编制过程中，经历了自上而下和自下而上的往复。一般而言，预算目标应自上而下地下达，预算编制则应自下而上地体现目标的具体落实，各责任部门通过编制预算，需要明确“应该完成什么，应该完成多少”的问题。

这种方式的优点是能够有效保证企业物流总目标的实现，又能发挥各分部的主动性，统一、明确地分解目标，体现了公平、公正的原则。

（二）物流成本预算编制的一般方法

企业通常以上年的物流成本统计数据为基础并考虑物流作业量的变化以及成本的控制节约目标，制定新一年的成本预算，即采用固定预算、增量预算和定期预算的方法。

一般来说，物流成本预算的编制对象取决于物流系统绩效考核形式以及物流成本的核算形式。下面介绍几种按不同的成本对象编制物流成本预算的方法。

1. 按物流范围编制物流成本预算

按照物流范围编制的物流成本预算可以规划出计划期内各物流领域中的物流成本支出数目，从而作为各个领域的物流运营者降低物流成本的目标。以制造企业物流系统为例，按物流范围编制的物流成本预算在内容上可以包括供应物流成本预算、生产物流成本预算、销售物流成本预算、退货物流成本预算和废弃物流成本预算等内容，如表 5-1 所示。

表 5-1　按物流范围编制的物流成本预算

成本项目	上年实际数/元	预计增减/%	本年预算数/元
供应物流成本	80 000	−10	72 000
生产物流成本	120 000	−5	114 000

续表

成本项目	上年实际数/元	预计增减/%	本年预算数/元
销售物流成本	150 000	+8	162 000
退货物流成本	8 000	−50	4 000
废弃物流成本	10 000	−10	9 000
合 计	368 000	—	361 000

如表 5-1 所示,按物流范围编制物流成本预算时,应注意以下几个问题。

(1) 预计增减比率的确定。该增减比率要考虑到物流业务量的变化,一般来讲,当业务量预计增加时,物流成本预算也会有所增加;同时还要考虑物流成本控制和降低的因素。

(2) 对每一项物流成本预算,应采用一定的技术方法对其进行细化。例如,将供应物流成本预算细化为材料费、人工费、折旧费、办公费等。

(3) 不同领域的物流成本预算除了可按年度编制以外,也可先按季、月编制,然后汇总编制年度预算。如果企业物流量较大,且不同月份的物流业务量增减变化较为明显,最好先按季分月编制预算。

2. 按物流功能编制物流成本预算

物流成本按物流功能分类,大体可以分为物品流通费、信息流通费和物流管理费,其中,物品流通费又可细分为包装费、运输费、仓储费、装卸费、流通加工费和配送费等。按不同的物流功能编制的费用预算能够将不同功能的物流成本指标落实到具体的物流部门,从而有利于明确责任,提高物流部门及人员降低物流成本的积极性。按物流功能编制物流成本预算,如表 5-2 所示。

表 5-2 按物流功能编制的物流成本预算 单位:元

成本项目		上年实际数	本年预算数
物品流通费	包装费	60 000	64 000
	运输费	200 000	250 000
	仓储费	160 000	180 000
	装卸费	50 000	60 000
	流通加工费	—	—
	配送费	—	—
	合 计	470 000	554 000
信息流通费		10 000	11 000
物流管理费		40 000	40 000
总 计		520 000	605 000

1) 包装成本预算的编制

包装成本是指商品包装过程中所发生的费用,它可分为直接包装费和间接包装费。

直接包装费是指与商品包装业务量大小直接有关的各种费用，包括直接材料费、直接人工费和直接经费。间接包装费是指与各种商品包装有关的共同费用，如间接人工费和间接经费等。由于直接包装费随包装件数的增减而成比例增减，因此，直接包装费一般属于变动费用。相反，间接包装费则属于固定费用，但也有一部分间接包装费是半变动费用，如电费、煤气费、水费等。

在编制某类商品的包装成本预算时，先分析各类费用的变化特点，将其分类或分解成变动费用和固定费用两类，然后编制预算数据。直接包装费可按商品的包装件数乘以该商品每件的直接包装费计算确定。间接包装费可根据历史水平，结合计划期业务量的变动确定一个费用总额，然后按标准在各种包装对象之间进行分摊。

2）运输成本预算的编制

运输成本包括营业运输费和自营运输费两个部分。营业运输费是指利用营业性运输工具进行运输所支付的费用；自营运输费则是指用自备运输工具进行运输所发生的费用，这两种费用在支付对象、支付形式及项目构成方面都有较大的差别。因而，必须区别对待，分别编制预算。

首先看营业运输费预算的编制。在进行营业运输时，其运输费是间接以劳务费的形式支付给承运单位（运输企业）的。营业运输费实质上是一种完全的变动费用，因此这种运输费预算的编制较为简单。如果企业采用汽车运输，运输费可按汽车标准运输率乘以运输吨千米计算确定；如果采用火车运输，运输费可按铁路标准运输率乘以运输吨千米数计算确定；水路、航空运输等的运输费，依此类推计算。

自营运输费尽管费用项目比较复杂，但在构成上可分为：随运输业务量增减而成比例增减的变动运输费，如燃料费、维修费、轮胎费等；不随运输业务量成比例变化的固定运输费，如运输工具的折旧费、保险费、养路费等。为了有效地实施预算控制，在编制自营运输费预算之前，首先需区分变动运输费和固定运输费，然后分别编制变动运输费和固定运输费预算，最后汇总形成运输费用预算数据。

3）仓储成本预算的编制

仓储成本预算也是物流成本预算的重要组成部分。根据所使用的仓库是否归本企业所有，可将仓储形式分为自营仓储和营业仓储。由于自营仓储与营业仓储所支付的费用在形式与内容上都有很大的差别，不可等同对待。所以在编制仓储费预算时，也要分别编制营业仓储费预算和自营仓储费预算。

如果使用营业性仓储设备储存保管商品，只需向仓储企业支付一笔保管费，对于委托仓储的单位来说，所支付的保管费就是仓储费。仓储费的大小，往往因储存商品的价值大小、保管条件的好坏以及仓库网点所处的地理位置而有所不同。

自营仓储费预算的编制较营业仓储费预算的编制复杂。这是因为自营仓储费包括的内容比营业仓储费多，计算起来也比较麻烦。为编制自营仓储费预算，首先也要区分变动仓储费和固定仓储费。

一般来说，属于变动仓储费的有转库搬运费、检验费、包装费、挑选整理费、临时人工工资及福利费、库存物资损耗等；属于固定仓储费的有仓储设备折旧费、修理费、管理人员的工资及福利费、保险费等。仓储费用中也有一部分是半变动费用，如其他人工费、材料费、动力费、水费、取暖费等。

自营仓储费预算可按月、季和年度编制。不论是月度、季度,还是年度预算,费用的计算方法基本相同。可根据上年统计数据结合考虑预算期的变化因素进行计算,然后编成预算表。

4) 装卸搬运成本预算的编制

装卸搬运费是指伴随商品包装、运输、保管、流通加工等业务而发生的商品在一定范围内进行水平或垂直移动所需要的费用。可以分为包装装卸搬运费、运输装卸搬运费、保管装卸搬运费和流通加工装卸搬运费等。如果在实际业务中单独计算装卸搬运费或进行这种分离很困难,也可以将装卸搬运费预算分别计算在相应的费用中,则装卸搬运成本预算就包括在相应的费用预算中。

可以独立计算的装卸搬运费预算,也需区分变动费用和固定费用,分别编制预算再汇总形成装卸搬运成本预算数据。

5) 信息流通费预算的编制

信息流通费是指因处理、传输有关的物流信息而产生的费用,包括与订货处理、储存处理、为客户服务等有关的费用。在企业中,要将传输、处理的信息区分为与物流有关的信息和物流以外的信息十分困难,但是把信息的传输处理所需要的费用进行上述分类,从物流成本的计算上讲十分重要。物流信息流通费预算可以按其在全部信息费用中所占比例,结合物流业务量进行编制。

6) 物流管理费预算的编制

物流管理费是指进行物流的计划、调整、控制、监督、考核等活动所需要的费用。它既包括企业物流管理部门的管理费,也包括作业现场管理费。物流管理费多属于固定成本,其预算可按部门分别编制后汇总形成物流管理费预算数据。

3. 按物流成本项目编制物流成本预算

物流成本项目包括物流人员工资、燃料费、动力费、租金、折旧费、材料费、修缮费以及各种杂费等。按物流成本项目编制的物流成本预算,与现行的财务会计核算系统接轨,在进行控制和评价考核时容易取得数据,从而有利于评价分析一定时期内物流系统的成本财务状况。而且,各物流成本项目也是按其他成本对象编制预算时具体细化的项目。但是这种编制方式不利于物流系统的管理。

(三) 物流成本预算编制的特殊方法

预算与控制密不可分。物流预算编制既是一个计划过程,同时也是确定控制标准的过程。而物流预算的执行过程也就是根据预算对实际物流经营过程进行控制的过程,即预算控制。一般而言,企业的物流活动及其所处的环境并非如此简单明确,作为控制手段的预算也就要必须根据其特点而采用不同的形式。

实际上,管理人员在编制物流预算时,要考虑到预算控制的要求,针对不同企业和不同特点的物流经营活动进行有效控制的需要,使用比一般预算方法更先进的方法编制物流预算。

1. 弹性预算

弹性预算是与固定预算相对的。采用固定预算方法为企业物流成本费用编制预算时，其中的变动费用明细项目是根据预算期某一给定的业务量水平为基础来确定其预计金额的。这种固定预算编制方法有着明显的缺点：每当实际业务量与编制预算时所依据的业务量发生差异时，各费用明细项目的实际数与预算数就失去了可比的基础。

在实际中，由于市场行情的变化或季节性等原因，各月份的实际业务量常常与预算产生差异致使无法准确地评价和考核物流费用预算的执行情况，从而也就难以对其实施预算控制。因此，为了保证物流预算控制的有效性，就有必要编制物流弹性预算。

弹性预算就是针对固定预算的上述问题，按照多种物流经营活动水平和收入、成本、费用与物流经营活动之间的数量关系来编制预算。具体来说，就是在编制物流成本费用预算时，预先估计到预算期间业务量可能发生的变化，编制出一套能适应多种业务量水平的成本费用预算，以便分别反映在各种业务量水平下所应开支的费用水平。

弹性预算的特点是，在企业物流规模和业务量水平不断发生变化时，预算数额能够随着业务量水平的变化而做机动的调整，使之仍然能够准确真实地反映某一特定物流经营规模和业务量水平上所应当发生的成本费用或应当取得的收入。因此，即使预算期内实际业务量与预计的业务量不一致，通过编制弹性预算，也能够提供与实际业务量水平相适应的预算额，从而能够使预算指标与实际业绩进行比较，有利于对这些物流经营活动进行有效的控制。

由于物流成本费用中均包含变动费用和固定费用两部分，因此在编制弹性预算时，应首先将有关预算中的全部成本费用分为固定和变动两部分。只要在相关范围内，固定费用不随业务量的增减而变动，因此，不论业务量多少都无须变动原先的预算数；对于变动费用，则应按不同的业务量对原定的预算数进行适当调整。

总成本预算的计算公式为

$$Y=a+bX$$

式中：Y——成本总额，元；

a——固定成本总额，元；

b——单位变动成本，元；

X——业务量。

【例 5-1】 假定某企业物流业务量（物流商品流转量）由 20 000 件、25 000 件、30 000 件到 35 000 件发生变化，物流成本的弹性预算如表 5-3 所示。

表 5-3　物流成本弹性预算

成本项目	单位变动成本/(元/件)	物流商品流转量/件			
		20 000	25 000	30 000	35 000
包装费	0.5	10 000	12 500	15 000	17 500
运输费	0.8	16 000	20 000	24 000	28 000
仓储费	0.4	8 000	10 000	12 000	14 000
装卸费	0.6	12 000	15 000	18 000	21 000
小　计		46 000	57 500	69 000	80 500
固定成本总额		60 000	60 000	60 000	60 000
物流总成本		106 000	117 500	129 000	140 500

2. 零基预算

零基预算是与增量预算相对的。按传统方法编制物流成本费用预算,一般是以基期的各种物流费用项目的实际开支数为基础,然后结合预算期内可能会使各种费用项目发生变动的有关因素,如业务量的增减等,从而确定预算期内应增应减的数额,即在原有的基础上增加或减少一定的百分率来编制物流预算,称为增量预算。

这种方法过于受基期的约束,往往不能做到实事求是、精打细算,会造成较大的浪费,使企业的物流资源运用效率下降。

20世纪60年代美国人彼得·派尔提出了"以零为基础的编制预算和计划的方法",即零基预算,被认为是管理间接费用的有效方法。按照零基预算的思想,企业在编制物流成本费用预算时,对于任何一个预算期,任何一种项目的开支数,不是从原有的基础出发,即不考虑基期的费用开支水平,而是以零为起点,从根本上考虑各种费用项目的必要性和开支数目。编制物流零基预算的具体方法,大体可以分为以下三个步骤。

1) 提出物流预算目标

提出物流预算目标即由企业物流各部门和员工根据本企业在预算期内的总体经营目标和各部门应当完成的任务,在充分沟通酝酿的基础上提出必须安排的物流费用项目,并为每一物流费用项目编制一套开支方案,明确费用开支的目的和确切金额。

2) 进行成本效益分析

进行成本效益分析即对每一个预算项目的所得与花费进行比较,以其计算、对比的结果衡量评价各预算项目的经济效益,在权衡各个物流费用开支项目轻重缓急的基础上决定对所有预算项目资金分配的先后顺序。

3) 分配资金,落实预算

分配资金,落实预算,即根据以上确定的预算项目的先后次序,将企业物流活动在预算期内可动用的资金或其他经济资源在有关项目之间进行合理分配,既保证优先预算项目的资金需要,又要使预算期内各项物流经营活动得以均衡协调发展。

零基预算的优点是不受历史资料和现行预算的限制,对一切物流业务活动及其费用开支都要像组织第一次创立一样,以零为起点来考虑其必要性和重要程度,然后重新分配企业的物流预算资金。因此,这种预算方式可以有效地压缩经费开支,提高资金的使用效果和合理性。当然,零基预算法的工作量较增量预算要繁重得多,所以企业可以每隔几年编制一次物流零基预算,而在其他时间仍编制增量预算。

3. 滚动预算

滚动预算是与定期预算相对的。通常情况下,物流成本预算的预算期是一年,以便和会计年度相配合,对预算执行结果进行分析和评价。但是,这种固定以一年为期的预算,在实际运用中存在诸多的缺陷。

例如,由于对预算年度中靠后月份的物流经营活动无法准确预测,企业在编制物流预算时只能对其进行大致的估计和推测,这就使预算数往往不能符合实际情况,给预算执行造成很大的困难。再如,固定期间的预算,在执行一段时期后,往往会使管理人员只考虑剩余月份的物流经济活动,因而缺乏长期打算。

为了解决定期预算的上述问题，企业可采用滚动预算的方法编制物流成本预算。这种方法要求预算始终保持 12 个月的时间跨度，其中前几个月的预算详细完整，后几个月的预算可以笼统概括一些。每过一个月(或季度)，就根据新的情况修订调整后几个月的预算使之逐渐细化，并在原有的预算期末补充一个月(或季度)的预算，逐期向后滚动。

滚动预算编制示意图如图 5-1 所示。

2016 年度物流成本预算

第一季度			第二季度	第三季度	第四季度
一月	二月	三月	总额	总额	总额

↓

与一季度实际成本
进行差异对比分析

↓

2016 年第二季度—2017 年第一季度的滚动预算

第二季度			第三季度	第四季度	第一季度
四月	五月	六月	总额	总额	总额

图 5-1　滚动预算编制示意图

由于滚动预算的预算期不是固定的，而是连续不断的，故又被称为永续预算。这种预算方法符合企业持续经营的一般假设，使预算具有连续性和完整性，帮助管理者通过动态的预算过程对企业未来较长一段时间的物流经营活动做出详细而全面的考虑。

此外，滚动预算方法符合人们对事物的认识过程，允许对预算做出调整和修正以适应变化了的实际情况，从而提高了预算的科学性和有效性。

第二节　物流成本控制

物流成本控制是企业在物流活动中依据物流成本标准，对实际发生的物流成本进行严格审核监督，一旦发现差距即采取相应的措施，从而使物流过程中的各项成本支出都限制在标准规定的范围内，实现预定物流成本目标的一系列活动。

物流成本控制是物流成本管理的重要环节，它贯穿于整个物流过程之中。物流成本控制制度，能够把事前物流成本预算、日常的物流成本控制有机结合起来，因此它是加强物流成本管理、提高物流效率的重要一环。

一、物流成本控制基本工作程序

物流成本控制应贯穿于企业生产经营的全过程。一般来说，物流成本控制应包括以下几项基本程序。

(一) 制定物流成本标准

任何控制都要有标准，物流成本标准是物流成本控制的准绳，是控制物流各项开支和资源消耗的依据。确定物流成本标准可以采用计划指标分解法、预算法、定额法等。在采用这些方法确定物流成本控制标准时,一定要进行充分的调查研究和科学计算,同时还要正确处理物流成本指标与其他技术经济指标的关系(如和质量、生产效率等关系),从完成企业的总体目标出发,进行综合平衡,防止片面性,必要时还应进行多种方案的择优选用。

(二) 监督物流实际成本的形成过程

物流成本管理要贯穿物流全过程,这就是根据控制标准,对物流成本形成的各个项目,经常地进行检查、评比和监督。不仅要检查指标本身的执行情况,而且要检查和监督影响指标的各项条件,如物流设施、设备、工人技术水平和工作环境等。所以物流成本日常控制要与企业整体作业控制等结合起来进行。

物流相关费用的日常控制,不仅要有专人负责和监督,而且要使费用发生的执行者实行自我控制,还应当在责任制中加以规定,调动全体职工的积极性,使成本的日常控制有群众基础。

(三) 揭示偏差并及时纠正不利偏差

在对物流成本监督的过程中,通过对实际成本和计划成本的比较,找出物流成本差异即核算确定实际物流成本脱离标准的差异,并分析差异的成因。并且针对物流成本差异发生的原因,明确责任的归属,区分情况,分清轻重缓急,提出纠正不利偏差的措施并贯彻执行。

对于小的偏差,可以由物流活动责任人克服困难并加以解决的,提请当事人解决即可;而对于重大偏差,特别是由外部原因引起的偏差的纠正,则要采取相应的系统措施。

(四) 评价和激励

评价物流成本目标的执行结果,根据物流成本控制的业绩实施奖惩。

二、物流成本控制的原则

(一) 经济原则

经济原则是物流成本控制的最基本的原则。物流成本控制的目的是提高企业的经济效益,控制物流成本也是有代价的,要在保证控制有效的前提下尽可能节省人力、物力、财力,控制方法的选用也要考虑经济效益。

(二) 全面原则

在物流成本控制中实行全面原则,具体来说有如下几方面的含义。

(1) 全过程控制。物流成本控制不限于生产过程,而是从生产向前延伸到投资、设计,向后延伸到用户服务成本的全过程。

(2) 全方位控制。物流成本控制不仅对各项费用发生的数额进行控制,而且对费用发生的时间和用途加以控制,讲究物流成本开支的经济性、合理性和合法性。

(3) 全员控制。物流成本控制不仅要有专职物流成本管理机构和人员参与,而且要发挥广大职工群众在物流成本控制中的重要作用,使物流成本控制更加深入和有效。

(三) 责、权、利相结合的原则

只有切实贯彻责、权、利相结合的原则,物流成本的控制才能真正充分发挥其效益。

显然，企业管理当局在要求内部各部门和单位完成物流成本控制职责的同时，必须赋予其在一定范围内有决定某项费用是否可以开支的权利，否则也就无法进行物流成本的控制。此外，还必须定期对物流成本绩效进行评估，据此实行奖惩，以充分调动各部门、单位及员工的积极性和主动性。

（四）目标控制原则

所谓目标控制原则，就是企业高层管理者以既定的目标作为管理人力、物力、财力和完成各项重要经济指标的基础。物流成本控制是目标控制的一项重要内容，即以目标物流成本为依据，对企业经济活动进行约束和指导，力求以最小的物流成本获取最大的盈利。

（五）重点控制原则

所谓重点控制，就是要求管理人员不要把精力和时间平均分散在全部成本差异上，而应该突出重点，加强对异常差异的重点控制，提高物流成本控制的工作效率。

三、物流成本控制的内容

（一）事前控制

物流成本事前控制是指在物流活动或提供物流作业前对影响物流成本的活动进行规划、审核，确定目标物流成本。

某企业要使产品的运输成本符合运输计划的成本要求，在组织运输前，就要考虑到：要降低运输成本，首先要充分利用运力，车辆要满载，这样就对产品的包装有一定的要求；如果包装不符合要求，就要针对综合成本的控制考虑是否再包装，或更换运输工具，或改变运输方式等。

（二）事中控制

物流成本事中控制在物流成本的形成过程中，随时对实际发生的物流成本与目标成本进行比较，及时发现差异并采取相应措施纠正，以保证物流成本目标的实现。

针对装卸活动缓慢、效率低下，产品装车不合规范，运输不准时等情况的现场指导和监督。

（三）事后控制

物流成本事后控制是在物流成本形成之后，对实际物流成本的核算、分析和考核。事后控制通过实际物流成本与标准的比较，对差异及其形成原因的分析和研究，为日后对物流成本有效控制提出积极改进意见和措施，进一步修订物流成本标准，改进各项物流成本控制制度，以达到降低物流成本的目的。

在一个成本控制期结束后，发现退货物流费用高于标准的退货物流费用，物流部门就应该查找费用高的原因：产品质量下降、销路受阻、有新的竞争者等。之后迅速把研究结果反馈到相关部门（生产、销售部门等），以帮助解决这种状况，降低物流费用。

四、物流综合成本控制

物流成本控制的是提升企业物流竞争力的重要手段之一。目前中国物流市场的潜力巨大,但企业物流成本的控制则不尽如人意。站在综合物流成本控制的角度来研究物流成本的控制,对提高我国企业整体经济效益将会发挥更大的作用。

物流成本控制是现代供应链管理和运作中非常重要的环节,它强调物流成本管理要从原来简单的成本削减转到核心能力和整体绩效的提升以及综合物流成本的降低上来。

(一) 构建高效率的物流系统控制成本

物流的目的是按照顾客订货的要求把商品及时送到顾客手中。当然,更重要的是企业必须在满足顾客要求的前提下,尽量控制成本支出。为实现以上目标而建立的组织就是物流系统。

根据"物流成本冰山理论",现行的物流成本管理只核算了冰山的一角即物流总成本的小部分。此外,经济活动中的效益背反也同样存在于物流活动中,这一方面反映在物流成本与物流服务水准存在此消彼长的关系;另一方面物流的各项活动有时也处于效益背反的状况。因此,构建高效率的物流系统就是要以综合成本为核心,按最低整体成本的要求,使整个物流系统化,它强调的是调整各要素之间的矛盾,把它们有机地结合起来,使物流总成本最小。

构筑高效率的物流系统包括:建立合理的物流网点、建立合理的作业系统、建立合理的运输、配送系统等,这里所说的物流网点是指物流中心。

例如,对于厂家来说,顾客订货后,如果从工厂或工厂附近的仓库中送货就能满足顾客要求,则物流中心没有必要建立。但顾客对时间及订货量有要求,并要求不要从各个工厂分别送货而要一次送货的时候,物流中心的设置就成为必要。物流中心的设置以提高物流网点的效率为目标,在考虑"有效率的作业程序"的前提下,构筑作业系统。接下来,确立合理运输、配送系统。"使用怎样的运输手段""以怎样的路线来运输",成为考虑的重要因素。

(二) 建立独立的物流核算中心控制物流成本

所谓独立的物流核算中心,就是把物流部门剥离,让其成为独立的物流分公司,主要承担母公司和其他企业的物流业务。

通过建立独立的物流核算中心,成立物流分公司后使得原来的物流部门成为一个相对独立的运营实体或利润中心,它一方面对企业内部其他部门和机构提供相应的专业物流服务,同时收取合理的费用获得收益;另一方面还可以兼营其他企业的物流业务,拓展经营领域。

建立独立的物流核算中心的最大目的,就是要使目前难以计算的物流成本明确化,并给予有效控制。这种分公司形式的物流成本控制主要表现在:一方面由于物流分公司是一个近似自负盈亏的独立经营实体,因而在内部费用管理上会更为有效,利于消除重复投资、人力费用过高等现象,抑制导致物流成本上升的一些主要因素;另一方面可以明确物流成本,促进企业其他部门对于各自的物流费用控制,促进各部门物流管理效率;还能够引入专业化的物流技术,合理地优化物流过程。这样,必然会有利于控制物流成本,提高效益。

（三）构建现代信息系统控制物流成本

物流过程的控制和管理，需要一个可以支持有效的信息反馈和指令下达的神经中枢网络，实现这个神经中枢网络功能的系统就是现代信息系统。

在激烈的竞争中企业要取得成本上的竞争优势除了企业内部物流的效率化，企业还必须与其他关联企业之间形成一种高效率的交易关系，即借助于现代信息系统的构建，一方面使各种物流作业或业务处理能够正确、快速地进行；另一方面能够由此建立起战略性的物流经营系统。

（四）利用一贯制运输和物流外包降低成本

降低物流成本从运输手段上讲，可以通过一贯制运输来实现，即将从制造商到最终消费者之间的商品搬运，利用各种运输工具的有机衔接来实现。运输工具的标准化以及运输管理的统一化减少商品周转、转载过程中的费用和损失，并大大缩短商品在途时间。

在控制物流成本方面，还有一种行为是值得注意的，那就是物流的外包，或称第三方物流或合同物流。它是利用企业外部的分销公司、运输公司、仓库或第三方物流公司执行本企业的物流管理或产品分销职能的全部或部分。

事实上，外包的利益不仅局限于降低物流成本上，企业也能在服务和效率上得到许多其他改进，如增强战略行动的一致性，提高顾客反应能力，降低投资需求，带来创新的物流管理技术和有效的渠道管理信息系统等。

（五）树立新的物流管理理念，实现“双赢”目标

树立新的物流管理理念，就是要从企业整体最优和物流系统最优的角度，通过有效组合来实现物理成本管理，保证利润的实现。包括从全过程的角度来降低物流成本；通过实现供应链管理、提高对顾客物流服务水平来削减成本等。

对于一个企业来讲，控制物流成本不仅是本企业的事，即追求本企业物流的效率化，而应该考虑从产品制成到最终用户整个供应链过程的物流成本效率化，也即物流设施的投资或扩建与否要视整个流通渠道的发展和要求而定。

第三节 物流成本控制方法

一、标准成本法

设定物流成本控制的标准，是物流成本管理控制过程的首要环节。建立适当的物流成本控制标准，可以为以后的差异分析、业绩考核及纠正偏差提供良好的基础。

（一）标准成本与标准成本法

标准成本法是在泰勒的生产过程标准化思想影响下，于 20 世纪 20 年代在美国产生的。它是泰勒科学管理思想在成本管理中的具体体现，现在已经成为企业普遍采用的行之有效的成本控制方法。

标准成本是通过精确调查、分析与技术测定而制定的，用来评价实际成本、衡量工作

效率的一种预计成本。在标准成本中,基本上排除了不应该发生的"浪费",因此被认为是一种在有效经营条件下"应该"发生的成本。标准成本要体现企业的目标和要求,主要用于衡量物流企业经营过程的工作效率和控制成本。

标准成本法是一个包括制定标准成本、计算和分析成本差异、处理成本差异三个环节所组成的完整系统。它以标准成本为基础,把成本的实际发生额区分为标准成本和成本差异两部分,并以成本差异为线索进行分析研究,具体掌握差异的成因和责任,并及时采取有效措施消除不利的差异,实现对成本的有效控制。

(二)物流标准成本的分类

1. 理想标准成本和正常标准成本

标准成本按其制定时所依据的生产技术和经营管理水平,可以分为理想标准成本和正常标准成本。

理想标准成本是指在最优的物流运作条件下,利用现有的设备能够达到的最低成本水平。它通常是根据理论上的生产要素耗用量,最理想的生产要素价格和可能实现的最高生产经营能力利用程度来制定的。采用这种标准成本不允许有任何的失误、浪费和损失存在。

正常标准成本是指在效率良好的条件下,根据下期一般正常应该发生的物流运作要素消耗水平、正常价格和正常物流经营能力利用程度制定出来的标准成本。在制定这种标准成本时,把生产经营活动中一般难以避免的损耗和低效率等情况也计算在内,使之切合下期的实际情况,成为切实可行的控制成本。这种标准成本的实现既非易事,也非高不可攀,而是经过努力可以达到。

2. 现行标准成本和基本标准成本

标准成本按其适用期,可以分为现行标准成本和基本标准成本。

现行标准成本是指根据其适用期应该发生的价格、效率和生产经营能力利用程度等预计的标准成本。现行标准成本是在现有生产技术条件下进行有效经营的基础上,根据下一期最可能发生的生产要素的消耗量、预计价格和预计生产经营能力利用程度制定出来的标准成本。

基本标准成本是指一经制定,只要生产的基本条件无重大变化,就不予变动的一种标准成本。这种标准成本一经制定,长期保持不变,它可以使各个时期的实际成本与同一标准进行比较,以反映成本的变化。

(三)物流标准成本的制定

1. 物流直接材料标准成本的制定

物流直接材料标准成本由物流直接材料用量标准和价格标准确定。

物流直接材料标准成本=用量标准×价格标准

物流直接材料标准成本常见于物流活动中的包装和流通加工,因为这些活动往往需要使用各种材料。直接材料用量标准应根据企业物流作业流程状况和管理要求等制定,直接材料价格标准应能反映目前市价、未来市场的走势以及批量采购的优势。

价格标准应包括发票价格、运费、检验费用和正常损耗等,所以需要在征询采购部门的意见后制定。

2. 物流直接人工标准成本的制定

物流直接人工标准成本由物流工资率标准和物流人工用量标准确定。

$$物流直接人工标准成本=工时标准\times标准工资率$$

物流直接人工标准成本的制定基本上涉及物流活动的各环节，例如流通加工工人的工资标准和铲车司机的工资标准的制定。在制定标准成本时，如果是计件工资，标准工资率就是计件工资单价；如果是计时工资，标准工资率就是单位工时工资，它可由标准工资总额除以标准总工时得到。

对工时标准则需要根据现有物流运作技术条件，测算提供某项物流服务所需的时间，包括调整设备时间、直接服务操作时间、工间休息时间等。

3. 物流服务费用标准成本的制定

物流服务费用标准成本分为变动物流服务费用标准成本和固定物流服务费用标准成本。

1）变动物流服务费用标准成本

变动物流服务费用标准成本由变动物流服务数量标准和变动物流服务价格标准确定。数量标准可采用单位物流服务直接人工工时标准、机械设备工时标准或其他标准，但需要与变动物流服务费用存在较好的线性关系。

价格标准即每小时变动物流服务费用的标准分配率，根据变动物流服务费用预算除以数量标准总额得到。

在采用单位物流服务直接人工工时标准时，变动物流服务费用标准成本用公式表示为

$$变动物流服务费用标准成本=\begin{matrix}单位物流服务直接\\人工标准工时\end{matrix}\times\begin{matrix}每小时变动物流服务\\费用的标准分配率\end{matrix}$$

其中：

$$每小时变动物流服务费用的标准分配率=\frac{变动物流服务费用预算总额}{物流直接人工标准总工时}$$

2）固定物流服务费用标准成本

固定物流服务费用标准成本由固定物流服务数量标准和固定物流服务价格标准确定。数量标准和价格标准的确定与变动物流服务费用相同。在采用单位物流服务直接人工小时标准时，固定物流服务费用标准成本公式表示为

$$固定物流服务费用标准成本=\begin{matrix}某物流服务直接\\人工标准工时\end{matrix}\times\begin{matrix}每小时固定物流服务\\费用的标准分配率\end{matrix}$$

其中：

$$每小时固定物流服务费用标准分配率=\frac{固定物流服务费用预算总额}{物流直接人工标准总工时}$$

固定物流服务费用标准成本有仓库租赁费和仓库管理人员工资标准等。在各部分固定物流服务费用标准成本确定后，将它们汇总得到固定物流服务费用的单位标准成本。

将所得的物流直接材料、直接人工和服务费用的标准成本汇总，就可以确定有关物流服务的完整物流标准成本。

二、目标成本法

(一) 目标成本与目标成本法

目标成本是根据市场调查,预计可实现的营业收入和目标利润,为了实现目标利润而必须达成的成本目标值,即生命周期成本下的最大成本容许值。目标成本使"成本"成为产品和服务开发过程中的积极因素,而不是事后消极结果。企业只要将待开发产品和服务的预计售价扣除边际利润,即可得到目标成本,之后的关键便是设计能在目标成本水平上满足客户需求并可提供的产品和服务。

为了更有效地实现企业的战略目标,使客户需求得到最大限度的满足,成本管理应从战略的高度分析,与战略目标相结合,使成本管理与企业经营管理全过程的资源消耗和资源配置协调起来,因而产生了目标成本法。

目标成本法是以实现目标利润为目的,以目标成本为依据,对企业经营活动中所发生的各种支出进行全面的管理。从本质上看,目标成本法是一种对企业的未来利润进行战略性管理的方法,也是战略成本管理的新工具。

小贴士

目标成本法

目标成本法是20世纪60年代由丰田公司发明的,是一种基于特定的功能、质量和销售价格,在实现满意盈利水准的前提下的生命周期成本管理工具。目标成本法的目的在于将客户需求转化为所有相关流程的强制性竞争约束,以此来保证将来的产品能获得利润。自从这种工具产生以后就在日本企业中得到了广泛的应用。

目标成本法的主要思想是以给定的竞争价格为基础决定产品的成本,以保证实现预期的利润。先确定客户会为产品(服务)付多少钱,然后回过头来设计能够产生期望利润水平的产品(服务)、运营流程。目标成本法是一种全过程、全方位、全人员的成本管理方法。

资料来源:余冰,李勇.物流供应链管理[M].北京:清华大学出版社,2014:153-154.

(二) 目标成本法的类型

从目标成本法体系的划分看,主要是根据供应链中贸易伙伴间的关系和顾客需求两个维度来区分,供应链成员企业间的合作关系不同,所选择的确定目标成本的方法也不一样,这样目标成本分析和管理就定位出了三种类型,即基于价格的目标成本法、基于价值的目标成本法、基于作业成本管理的目标成本法。

1. 基于价格的目标成本法

基于价格的目标成本法最适用于契约型供应链关系即接受订单生产或供货的企业,而且供应链客户的需求相对稳定。在这种情况下,供应链企业所提供的产品或服务变化较少,也就很少引入新产品。目标成本法的主要任务就是在获取准确的市场信息的基础上,明确产品的市场接受价格和所能得到的利润,并且为供应链成员的利益分配提供较为合理的方案。

2. 基于价值的目标成本法

基于价值的目标成本法以所能实现的价值为导向，进行目标成本的控制，即按照供应链上物流过程中各种作业活动创造价值的比例分摊目标成本。

这种按比例分摊的成本成为支付给供应链成员企业的价格。一旦确定了供应链作业活动的价格或成本，就可以运用这种目标成本法来识别能够在许可成本水平下完成供应链作业活动的成员企业，并由最有能力完成作业活动的成员企业构建供应链，共同运作，直到客户需求发生进一步的变化，需要重构供应链为止。

基于价值的目标成本法适用于市场需求变化较快，需要供应链有相当的柔性和灵活性，特别是在交易型供应链关系的情况下。

3. 基于作业成本管理的目标成本法

目标成本法的作用在于激发和整合成员企业的物流过程，以连续提升供应链的成本竞争力。因此，基于作业成本管理的目标成本法实质上是以成本加成定价法的方式运作，供应链成员企业之间的物流价格由去除浪费后的完成供应链作业活动的成本加市场利润构成。这种定价方法促使供应链成员企业剔除基于自身利益的无效作业活动。诚然，供应链成员企业通过"利益共享"获得的利益，必须足以使它们致力于供应链关系的完善与发展，而不为优化局部物流成本的力量所左右。

为有效运用基于作业成本管理的目标成本法，要求供应链能够控制和减少总成本，并使得成员企业都能由此而获益。因此，供应链成员企业必须尽最大的努力以建立跨企业的供应链作业成本模型，并通过对整体供应链的作业分析，找出其中不增值部分，进而从供应链作业成本模型中扣除不增值作业，以设计联合改善成本管理的作业方案，实现供应链总成本的合理化。

基于作业成本管理的目标成本法适用于紧密型或一体化型供应链关系，要求供应链所有客户的需求是一致的、稳定的和已知的，通过协同安排实现供应链关系的长期稳定。

（三）物流目标成本的制定程序

物流日标成本的制定程序会因企业物流活动内容的不同而不同，但大体上可以分为五个阶段，即物流目标成本的初步确定、物流目标成本可行性分析、物流目标成本分解、实现物流目标成本、物流目标成本的追踪考核与修订物流目标成本。

1. 初步确定物流目标成本

传统产品设计和售价决定方法是首先做市场调查后设计新产品，再计算出产品成本，然后再估计产品是否有销路，再加上所需利润计算出产品的售价。而目标成本法在产品企划与设计阶段就先做市场调查制定出目标收入，即最可能被消费者接受的售价，其次根据企业中长期计划制定目标利润，最后以目标收入减去目标利润即为产品的目标成本，其计算公式为

$$物流目标成本=目标收入-物流目标利润$$

2. 对物流目标成本进行可行性分析

目标成本的可行性分析是指对初步测算得出的目标成本是否切实可行做出分析和判断。包括分析预计服务收入、物流目标利润和目标成本。分析时，主要是根据本企业实际成本的变化趋势和同类企业的成本水平，充分考虑本企业成本节约的潜力，对某一时期的

成本总水平做出预计,看其与目标成本的水平是否大体一致。

3. 物流目标成本的分解

所谓物流目标成本分解,是指经过测算,如果设立的物流目标成本是可行的,则将其自上而下按照企业的组织结构逐级分解,下达落实到有关的责任中心,目的是明确责任,确定各单位、部门的奋斗目标。物流目标成本的分解通常不是一次完成的,也需要循环,通过反复修订以求完善。

分解物流目标成本时,要根据企业物流组织结构和成本形成过程的实际情况,选择采用恰当的分解方法。具体的分解方法有以下几种。

(1) 按管理层次分解,将物流目标成本分解到各级责任中心、各具体责任人。即将物流目标成本按总公司、分公司、部门、班组、个人进行分解。这是一种自上而下的过程。

(2) 按管理职能分解。即将物流目标成本在同一管理层次按职能部门分解。例如,推广部门负责推广费用、配送部门负责配送费用、运输部门负责运输费用、劳资部门负责工资成本、后勤部门负责燃料和动力费用、行政部门负责办公费等。

(3) 按服务结构分解。即把服务成本分成各种材料消耗成本和人工成本,分派给各责任中心。

(4) 按服务形成过程分解。即按服务设计、服务材料采购、服务的提供、服务的推广过程分解成本,形成每一过程的目标成本。

(5) 按成本的经济内容进行分解。即把服务成本分解成固定成本和变动成本,再把固定成本进一步分解成日常费、办公费、差旅费、修理费、折旧费等项目,把年度目标成本分解为季度或月份成本目标,甚至分解成周或日的成本目标;把变动成本分解为直接材料、直接人工、各项变动费用。

4. 物流目标成本的实现

在建立了目标成本后,企业接下去的任务是实现目标成本,这就需要大量的管理工具优化各作业环节。

例如,通过企业目前的物流成本与目标成本相比较,计算出成本差距。然后通过运用价值工程、成本分析等方法寻求最佳的物流过程设计,用最低的成本达到客户对功能、安全性、品质等方面的要求。如果此时计算出的最佳物流过程设计下的成本仍高于目标成本,则重复应用上述手段寻求最佳成本。

5. 物流目标成本的追踪考核与物流目标成本的修订

物流目标成本的追踪考核与物流目标成本的修订包括对企业物流活动的财务目标和非财务目标完成状况的追踪考核、调查客户的需求是否得到满足、市场变化对物流目标成本有何影响等事项,并根据上述各阶段物流目标成本的实现情况对其进行修订。

(四) 物流目标成本控制——价值工程

物流目标成本确定后,企业就需组织由物流、技术、采购等相关方面人员设计物流过程与物流服务方式,想方设法来实现目标成本。其中,价值工程是评价设计方案的一种系统性、基础性的方法。

1. 价值工程的含义

企业物流成本的各项费用,虽然大多数是在物流经营过程中实际发生的,但企业的物流活动应该发生哪些费用，数量是多少，在很大程度上是由物流活动开始前的物流系统设计所决定的。因此，物流成本的控制，可以在物流系统设计阶段，通过对物流系统的价值工程分析，选择最佳方案并确定相应的最低目标成本。

价值工程是以功能分析为中心，价值工程是以尽可能少的成本去实现某项物流作业活动的必要功能或必要服务，以使物流作业或服务达到最佳价值。价值工程的真正目的在于既实现物流服务的必要功能，又要降低物流服务的寿命周期成本，追求物流服务的最佳价值。

其中，功能是某项物流作业所具有的职能或所起的作用。功能首先以满足消费者的需求为前提条件，功能的提高是无限的，但它同时受客户需求和成本的制约。

成本则是指物流服务的寿命周期成本，即为实现物流服务的必要功能在整个物流服务过程中发生的成本。价值工程就是在保证物流服务必要功能的前提下，使其寿命成本最低。

价值是物流服务的功能与成本的比值，与通常的价值概念并不相同，这里的价值要从功能和成本的关系上来理解，它表明了以某种成本耗费取得某种物流功能价值是否合理、是否值得、是否必要，反映了物流服务物美价廉的程度。物流服务功能与成本之间的关系可用下式表示。

$$价值=\frac{功能}{成本}$$

即

$$V=\frac{F}{C}$$

或

$$V=\frac{F_1+F_2+F_3+\cdots}{C}$$

式中：V——价值；

C——成本；

F——物流服务的各项功能。

2. 开展物流价值工程的步骤

价值工程是一个发现和解决问题的过程，价值工程活动的具体开展包括如下几个阶段。

1）正确选择对象

企业没有必要对所有的物流服务活动都进行价值分析，也没有必要对一项物流服务活动的所有方面都进行价值分析，而应该有所选择。一般而言，要选择那些频率比较高、服务量比较大或成本结构中过高的物流服务活动作为分析研究的对象。

2）根据对象的性质、范围和要求，收集可靠的信息

在这一步骤中，收集的信息包括企业的基本情况，如经营方针、产品品种、产量、质量等；有关的技术和经济资料，如本企业或同类物流服务活动的内容、方式、流程及成本的发生；客户的有关意见，如客户对物流服务的要求、目前所存在的问题等。

3）进行功能、成本和价值分析

首先，要把价值工程的对象所具有的功能细致地加以研究，了解它们的作用。即分析

对象在物流服务活动过程中所采取的每一流程、每道工序、每项作业对构成物流服务活动的最终价值起了什么作用,承担了什么职能,没有它们是否影响物流服务活动的使用价值,有无其他形式代替等。所有这些工作就是给每个分析对象的功能下定义的过程,实际上也是发现问题的过程。

其次,就是对已下定义的功能进行分类和整理,即搞清哪些是基本功能,哪些是辅助功能,哪些功能是客户需要的,哪些功能是客户不需要的,哪些是功能过剩,哪些是功能不足,以及各功能之间的关系。通过功能整理可以具体把握需要改进的功能范围,为进一步提出功能改进方案提供依据。

最后,要进行功能评价。针对不同的分析对象进行评价,然后与现实成本相互比较,求出各分析对象的价值系数。

(1) 计算功能评价系数,其计算式为

$$\text{功能评价系数}=\frac{\text{物流服务某项环节的功能分数}}{\text{全部物流服务的功能分数总和}}$$

从公式中可以看出,功能评价系数是反映某项物流服务功能重要程度的一个指标。根据价值工程原理,某项物流服务成本的高低应该与该物流服务功能重要程度相匹配。换句话说,某项物流服务的功能评价系数数值比其他物流服务的高,则应配以较高的成本。同理,假如某项物流服务的成本较高,但其功能在物流活动中相对较低,则说明这项物流服务的成本分配偏高,应予以改进。

功能的高低好差,通常是一个定性的概念,如何对其进行量化评价,是一件较难的工作。这里的功能评价系数的计算式所采用的量化方法,就是将各项物流服务的功能的重要性逐一进行一对一的比较,进而确定其相对的重要程度,然后汇总求出各自的功能,并据以求出各项物流服务的功能评价系数。

为使其评价客观合理,实际上可由几个有关的专业人员(如物流管理人员、技术人员、材料采购人员、财务人员等)分别进行评价,然后用平均分数来表示物流服务的功能分数。

(2) 计算成本系数,其计算公式为

$$\text{成本系数}=\frac{\text{物流服务某环节成本}}{\text{该物流服务各环节总成本}}$$

成本系数反映当前的各环节现实成本(即当前各环节的单位变动成本)在总成本中所占比重。

(3) 计算价值系数,其计算公式为

$$\text{价值系数}=\frac{\text{功能评价系数}}{\text{成本系数}}$$

计算价值系数,是为了系统反映各环节的功能与成本之间的匹配情况。从理论上讲,如果其价值系数接近于1,两者是基本相适应的;如果某环节的价值系数偏大,则说明其成本匹配不足;如果某环节的价值系数偏小,则说明其成本匹配过剩。显然,物流服务环节的价值系数偏小者,应是成本控制的重点。

(4) 根据功能评价系数将产品的目标成本在各环节之间进行分配,其计算式为

$$\text{某物流服务环节的目标成本}=\text{该环节的目标成本}\times\text{功能评价系数}$$

(5) 计算各环节的成本应降低额,以确定各物流环节按功能评价系数和产品目标成

本要求的应升降幅度。

4）拟定降低成本的措施，确定最优方案

寻求最优的改善方案是价值工程活动的关键，功能成本分析法，并非只是计算出各物流环节的目标成本和确定其成本降低额。重要的是如何对成本控制的重点环节采取必要的措施与方法，使其合理地实现降低任务。

根据上面计算和分析的结果，按客户的需求，提出若干改进价值的新方案，再把各种方案进行分析和评价后，选择功能不变使成本更低或功能更高的最优方案。原则上应选择价值系数大于 1 或小于 1 的物流服务环节作为改善对象，分别列为提高或降低成本分配的对象。

5）求出目标成本

根据筛选出的最优方案进行目标成本的计算，也就是将物流服务的目标成本按功能评价系数分配给各有关的物流服务环节算出各物流服务环节的目标成本，作为对物流服务成本水平实行有效事前控制的依据。

三、责任成本控制法

（一）责任成本与责任成本法

责任成本是指责任单位能对其进行预测、计量和控制的各项可控成本之和。按照谁负责谁承担的原则，以责任单位为计算对象来归集，所反映的是责任单位与各种成本费用的关系。

责任控制在各类企业中应用广泛。责任成本法是将各责任单位、责任人的责任成本与其自身的经济效益密切联系，将降低成本的目标落实到各个具体物流部门及个人，可促使责任单位主动寻求降低成本的方法，也使物流成本的控制有了切实的保障。

因此，采用责任成本法，对于合理确定与划分各物流部门的责任成本，明确各物流部门的成本控制责任范围，进而从总体上有效地控制物流成本有着重要的意义。

（二）成本责任单位的划分

确定责任的前提划分成本责任单位。责任单位的划分不在于单位大小，凡在成本管理上需要、责任可以分清、其成本管理业绩可以单独考核的单位都可划分为责任单位。

1. 横向责任单位

横向责任单位是企业为了满足生产经营管理上的需要，而设置的平行职能机构。它们之间的关系是协作关系，而非隶属关系。

横向责任单位主要包括供应部门、生产部门、劳资部门、设计部门、技术部门、设备管理部门、销售部门、计划部门和质量管理部门等。

2. 纵向责任单位

纵向责任单位是企业及其职能部门为了适应分级管理需要，自上而下层层设置的各个管理层次。纵向责任单位之间虽然是隶属关系，但因其在成本的可控性上有其各自的责任与职权，所以有必要在各层级之间明确界定各自的成本责任与权力。

以运输为例，其纵向责任单位分为公司总部、分公司、车队、单车（司机）等。

(三) 责任成本的计算与考核

为了明确各责任单位成本的控制结果,必须对其定期进行责任成本的计算与考核,以便对各责任单位的工作做出正确的评价。

1. 责任成本的计算方法

1) 直接计算法

直接计算法是将责任单位的各项责任成本直接加和,以求得该单位责任成本总额的方法。这种方法的特点是计算结果较为准确,但是工作量较大(需逐笔计算出各项责任成本),此法适合于所有的责任成本。

2) 间接计算法

间接计算法是以本责任单位发生的全部成本为基础,扣除该责任单位的不可控成本,再加上从其他责任单位转来的责任成本的计算方法,其计算公式为

$$\text{某责任单位责任成本}=\begin{array}{c}\text{该责任单位发生}\\\text{的全部成本}\end{array}-\begin{array}{c}\text{该责任单位的}\\\text{不可控成本}\end{array}+\begin{array}{c}\text{其他责任单位}\\\text{转来的责任成本}\end{array}$$

这种方法不需要逐笔计算各责任单位的责任成本,所以计算工作量比直接计算法小。在运用此法时,应合理确认该单位的不可控成本与其他责任单位转来的责任成本。

2. 责任成本评价考核的依据

在实际工作中,对责任单位的责任成本评价考核的依据是责任预算和业绩报告。责任成本的业绩报告是按各责任单位责任成本项目,综合反映其责任预算数、实际数和差异数的报告文件。

在进行责任预算指标分解时,其方式是从上级向下级层层分解下达,从而形成各责任成本单位的责任预算。在编制企业报告时,其方式是从最基层责任单位开始,将责任成本实际数逐级向上汇总,直到企业最高管理层。

业绩报告应按责任单位进行编写,每一级责任单位的责任预算和业绩报告,除最基层只编报本级的责任成本之外,其余各级都应包括所属单位的责任成本和本级责任成本。在业绩报告中,应列出各项责任成本的实际数、预算数和差异数,以便对比分析。

3. 责任成本报告

以纵向责任单位责任成本的计算与考核为例,纵向责任单位系统内各层级责任成本的计算,是从最基层逐级向上进行的。以生产系统为例,其纵向责任单位责任成本的计算是从班组开始的,逐级上报至企业总部。

案例分析

以物流管理为突破,实现对标全流程全覆盖

河北钢铁石钢公司生产管理部以降低物流费用为主攻方向,通过对标学习,采取调整港口布局、运距结构、运输形式,寻求低价组合;重视物流运行环境经营,推行新能源车辆使用,多元降本;抓内部接卸时间、满载率,提高物流效率;强化物料安全,降低隐形物流成本等措施,深入挖潜降本,在2014年取得阶段性效果。1~7月物流费用较2013年降低46.07元/吨,实现降本3 349万元。

1. 对标唐钢，查找物流管理差距

依托集团对标平台，生产管理部着力开展了全物流费用专业对标。分别到唐钢、邯钢、敬业、奥森、宁波钢厂、芜湖 2672 进行物流对标考察，最终确定在全物流费用管理上以唐钢为标杆，并针对外矿汽运、厂内卸车效率等部分具体指标分别同邯钢、奥森、敬业等单位进行专题对标。

对标中，生产管理部学习唐钢物流管理亮点：开展重点项目攻关，由各业务单位一把手出任攻关项目组长；敢于突破变革，对物流业务全面整合；物流降本思路明确，如"降低库存""优化资源""调整运输方式""调整销售区域"；降本措施细化有效，确定 33 项物流降本攻关，实现物流成本逐年降低；完善数据体系，力争物流信息系统前延到供应商，后延至客户；在管理上，每月对重点攻关和降本项目进行点评、考核等。

对标唐钢，生产管理部明确了公司在物流管理体系、运输方式优化、库存、运距优化、损耗率高、亏载率高六个方面存在的差距，研究制定改进措施。

2. 制定措施，降本取得初步成效

在公司的支持和相关部门配合下，生产管理部在公司物流系统内逐步推行了多项降本举措：开展降低外矿粉损耗、钢材火运满载率、降低延占费等 6 项物流攻关，实施全物流费用指标分解。持续推行港口矿粉汽车直运鑫跃，自天津港回运的矿粉和块矿已实现 100%汽运，1～7 月汽车直运比例累计达到 76.58%，较 2013 年提高 61.23%，实现物流费用降低 1 743 万元。建立外矿粉在途损耗监控信息系统，推动运输损耗降低，上半年厂外损耗对比 2013 年降低了 0.56%；对比标杆企业唐钢，进步到现在的基本持平，降低损失 494 万元；厂内铁素损耗降低 0.51%，降本 390 万元。

通过建立火运车皮厂区滞留日监控机制、开发延占费自动化监控程序等措施。上半年，在克服铁路延占费涨价 30%因素的基础上，较去年累计降低 61 万余元。推进火运物料现场库直卸，减少物料搬倒及出库费用，上半年球团、块矿直接入现场库比例分别完成 37.98%、57.91%，较去年分别提高 19.55%、30.68%，共降低搬倒费用 63 万余元；推动港口布局优化，实现青岛港基本停用；通过与邯钢对标，开展调研并对比测算火、汽运价格，制定了公司《物流优化管理办法》，对公司原燃料采购、钢材外销等火、汽运物流方式选择，火、汽运比例进行了规范。

通过各项措施的实施，公司 1～7 月物流费用较 2013 年降低 46.07 元/吨，实现降本 3 349 万元。与标杆企业唐钢相比，差距逐步缩小。

3. 持续改进，拓展专业对标范围

2014 年 8 月，生产管理部组织采购中心、系统创新部、武保部等部门，就物流管理、物流降本措施、物流信息化建设、争取铁路降价相关政策及经验、物流物料安全管理以及港口物料管理情况等方面，赴唐钢、唐银进行物流管理专业细化对标。重点对唐钢"调整运输方式""降低损耗""物流管理创效"等物流降本思路、33 项物流降本攻关和唐银"阳光收料"物料安全管理等方面进行了对标学习。对标回来，由生产管理部牵头，总结唐钢物流降本硬措施 61 项，下发给各业务部门参考学习，启发思路，进一步深化公司物流降本工作。

在深入开展物流费用专业对标的同时，生产管理部按照公司强化全员、全面对标的要求,与宝特、兴澄特钢、冶钢、西宁特钢等单位进行对标,从排产优化、调度优化方面开展专业对标。结合公司生产经营实际,选取了合同计划完成率、交货周期、万吨事故时间、综合电价、煤气回收、在制品库存、连铸坯库存等20余项指标开展对标,完善生产对标指标体系,逐步实现生产全流程、全覆盖对标,查找差距,创新突破,提高生产效率,实现公司提出的均衡稳定、连续流畅、紧凑高效的精益生产目标。

资料来源:http://www.hbsa.gov.cn/JianGuanQiYeXinXi/2014-08-29-227279.html.

知识拓展

企业应补齐经营管理中的三个"短板"

企业经营管理的一个重要环节就是成本管控,而成本管控工作主要依靠节能降耗、降本增效等手段来具体实施,因而节能增效的理念应该贯穿于企业经营活动始终。对于现阶段经济运行持续低迷形势来讲,企业工作的重点就是要千方百计地做好节能增效工作。为此,企业必须在成本管控、营销策略、精细化管理等方面大做文章,补齐这三个"短板"。

成本管控工作关乎企业生产盈利指数等众多指标,这项工作的品质与企业多年来的经营理念密不可分。一个成熟的企业,经营者从企业建立之初就应该对此加以重视。首先,要明确物资采购事宜的相关制度,并严格执行。先期调研物资市场价格行情,坚持不能缺货也不过多囤货的原则,合理安排采购计划。渠道必须"阳光化",坚定不移地召开采购招标会,真正采购价低质好的好产品。物资领用流程尤为重要,需要经过严格的审批程序,使用单位首先提出申请,经由各级审批部门核准后方能提取物资。同时,使用单位还需做好物资使用管理细则,将所有领用物资的流向一一加以说明,以日清月结的形式反馈给运营管理部门。运营管理部门综合各单位物资使用状况再做细致考核分析,形成工作报告。这些应该是成本管控的最基本模式。当然,一个企业如果在此前的经营过程中没有形成比较完整的成本管控体系,那么,也没关系,只要经营者敢于打破陈旧观念,引入科学有效的成本管控管理方法来补齐"短板",企业的经营依然可以继续维持较好态势。

适宜的营销策略应当成为企业经营管理的制胜法宝。例如在煤炭市场持续低迷的局面下,开拓市场成为当前最为迫切的任务,它自然就责无旁贷地落在了市场营销人员身上。营销人员既是市场的开拓者,又是信息的传播者;既是企业形象的代表,又是消费者的忠实伙伴。因而营销人员必须深入了解企业的实际情况,以便更多地宣传自己的企业。而作为企业,此时更应该重视营销人员,从各个层面为他们提供便利,以提高他们的积极性。营销人员需要准确地判断市场动向,及时调整销售渠道,根据实际情况合理区分客户群,尽可能发展回款及时的客户,应收账款可以足额到户,减少资金占用,提振经营士气。

实施精细化管理,严控企业非生产性支出。精细化管理首先应完善细化规章制度。对现行规章制度进行全面的清理、修订,细化规章制度的执行程序。细分业务流程、细化产品与服务标准。根据实际,将已制定的标准体系落实到管理和员工操作中去,确保执行到位。积极推广"6S"管理、可视化管理等精细化管理方法。

通过人的规范化、事的流程化、物的规格化,提高效率,保证质量,保障安全,使工作环境整洁有序,提高员工素养和企业形象。同时,企业应该根据生产任务目标,严格控制能耗保持最低水平。深化生产项目的管理，不断推进员工技术革新工作，降低生产成本。与此同时，坚定不移地坚持品质管理，在生产现场实施精细化管理，树立出样板，组织学习样板、争做样板活动。积极鼓励和引导技术创新课题的启动，有效提高劳动生产率。严控非生产性支出，保证企业的每项资金都用在实处，做有用功。

资料来源：http://www.xd56b.com/zhuzhan/zhishi/20140220/10219.html.

复习思考

1. 物流成本预算的内容和程序是什么？
2. 什么是弹性预算、零基预算和滚动预算？上述三种预算报告如何编制？
3. 简述物流成本控制的基本工作程序。
4. 物流成本控制的原则有哪些？

第六章

运输成本管理

◆ 学习目的与要求 ◆

➢ 熟悉运输成本的概念与构成；

➢ 熟悉影响运输成本的因素及其核算；

➢ 掌握降低运输成本的途径。

◆ 引导案例 ◆

上海某货运物流企业运输过程透明管理系统应用

上海某货运物流企业是一家集速递、物流、电子商务为一体的大型民营快递品牌企业。该企业经过十多年的发展，现已成为拥有国内56个转运中心、5 000多个配送网点，服务范围覆盖广泛的国内大型第三方快递物流企业。该企业开通了全国主干线班车线路600多条，形成了一个庞大而流畅的速递物流网络。

该企业非常重视快件时效，长期以来，通过多种方法不断提高快件全程全网的运作时效和服务品质。在快件运输环节，于2011年6月和易流合作，引入专业化的运输过程透明管理系统，到目前为止，服务车辆数目400多台，从系统的使用结果来看，收到了良好的效果，特别是在运输时效保障上，相比之前时效管理能力大幅提升，快件延误率明显降低。下面我们就看看运输过程透明管理系统是如何帮助其实现运输实现质的飞跃的。

1. 通过提高调度针对性提高调度效率

为提高运输时效，运输过程透明管理系统从提高调度效率入手。当然，要调度首先需要获得调度车辆的运输信息，这个可以通过系统的定位功能实现。

2. 通过优化运输线路提升运输时效

运输线路一般都是企业经过长期的业务往来，固定下来的经济、快捷的行驶路线，在运营管理上一般都会有相应的时效要求。但如果司机出于私利而绕路行驶，这时候时效和安全就很难保证。所以企业一般不允许司机随意绕行。运输过程透明管理系统为防止司机随意绕路，通过全程追踪运输线路和设定运输线路偏离报警等多种方式来保障运输时效性。

3. 通过约束停车时间保障运输时效

俗话说，不怕慢就怕站，停车是影响时效的最重要因素。有效防止司机在运输过程中的随意停车对保障运输时效有直接作用。运输过程透明管理系统针对该企业运输时效管理需要，设定车辆停车标准时间，对于超时停车进行详细记录，并报警提示。另外报警还需要推送到监管部门，做到停车过程透明，实现对司机停车行为的透明监控，约束司机随意停车以保障运输时效。

资料来源：http://www.chinawuliu.com.cn/xsyj/201309/23/256144.shtml.

思考：

1. 试分析运输透明管理系统的作用。
2. 还有哪些降低运输成本的措施？

第一节　运输成本概述

一、运输概述

（一）运输的概念

运输是物品借助于运力在空间上所发生的位置移动。我国国家标准《物流术语》（GB/T 18354—2006）对运输的定义是："用运输设备将物品从一地点向另一地点运送。其中包括集货、分配、搬运、中转、装入、卸下、分散等一系列操作。"

社会化大生产的发展，社会分工越来越细，产品种类越来越多，从而使物资交换更加频繁。如果没有运输，商品交换就难以实现。企业在经营中，无论是原材料的需求，还是产品的输出，都离不开运输；一旦运输发生问题，就会导致物流渠道中产品积压，发生变质或过期，给企业带来巨大损失。

（二）运输的功能

运输的功能主要体现在通过运输实现物品转移和物品储存两个方面。

1. 物品转移

运输的首要功能是通过改变产品的地点和位置，消除产品的供应和需求之间在空间位置上的脱节，或将产品从效用价值低的地方转移到效用价值高的地方，创造出产品的空间效用。另外，运输还能实现产品在需要的时间内运到目的地，创造出产品的时间效用。运输在实现产品空间转移的过程中，扩大了商品的销售范围，使人们可以购买到本地没有生产的产品，丰富人们的物质生活。同时，这也有助于维持商品价格的稳定。

运输的主要目的就是要以最少的时间和费用实现物品的移动，同时，物品在运输过程中的损失必须降低到最低程度。通过位置移动,运输对物品进行了增值,增值部分即为运输成本,它构成了产品价格的一部分。

2. 物品储存

运输具有物品储存功能是指处于运输阶段中的物品,有时也需要借用运输工具进行临时性储存,当然这种将运输车辆作为临时性的储存场所所付出的成本代价是相当高的。但如果移动中的物品需要短时间的储存,而卸货和装货的成本会超过将物品储存在运输工具中的费用,此时,可以将运输工具暂时当作储存工具。另外,在仓库空间有限的情况下,利用运输车辆储存也不失为一种可行的选择。

选择运输工具储存物品可能是昂贵的,但是当需要考虑物流总成本,包括运输途中的装卸成本、储存能力限制、装卸的耗损或延长的时间时,从物流总成本或完成任务的角度来看往往是正确的,有时甚至是必要的。

(三) 运输方式及特点

现代运输的方式有很多,常见的运输方式有以下五种。

1. 铁路运输

铁路运输是一种重要的现代陆地运输方式,在陆地长途运输中起主力运输作用,在国际货运中的地位仅次于海洋运输,是利用铁路列车运送客货的运输方式。

铁路运输有许多优缺点,其主要优点是:由于货车在固定轨道线路上行驶,可以自成系统,一般不受气候条件的影响,可以保障全年正常运输,而且运载量大,速度较快,安全可靠,运输成本低,环境污染小;铁路运输的主要缺点是:只能在固定轨道上行驶,缺乏灵活性,运输的起点和终点常常需要汽车进行转运,从而增加了搬运次数。铁路运输的经济里程一般在200km以上。

2. 公路运输

公路运输是一种主要使用汽车在公路上进行客货运输的运输方式,它是最普及的一种运输方式,既是独立的运输体系,也是车站、港口和机场物资集散的重要手段。主要承担近距离、小批量的货运。

公路运输也有许多优缺点,其优点是:机动灵活、简捷方便,尤其在短途货物集散运输上,比铁路、航空、水运具有更大的优越性,可以实现"门到门"的运输;尽管其他运输方式各有特点和优势,但或多或少都要依赖公路运输来完成最终两端的运输任务;公路运输也具有一定的局限性,如载重量小,不适宜装载重件、大件货物,不适宜长途运输;车辆运行中振动较大,容易造成货物毁损,同时运输费用较水运和铁路高。公路运输的经济里程一般在200km以内。

3. 水路运输

水路运输是利用船舶等水上运载工具,在江、河、湖泊、人工水道及海洋等水路上运送客货的一种运输方式,包括海洋运输和内河运输两种形式,是历史悠久的运输方式。适宜大批量、远距离运输。

水路运输也存在优缺点,其优点是:运输量大、运输成本低、对货物的适应性强;水路运输的缺点是:运输速度慢,周期长,易受气候和自然条件影响,风险较大,运输范围受到限制,一般需要铁路和公路补充运输。

4. 航空运输

航空运输是一种利用飞机通过空中航线运送客货的运输方式，以快速而著称，适宜小批量的贵重物品、邮件及鲜活商品的运输。

航空运输具有其他运输方式所不能比拟的优越性：它的运输速度最快，可节约包装，安全性、准确性高，不受地面条件影响，可深入内陆地区；航空运输的局限性主要表现在：运输成本较其他运输方式更高，运量有限，容易受恶劣气候的影响。

5. 管道运输

管道运输是货物在管道内借助高压气泵的压力向目的地输送的一种运输方式。它是运输通道和运输工具合二为一的特殊运输方式，主要用于输送天然气、原油、石油成品、化学品等气体、液体或粉状、浆状物品。

管道运输的优点是：不受地面气候的影响，可以连续不断地运输，运输的货物无须包装，货物毁损小，运输成本低。管道运输的局限性是：单向运输，机动灵活性差，运输的货物仅局限于气体、液体等流体货物，固定投资大。

二、运输成本概述

（一）运输成本的概念

货物运输就其性质来说，是一种特殊的生产过程，其产品就是货物的位移。运输成本就是企业在完成特定货物位移的物流运输活动中所发生的各种费用，如工资、燃料费、折旧费、管理费、利息费、各种损失等。

（二）运输成本的构成

不同运输方式的运输成本构成有所不同，按照我国《企业会计准则》，不论何种运输方式，运输成本均可分为营运成本和期间费用两大类。

1. 营运成本

营运成本是指与运输营运生产直接有关的各项支出。包括直接从事运输营运生产活动人员的工资和福利费、在运输营运生产过程中实际消耗的各种燃料费、材料费、折旧费、修理费、过路费、养路费、运输管理费、交通工具养护费等。

2. 期间费用

（1）管理费用，是指企业运输管理部门为管理和组织运输营运生产活动的各项费用，包括管理人员工资福利费、办公费、差旅费等。

（2）财务费用，是指企业为筹集运输生产资金而发生的各项费用，主要包括企业营运期间发生的利息支出。

三、影响运输成本的因素

（一）运输距离

运输距离是影响运输成本的主要因素，它直接对人工、燃料和维修保养等变动成本发生作用。运输距离越长，运输总费用越高，这是毋庸置疑的。但是，就单位运输成本而言，其变化是递减的，即单位运输成本随着运输距离的延长而逐渐降低。

由于运输固定成本不会随着运输距离的变化而变化，变化的只是变动成本，随着运输距离的增加,分摊到单位距离上的固定成本逐渐减小,而单位变动成本基本保持不变,从而使总的单位运输成本也逐渐减小。

(二)运输重量

运输货物的重量是影响运输成本的另一个重要因素。在运输距离相同时,运输货物的重量越大,运输费用越高。与运输距离的影响类似,单位重量的运输成本也随运输重量的增加而减少。

这种关系对企业物流管理部门的启示是:小批量的物品应整合成更大的运输量,以期利用规模经济性。

(三)运输时间

企业对缩短运输时间、降低运输成本的要求越来越强烈,这主要是因为在竞争日益激烈的情况下,只有不断降低各方面的成本,加快商品周转,才能提高企业经营效率,实现竞争优势。运输时间和运输成本是不同运输方式相互竞争的重要条件,运输时间与成本的变化必然带来所选择的运输方式的改变。

缩短运输时间与降低运输成本是一种此消彼长的关系,如果要利用快速的运输服务方式,就有可能增加运输成本;同样,运输成本下降有可能导致运输速度减慢。所以,如何有效地协调这两者间的关系,使其保持一种均衡状态,是企业选择运输方式时必须考虑的重要因素。

(四)货物密度

货物密度对运输成本的影响是把重量和空间两方面因素结合起来考虑。一般说来,企业物流运输作业人员应设法增加产品密度,以便能更好地利用装载车辆的容积,使车辆能装载更多重量的货物。增加货物包装密度,可以将更多单位的产品装载到具有固定容积的车辆中去,从而降低运输成本。

当然,在某种情况下,由于车辆已经满载,即使再增加产品的密度也无法再增加利益。尽管如此,努力增加产品密度通常会使运输成本降低。

(五)装卸搬运

采用较好的装卸搬运方式,能减少装卸搬运过程中的货物损耗的概率及装卸搬运的次数。如在装卸搬运的过程中采用机械化作业,能提高装卸效率,减少搬运过程中的货物损失,从而降低运输成本;采用集装化装卸,能使每次装卸搬运的货物数量增加,从而减少装卸搬运次数,也可以降低运输成本。

(六)事故损失

在运输过程中如果发生运输事故,会造成企业财产损失甚至人员伤亡,同时也会耽误运输时间,相关费用必然增加。若是专业运输企业则要对货主进行事故赔偿,又需付出一笔额外的费用,从而使运输费用上升。

企业若想在发生事故时降低损失金额,必须通过向保险公司投保来预防可能发生的意外,以降低发生事故时的损失,这样也会增加货物运输费用。

(七)运输需求

运输需求在地域上的不平衡往往会造成在货物运输时的回程空驶,或回程货运量不足，从而使车辆的吨位利用率和里程利用率降低，使运输成本增加。

（八）货物属性

如果承运物资属易损、易腐、易燃、易爆或贵重物品，则在运输中容易造成毁损。为了避免可能发生的毁损，企业需要采取相应的保护性包装，对于特种货物，还要在运输过程中采取特殊的运输工具或方式，并且需要一定的保险和防护措施，这些都势必会引起运输成本的增加。

小贴士

高铁成快递运输新趋势

目前，我国高铁的营运里程已有1.6万千米，位居世界第一。高铁建设遍布祖国大江南北，交通四通八达。其优势在于载货量大、运输速度快、安全性高、准点率高、能耗低。

速度快是高铁的最主要特点，世界各国都在不断提高列车的运行速度。据资料显示，法国、日本、德国、西班牙和意大利高速列车的最高运行时速分别达到了300km、300km、280km、270km和250km。如果做进一步改善，运行时速将达到350～400km。以我国上海到南京为例，沪宁高速公路274km，汽车平均时速83km，行车时间为3.3h，加上进出沪、宁两市区一般需1.7h，全程耗时5h，而高速列车仅需1.15h。

在中国，快递行业运作规模参差不齐，小到服务乡镇，大到省市区域，更有服务至全球各个国家地区。目前有主要全球性快递公司四五家，中国主要快递机构有二十多家。小型快递机构更是数不胜数，快递成为当下热门行业之一。现在快递大多采用飞机、汽车、普通火车、海运等运输方式，其中飞机运输在时间上有一定优势，但是运输价格相对较高，有时也会受天气影响。汽车、普通火车、海运等在价格上有一定优势，但是运输时间相对较长。高铁快递出现将缓解这一状况，成为经济实惠的快递运送模式。实现时间价格双优惠的快递形式。

高铁运送快递虽然在运输时间上，价格上都有优势，但是高铁快递在快递行业中仍处于起步阶段，在营运方面，目前主要用于运送旅客较多，在货运方面还是比较少。因此，高铁快递仍需加大推广力度、提高服务质量和充分利用自身优势，这样才能在用户中树立良好的信誉形象，在快递行业中处于不败地位。

资料来源：http://info.jctrans.com/xueyuan/trans_comment/20154102128384.shtml.

四、运输成本的分类

（一）公路运输成本

公路运输业的成本结构，包括较高的可变成本和较低的固定成本。70%～90%的成本是可变的，10%～30%是固定的，对于公路系统的公共投资是形成这种低固定成本结构的主要原因。公路的平均吨千米运输成本也随运输距离的延长而逐渐降低，除了运距之外，最能影响公路运输成本的是装载率。

一般而言，随着装载量增加，公路运输平均每吨运输成本会下降。在给定的距离上，汽车从半载到满载的总成本并不会增加很多，因为至少作为成本中两个重要的部分人工费和维修费几乎是不变的，虽然燃料费会增加，但并非成比例地增加。因此装载率提高的边际成本将低于平均成本,以致引起平均成本下降。还有,车辆载重力即车辆额定载重的大小对运输成本也有影响。随着车辆载重吨位增加,公路运输的吨千米成本在降低,其原因是大型车辆的人工、燃油、检修和其他费用相对于小型车辆更为节省,有较高的设备产出率。近几十年来,随着车辆的大型化和专业化,汽车运输的能力和经济运距都已经大大增加。

(二) 铁路运输成本

铁路运输的固定成本高,可变成本相对较低,这种成本结构使得铁路运输存在明显的规模经济,将高固定成本分摊到更大的运量和更远的运距上,将会明显地降低单位运输成本。

铁路运输成本可以被分为运营成本、固定设施成本和移动设备拥有成本三类。运营成本主要包括与运输量相关的变动成本,如燃料动力、配件等经常性支出以及维修配件、运营人员的工资等经常性支出;固定设施成本包括铁路运输需要的轨道、车站和编组场等,被认为是一种沉没成本,建成后不能移动,在一定程度上不能再被用于其他任何用途;移动设备拥有成本包括机车车辆投资的费用、部分折旧费和维护费用等。

(三) 水路运输成本

水运成本可大致分为三个部分,即航行成本、运营成本和资本成本。航行成本是指仅与一次航行有关的费用,主要包括港口费、燃料和油料费用等,它们与轮船的大小、动力推进器的类型等有关。运营成本是指与轮船是否处于应用状态有关的费用,主要包括工资、修理维护费、保险费以及管理费。如果船舶处于非运营状态,则这些费用可以减少或不发生。资本成本主要是指折旧和利息,当然这部分费用的核算方式根据不同性质的企业和管理方式而有所区别。

在我国,航行成本和运营成本各占总成本的40%左右,资本成本占总成本的11%~20%。水运最大的经济性是由船舶大小和航程远近决定的。吨位越大的船则每吨千米平均运输成本越低,但其条件是必须有足够大的运量和相应的港口吞吐能力。另外,航程越远单位成本中所摊到的港口费用越低,水运的经济性也越好。

(四) 航空运输成本

航空运输企业的成本一般是按飞行小时计算,但作为最终产品的经济分析,也必须将其成本换算为货物吨千米成本。航空运输成本受飞机类型、市场情况以及管理水平的影响。航空运输成本可分为直接飞行成本和间接飞行成本两部分。

直接飞行成本主要包括飞行费用(空勤人员工资及津贴、航空燃料及润滑油消耗、飞机保险费等)、修理费用、折旧费及其他直接飞行费。间接飞行成本主要包括订舱费、行李及货物服务费、广告费和管理费等。航空运输存在飞机容量经济和运距经济。飞机容量经济是指大型飞机的运输成本低于小型飞机。运距经济是指随着飞行距离的延长,单位运输成本下降,主要原因是随着飞行距离的延长,起降滑行、上升、降落时间在总飞行时间中的比重下降,相关的成本比重也在下降。

在机型、飞行距离和其他费用不变的情况下,影响单位运输成本的最主要因素是装载系数,装载系数是实际吨千米与定额吨千米的比例,飞行的总成本与飞机是否满载关系不是太大,所以平均单位成本是装载系数的函数,它随装载系数的提高而下降。显然,在运量有限的情况下飞机容量经济和提高装载系数的目标可能会发生矛盾,选用大型飞机,装载系数将受到影响，为提高装载系数减少航班次数，又会增加货物等待时间成本。此外，机场或航线上的拥挤程度对飞行成本也有影响。当发生拥挤现象时，飞机会排队等候起飞，或在空中盘旋等待着陆，时间的延误无疑会降低飞机的运营效率，使飞行成本增加。

(五) 管道运输成本

管道运输最显著的特征是其规模经济特性。石油或天然气管道在运距不变的情况下，管道直径越大，平均成本越低。国外有研究表明，管道运输能力增加一倍，单位吨千米的运输成本可降低30%。但为了充分发挥管道的规模经济特性，必须有足够的货源，以保证管道能在多年内保持足量的运输。管道运输的固定成本大大高于变动成本，即使在很大的产出范围内都是这样，与其他运输方式相比，管道的这种特性最为明显。

小贴士

中美运输成本比较

根据美国交通运输部和中国国家统计局的公开数据计算，美国的公路运输成本、全社会运输成本和全社会物流成本分别是中国的1.77倍、1.93倍和1.62倍，具体情况如图6-1所示。

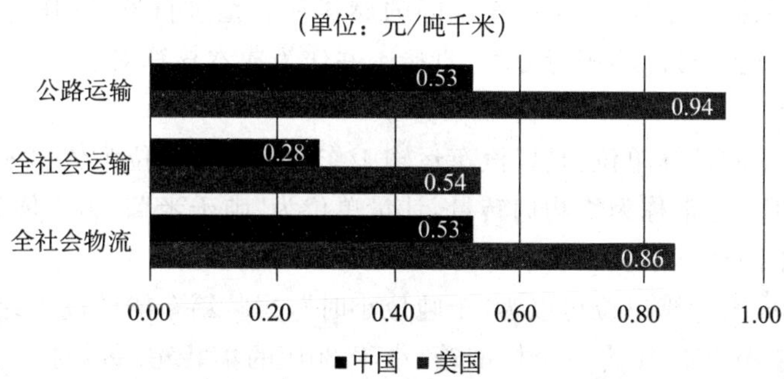

图6-1　中美物流运输成本比较

第二节　运输成本核算

一、运输成本核算的特点

运输在成本核算方面存在如下几个特点。

1. 成本计算对象的多样性

运输企业营运过程的直接结果是转移客货的空间位置以及与此相关的业务，不存在对生产对象的直接加工、生产出各种具体产品。因而，运输企业的成本计算对象是其经营的各类业务，以及构成各类业务的具体业务项目。

另外，运输企业的运输工具及设备，由于厂牌、型号、吨位不同，以及运行线路、航次等不同,对成本水平会产生较大影响。

为了加强成本管理,寻求降低成本的途径,除上述各类业务作为成本计算对象外以运输工具及其运行情况等作为成本计算对象,这是运输企业成本计算对象的特点。

2. 成本计算方法单一

运输企业由于不涉及半成品结转,也就不存在分步骤、分批别计算成本的问题。

尽管各运输业务成本计算上存在不同的特点,但共同点都是直接汇集计算各业务的成本。

3. 营运成本构成中,不存在劳动对象方面的消耗

运输劳动对象的消耗不计入营运成本。

4. 营运成本与应计入本期营业成本的费用一致,不存在产品成本

运输企业由于营运过程和销售过程同时进行,不存在期初、期末产品,也不存在独立的销售过程,应计入本期营运成本的费用即为本期的营运成本,汇集分配后直接转入本期损益(运输企业的辅助小产车间生产零配件时,则需计算在产品成本)。

二、运输成本核算的内容

以公路运输为例,其运输成本项目的核算内容如下。

1. 核算对象

如果企业车辆的车型较多,可以按不同的燃料和类型进行分类,作为成本核算对象;如果企业的车型较少,可以不进行分类,直接一并作为成本核算对象。

2. 计算单位

汽车运输成本的计算单位,是以汽车运输工作量的计量单位为依据的,即实际运送的货物吨数乘以运距,通常称为货物周转量,计量单位为“吨千米”。为方便起见,通常以“千吨千米”作为成本的计算单位。

大型车组的成本计算单位可以为“千吨位小时”,集装箱车辆的成本计算单位为“千标准箱千米”。集装箱以 20ft 为一个标准箱;小于 20ft 的集装箱,每箱按一标准箱计算;大于 20ft 小于 40ft 的集装箱,每箱按 1.5 标准箱计算。

其他特种车辆,如冷藏车、油罐车等的运输业务,其运输工作量仍以“千吨千米”为成本计算单位。

3. 运输成本项目的设置

汽车运输成本项目分为车辆直接费用和营运间接费用两部分。

1) 车辆直接费用

(1) 人工费用。人工费用是指按规定支付给营运车辆司机的工资和按比例计算的福利费。运输企业营运人员的工资多采用计时工资进行计算,工资额的大小往往与工资水平、出勤天数、工龄长短等因素相关。

对于有固定车辆的司机及其随车工作人员的工资、行车津贴等,应由有关车型的运输成本负担,按实际发生额直接计入成本的人工费用项目;对于没有固定车辆的后备司机的工资及津贴,应按营运车辆的吨位或营运车日,分配计入有关车辆的分类运输成本。其分配公式为

$$营运车辆工资分配率(元/车日)=\frac{应分配的司机工资总额}{总营运车日数}$$

某车型应分摊的工资额＝该车型实际总营运车日数×营运车辆工资分配率

【例 6-1】 某企业为便于管理，将其自营运输车辆分为四个大的类型。其中载重量为5t的运输车辆配备有2个固定司机和1个后备司机。某月采用计时工资制计算的固定司机、后备司机的工资分别为2 000元、2 100元和1 800元；其中后备司机当月总营运车日为30车日，在该车型上的营运时间为6车日。

福利费的计提比例为14％，则该月此车型的人工费用为

工资费用＝2 000＋2 100＋1 800÷30×6＝4 460(元)

福利费＝4 460×14％＝624.4(元)

人工费用＝4 460＋624.4＝5 084.4(元)

(2) 燃料费。燃料费根据行车路单或其他有关燃料消耗报告所列的实际消耗量和单价计入成本。需要注意的是，燃料实际消耗量与当月车辆行驶总公里所完成的运输周转量要相符合。

实际计算过程中，实行满油箱制核算的企业，在月初、月末油箱加满的前提下，车辆当月加油的累计数即为当月燃料实际消耗数；实行实地盘存制的企业，在月底实地测量车辆油箱存油数，结合行车路单加油记录计算各车当月实际消耗的燃料，具体数据可采用以下公式计算：

当月实际消耗数＝月初车存数＋本月领用数－月末车存数

营运车辆在企业以外的油库加油，其领发数量不作为购入和发出处理的企业，应依据相关发票直接计入分类的运输成本。

【例 6-2】 资料如例6-1，该企业对运输车辆油耗实行实地盘存制，其中载重5t的车辆月初的油箱存油数为85L，月末存油数为45L，当月领用油料1 060L；若该机动车使用的燃油单价为5元/L，则该车型当月的燃油成本为

当月油耗＝85＋1 060－45＝1 100(L)

燃油成本＝1 100×5＝5 500(元)

(3) 轮胎费。运营车辆耗用的外胎、内胎、垫带的费用支出及轮胎翻新费按实际领用数和发生数计入当月成本。如一次领用轮胎较多时，可在一年内分月摊入各月运输成本。

【例 6-3】 资料如例6-1，载重量为5t的车领用轮胎若干，总成本计2 400元，按企业会计核算的要求，该轮胎费用在一年内分期摊销，则当月的轮胎费用为

轮胎费＝2 400÷12＝200(元)

(4) 修理费。运营车辆进行日常维修和修复旧件所发生的材料费、人工费用，在发生时直接计入修理当月的成本；车辆的大修费用，可采用按月预提或分摊的办法计入各月成本。

【例 6-4】 资料如例6-1，当月对载重量为5t的营运车辆进行日常养护，其间发生材料费用400元、修理人工费用500元；同时该月完成对该车型部分车辆的大修理，共发生修理费28 800元。

按相关制度的要求,该大修理费用在24个月内分期摊销;则当月该车型的修理费用为

$$修理费=400+500+28\ 800\div24=2\ 100(元)$$

(5) 车辆折旧费。企业一般采用行驶里程法或使用年限法计算并提取营运车辆的折旧费。计算公式如下:

$$单位里程折旧额=\frac{固定资产原始价值\times(1-预计净残值率)}{预计行驶公里数}$$

$$当年或当月应提折旧=单位里程折旧额\times当年或当月实际行驶公里数$$

【例 6-5】 资料如例 6-1,该企业载重量为5t的运输车辆的原始价值为40万元,预计净残值率为5%,预计总行驶公里数为200万km;当月实际行驶里程为12 000km,则该车型当月应计提的固定资产折旧为

$$单位里程折旧额=\frac{400\ 000\times(1-5\%)}{2\ 000\ 000}=0.19(元)$$

$$当月应提折旧=0.19\times12\ 000=2\ 280(元)$$

(6) 缴纳或支付的营运费用和保险费用。缴纳或支付的营运费用和保险费用是指企业为保证正常的营运活动而缴纳的养路费、运输管理费、税金和车辆保险费等支出。企业按年缴纳或支付的这些费用应在相关年度内分摊,若按月支付,则直接列入支付月份的成本。

【例 6-6】 资料如例 6-1,该企业以银行存款支付当月养路费500元、运输管理费300元,支付全年车船使用税600元、车辆保险费3 600元、市内路桥费2 400元。则应计入当月成本的各项费用为

$$各项费用=500+300+\frac{600+3\ 600+2\ 400}{12}=1\ 350(元)$$

(7) 事故损失费。因行车事故所发生的损失在扣除保险公司的赔偿和其他人的赔偿后,按损失净额计入当月运输成本。

【例 6-7】 资料如例 6-1,该车型在月内的某次运输中发生意外事故,货物损失及车辆修复支出共计28 000元;按保险条款的约定,保险公司同意赔偿16 000元。则当月应计入成本的事故损失费为

$$事故损失费=28\ 000-16\ 000=12\ 000(元)$$

(8) 其他营运费。营运车辆在营运过程中发生的不属于以上项目的行车杂费,应于发生时根据实际数计入运输成本。

2) 营运间接费用

企业在营运期间发生的各项间接费用,按其实际数额计入发生月份的成本。

企业各月汇总当月发生的各项直接费用和营运间接费用,即可计算该月运输业务的总成本和单位成本。

【例 6-8】 资料如例 6-1～例 6-7,若该企业载重量为5t的运输车辆当月实际作业量为35 643吨千米,若不考虑营运间接费用,其营运总成本和单位成本为

营运总成本＝人工费用＋燃料费＋轮胎费＋修理费＋折旧费
　　　　　＋营运和保险费用＋事故损失费等
　　　　　＝5 084.4＋5 500＋200＋2 100＋2 280＋1 350＋12 000
　　　　　＝28 514.4(元)

单位成本＝28 514.4÷35 643＝0.8(元/吨千米)

实际中，企业在进行运输成本的核算时，一般将运输成本简单地划分为固定成本和变动成本两个部分，固定成本，如修理费、养路费等按特定的计算方法或实际发生数计算，而变动成本部分则根据历史消耗水平，测算出单位吨千米成本，然后结合实际运输业务量(吨千米)计算其成本，如：

燃料成本＝每吨千米消耗燃油成本×实际运行吨千米数

人工工资＝每千米工资费用×实际行驶千米数

在计算出营运的实际固定成本和变动成本后，合并两个部分成本数据即可形成某一成本计算对象(本例中载重量为5t的运输车辆)当期的运营成本。若需要计算确定某一运输业务的成本，则可将其固定成本分摊计算到每天，变动成本部分按实际运输里程计算即可。

【例 6-9】 某企业的物流运输采用自营运输，其下属的运输公司经营活动中与成本有关的数据如下。

(1) 设备原始价值：长途运输牵引机的购买价格为每台 24 万元，挂车的购买价格为每台 12 万元。牵引机的折旧年限为 5 年，挂车的折旧年限为 8 年，按预计行驶公里计算的单位里程折旧额为 1.5 元。

(2) 燃料消耗：柴油价格 5 元/升，油料消耗 25 升/百千米，吨千米附加 1 升/百吨千米。

(3) 人工：为该车配备的专职驾驶员长途运输的工资费用为 0.4 元/千米。

(4) 保险：支付全年的交通事故责任强制保险 4 480 元，第三者责任险 5 400 元，车损险 2 600 元。

(5) 其他按月支付的费用有：养路费 4 500 元，大修费 1 080 元，轮胎费 780 元，保养费 1 200 元，车船使用税 18 元，印花税 14 元，营业税金及附加 845 元，土地使用税 32 元，运输管理费 800 元，防洪基金 50 元，其他支出 925 元。

(6) 本次运输从甲地至乙地，往返 600km，需 2 个工作日，一辆 20t 货车去时载货重 20t，回时顺路带货 4t。该次运输实际发生差旅费 80 元，行车补贴 0.05 元/千米，路桥费 520 元。

根据上述数据，对此次运输成本的计算过程如下。

第一部分　变动成本的计算

吨千米数：300×20＋300×4＝7 200(吨千米)

油料消耗：25×6＋1×72＝222(升)

① 燃料费：5×222＝1 110(元)

② 人工费：0.4×600＝240(元)

③ 差旅费：80 元

④ 行车补贴：0.05×600＝30(元)

⑤ 路桥费:520 元

小计:1 980 元

第二部分　固定成本的计算

① 折旧费:1.5×600=900(元)

② 养路费及运营费:4 500+800=5 300(元)

③ 轮胎费及保养费:780+1 200=1 980(元)

④ 大修费:1 080 元

⑤ 税费:18+14+845+32=909(元)

⑥ 防洪基金:50 元

⑦ 保险及其他:(4 480+5 400+2 600)÷12+924=1 964(元)

小计:12 183 元

除运输车辆的折旧外,其他费用每月按 30 天计算的每日固定成本为

(5 300+1 980+1 080+909+50+1 964)÷30=376.1(元)

本次运输发生的固定成本:376.1×2=752.2(元)

根据以上计算结果,整理列示如表 6-1 所示。

表 6-1　运输成本计算　　单位:元

变动成本项目	金　额	固定成本项目	金　额
燃料费	1 110	折旧费	900
人工费	240	养路费及运营费	5 300÷30×2=353.33
差旅费	80	轮胎费及保养费	1 980÷30×2=132
行车补贴	30	大修费	1 080÷30×2=72
路桥费	520	税费	909÷30×2=60.6
		防洪基金	50÷30×2=3.33
		保险及其他	1 964÷30×2=130.93
变动成本小计	1 980	固定成本小计	1 652.20
本次运输任务的总成本为:1 980+1 652.20=3 632.20			

对上述计算结果进行分析可知:单位固定成本与营运里程数呈反向变化,营运里程越多,单位固定成本就越低。这是因为总的固定成本是平均分摊到营运里程上的。因此,大多数的自有车队管理者在分析如何提高车辆利用率问题时,考虑的都是把固定成本分摊到更多的行驶里程数上。

变动成本随着运行里程数等增长而呈正向、同比例增长。运行里程越多,变动成本越高。车队的管理者应努力提高单位燃料行驶里程数,因为其潜在的节省费用相当可观。

三、运输实际费用的计算

以远洋运输成本计算为例。

（一）核算资料

某远洋运输公司，其甲货船第5航次航行于国外某航线，自6月开航至7月20日结束。甲船于6月末为未完航次，当时的“航次成本计算单”所列费用见表6-2。

甲船第5航次尚未结束，计未完成航次成本1 152 000元，由于该航次尚未结束，不分配营运间接费用。

表6-2　6月甲船航次成本计算单　单位：元

航次运行费用	燃料	港口费	货物费	航次其他费用	6月分配该船舶固定费用	6月分配该船舶集装箱固定费用
532 000	400 000	30 000	100 000	2 000	600 000	20 000

甲船于7月航次结束，当月甲船第5航次的运行费用以及7月船舶固定费用、集装箱固定费用、营运间接费用见表6-3。

表6-3　7月甲船航次成本计算单　单位：元

航次运行费用	燃料	港口费	货物费	航次其他费用	7月分配该船舶固定费用	7月分配该船舶集装箱固定费用
528 000	350 000	25 000	150 000	3 000	682 000	372 000

（二）核算过程

甲船7月船舶固定费用为682 000元，按航次营运天数分配，由该月第5航次和第6航次负担（第5航次为已完航次，第6航次为未完航次），其计算如下：

甲船7月每天船舶固定费用＝682 000元/31天＝22 000元/天

甲船第6航次负担固定费用＝22 000元/天×11天＝242 000元

该公司7月的集装箱固定费用为372 000元，按重箱标准箱天3 100箱天计算分配由甲船第5航次和第6航次负担（其中，第5航次使用集装箱2 000箱天；第6航次使用集装箱1 100箱天）。其计算如下：

每箱每天固定集装箱费用＝372 000元/3 100箱天＝120元/箱天

甲船第5航次7月使用集装箱应负担的费用＝120元/箱天×2 000箱天＝240 000元

甲船第6航次7月使用集装箱应负担的费用＝120元/箱天×1 100箱天＝132 000元

甲船第5航次已完成航次成本见表6-4。

表6-4　甲船第5航次已完成航次成本　单位：元

项目	航行费用	燃料	港口费	货物费	航次其他费用	分配船舶固定费用	分配船舶集装箱固定费用	甲船第5次直接费用合计
6月	532 000	400 000	30 000	100 000	2 000	600 000	20 000	1 684 000
7月	528 000	350 000	25 000	150 000	3 000	440 000	240 000	1 736 000
合计	1 060 000	750 000	55 000	250 000	5 000	1 040 000	260 000	3 420 000

该公司7月的营运间接费用共为10 000 000元,7月各船已完航次运行费用合计1 000 000元。营运间接费用按月份已完航次直接费用比例计算分配。其计算如下:

7月营运间接费用分配率=1 000 000/10 000 000×100%=10%

甲船第5航次应分配营运间接费用=3 420 000×10%=342 000(元)

甲船第5航次总成本=3 420 000+342 000=3 762 000(元)

设甲船第5航次完成运输周转量313 500千吨千米,则其单位成本可计算如下:

单位运输成本=3 762 000/313 500=12(元/每千吨千米)

根据上述结果,可按船名或航线编制"船舶已完航次成本汇总表"。

以上是从财务成本核算规定与要求的角度,介绍了海运企业财务成本的核算方法和成本报告的编制方法。在实际工作中,海运企业的成本核算除财务成本核算方法外,还有许多计算方法,这些方法没有统一的规定,完全是根据企业内部经营管理的需要计算的成本,因此可称为管理成本。

第三节 降低运输成本的途径

一、运输系统优化

1. 运输线路优化

企业一般不可能改变现有的公路网、铁路网以及航空、海运线路等,但可以对现有运输资源进行合理的运输线路优化。即在现有的运输网络线路中找到运输的最佳路线,减少迂回运输、对流运输、重复运输、空载运输、过远运输等不合理运输,尽可能缩短运输时间和运输距离,从而使运输成本降低。

2. 减少中转环节

在运输活动中还包括装卸、搬运、包装等环节,每经过一次中转,都会发生相应的成本费用支出。因此,在货物运输的规划中,尽量减少中转环节以降低运输成本。对有条件直运的,尽可能组织直达、直拨运输,使物资不进入中转仓库,越过不必要的环节,由产地直运销地或用户,减少二次运输。

3. 直达运输

直达运输是指越过商业、物资仓库环节或铁路交通中转环节,把货物从产地或起运地直接运到销地或客户,减少中间环节的一种运输方式。直达运输方式通常适用于某些体积大、笨重的生产资料运输,如矿石、钢材等。

在商业部门、一些消费品可依据货物的具体情况不同,越过不同的中间环节到批发商或零售商;对于出口货物也多采用直达运输方式,对出口商品实行由产地直达口岸的办法。

4. "四就"直拨运输

"四就"直拨运输是指企业在组织货物运输过程中,对当地生产或由外地调运的货物,不运进批发仓库,而是采取直拨的办法,把货物直接分拨给批发、零售商店或用户。"四就"即就厂直拨、就车站(码头)直拨、就库直拨、就车(船)过载。这种方式可以减少一道中间环节，在时间与费用方面收到双重的经济效益。

二、提高装载效率

提高装载效率，是组织合理运输、提高运输效率、降低运输成本的重要内容。它一方面可最大限度地利用车辆载重吨位；另一方面可充分使用车辆装载容积。其主要做法有以下几种。

1. 组织轻重配装

组织轻重配装即把实重货物和轻泡货物组装在一起，既可充分利用车船装载容积，又能达到装载重量，以提高运输工具的使用效率，降低运输成本。

2. 实行解体运输

对一些体大笨重、不易装卸又容易碰撞致损的货物，如自行车、缝纫机和科学仪器、机械等，可将其拆卸装车，分别包装，以缩小所占空间，并易于装卸和搬运，以提高运输装卸效率，降低运输成本。

3. 高效的堆码方法

根据车船的货位情况和不同货物的包装形状，采取各种有效的堆码方法，如多层装载、骑缝装载、紧密装载等，以提高运输效率。当然，推进物品包装的标准化，逐步实行单元化、托盘化，是提高车船装载技术的一个重要条件。

三、选择运输手段

1. 拼装整车运输

拼装整车运输是指企业在利用铁路进行货物运输时，将不同品种发往同一到站、同一收货人的零担托运货物，由企业自己组配，放在一个车皮内，以整车运输的方式托运到目的地；或把同一方向、不同到站的零担货物，集中组配在一个车皮内，运到一个适当的车站再中转分运。

因为铁路货运中的整车和零担两种托运方式的运价差别很大，采用拼装整车运输的方法，可以减少一部分运输费用。

2. 托盘化运输

托盘化运输是指利用托盘作为单元载货运输的一种方法，其关键在于全程托盘化，即一贯托盘化运输。所谓一贯托盘化就是把保管、发货、运输、进货、保管形成一条龙工序，以托盘为基本用具，不改变货物状态，始终一贯地用机械搬运装卸来处理货物。

一贯托盘化运输的好处是：使企业交易单位标准化、输送用具能有效地返回、减少装卸场地、用机械装卸解放重体力劳动、减少装卸中的货物损伤、缩短运输时间等。

3. 实施集装箱运输

安全、快捷、低价本身就是集装箱运输相对于传统运输方式的主要特点。采用集装箱方式运输的每吨货物的装卸费用下降是生产力发展的必然趋势，也是集装箱运输市场能得以迅速扩展的根本性理由。

集装箱运输也是单元化运输的一种形式，集装箱主要适用于大宗货物的长途运输。

四、选择运输方式

1. 选择合适的运输工具

通过对不同运输工具的运输成本的特征进行分析比较,可以为企业选择最经济、最合理的运输方式提供依据。运输工具的选择,一般要考虑两个基本因素:即运输速度问题和运输费用问题。从物流运输的功能来看,速度快是物品运输服务的基本要求。

但是,速度快的运输方式,其运输费用往往较高。同时,在考虑运输的经济性时,不能只从运输费用本身来判断,还要考虑因运输速度加快,缩短物品的备运时间,使物品的库存减少,从而减少物品的保管费以及加快企业资金的周转等因素。因此,运输方式或运输工具的选择,应该是在综合考虑上述各种因素后,寻求运输费用与保管费用及其他相关费用总和最低的运输方式或运输工具。

2. 多式联合运输

多式联合运输简称多式联运,是指充分利用铁路、汽车、船舶和飞机等各自的特点并把它们中的两种以上组合起来加以有效利用,完成门到门运输的方式。这种运输方式将汽车的机动灵活与铁路、水运的成本低廉以及飞机快速的特点组合起来,克服了地理、气候、物流设施的差异,通过优势互补,实现运输的效率化,成本低廉化,主要适用于中长距离、跨国、跨地区的联合运输。

3. 参加共同运输

参加共同运输计划通常意味着有一个货运代理、公共仓储或运输公司为在相同市场中的多个货主安排集运。提供共同运输的公司通常具有相同送货目的地的大批量和长期的送货约定。在这种安排下,集运公司通常为满足客户的需要而完成增值服务,诸如分类、排序、进口货物的单据处理等。

五、减少运输事故

运输事故的损失必将造成运输成本不必要的增加,尽可能预防和减小运输事故损失是十分必要的。

1. 加强日常防范

在运输管理中,要做好事故防范工作,加强驾驶员的安全教育,避免驾驶员违章操作,如疲劳驾驶、超速行驶等。还要做好运输工具的日常维护保养工作,定期检查、修理运输工具,确保运输工具各种性能处于良好状态。

2. 积极购买保险

运输事故风险是客观存在的,运输事故的发生将导致经济损失甚至是人员伤亡。购买保险是风险转移的最佳方式,运输保险的种类有陆上货物运输保险、水上货物运输保险、航空货物运输保险和特种货物运输保险等,一旦发生运输事故,可以得到保险公司的赔偿。

3. 做好理赔工作

发生运输事故造成经济损失或人身伤亡,可以要求保险公司赔款或者支付保险金,以减少运输事故经济损失。向保险公司理赔时注意做到以下几点。

(1) 事故发生后应及时通知保险公司或其代理人。

(2) 向保险公司提供必要的运输货物单据,如发票、提单、装箱单、修理单据等。

(3) 保持与保险公司的经常联系,及时了解保险公司对事故进行的审核与赔偿答复等具体情况。

复习思考

1. 简要分析运输的含义和功能。
2. 我国的运输方式有哪几种?各有何特点?
3. 什么是运输成本?由哪些部分构成?
4. 影响运输成本的因素有哪些?
5. 企业降低运输成本的具体措施有哪些?

实 训 题

某企业的物流运输采用自营运输,以每台车为单位分别核算运输成本。企业的1台载重量为10t的货车某月与成本有关的数据资料如下。

(1) 运输车辆:原始价值为20万元,预计净残值率为4%,预计总行驶里程为100万千米,当月实际行驶里程为8 000千米,企业按行驶里程法计提车辆折旧。

(2) 燃料消耗:油料消耗按18L/百千米计算,吨千米附加按1L/百吨千米计算,柴油价格5元/L。

(3) 人工:为该车配备的专职驾驶员工资费用率为0.3元/千米,福利费的计提比例为14%。

(4) 修理:该月完成对车辆的大修理,共发生修理费5 400元。按相关制度的要求,该大修理费用在1年内分月摊销。

(5) 保险:支付全年的交通事故责任强制保险4 480元,第三者责任险3 600元,车损险2 000元。

(6) 其他按月支付的费用有:养路费2 050元,大修费680元,轮胎费560元,保养费720元,车船使用税16元,印花税12元,营业税金及附加625元,土地使用税20元,运输管理费800元,防洪基金50元,其他支出2 800元。

(7) 当月完成运输任务共54 000吨千米,实际发生差旅费600元,支付路桥费6 300元,行车补贴按0.05元/千米计算。

请根据以上资料计算该车辆当月运输总成本及单位成本。

案例分析

沃尔玛运输成本降低学问

沃尔玛公司是世界上最大的商业零售企业,在物流运营过程中,尽可能地降低成本是其经营的哲学。

沃尔玛有时采用空运,有时采用船运,还有一些货物采用卡车公路运输。在中国,沃尔玛百分之百地采用公路运输,所以如何降低卡车运输成本,是沃尔玛物流管理面临的一个重要问题,为此他们主要采取了以下措施。

(1) 沃尔玛使用一种尽可能大的卡车,大约有16m加长的货柜,比集装箱运输卡车更长或更高。沃尔玛把卡车装得非常满,产品从车厢的底部一直装到最高,这样非常有助于节约成本。

(2) 沃尔玛的车辆都是自有的,司机也是他的员工。沃尔玛的车队大约有5 000名非司机员工,还有3 700多名司机,车队每周每一次运输可以达7 000～8 000km。

沃尔玛知道,卡车运输是比较危险的,有可能会出交通事故。因此,对于运输车队来说,保证安全是节约成本最重要的环节。沃尔玛的口号是"安全第一,礼貌第一",而不是"速度第一"。在运输过程中,卡车司机们都非常遵守交通规则。沃尔玛定期在公路上对运输车队进行调查,卡车上面都带有公司的号码,如果看到司机违章驾驶,调查人员就可以根据车上的号码报告,以便进行惩处。沃尔玛认为,卡车不出事故,就是节省公司的费用,就是最大限度地降低物流成本。由于狠抓了安全驾驶,运输车队已经创造了300万km无事故的纪录。

(3) 沃尔玛采用全球定位系统对车辆进行定位,因此在任何时候,调度中心都可以知道这些车辆在什么地方,距商店有多远,还需要多长时间才能运到商店,这种估算可以精确到小时。沃尔玛知道卡车在哪里,产品在哪里。就可以提高整个物流系统的效率,有助于降低成本。

(4) 沃尔玛的连锁商场的物流部门24h工作,无论白天或晚上,都能为卡车及时卸货。另外,沃尔玛的运输车队利用夜间进行从出发地到目的地的运输,从而做到了当日下午进行集货,夜间进行异地运输,翌日上午即可送货上门,保证在15～18h内完成整个运输过程,这是沃尔玛在速度上取得优势的重要措施。

(5) 沃尔玛的卡车把产品运到商场后,商场可以把它整个采卸下来,而不采用对每个产品逐个检查的方法,这样就可以节省很多时间和精力,加快了沃尔玛物流的循环过程,从而降低了成本。这里有一个非常重要的先决条件,就是沃尔玛的物流系统能够确保商场所得到的产品是与发货单完全一致的产品。

(6) 沃尔玛的运输成本比供货厂商自己运输产品要低,所以厂商也使用沃尔玛的卡车来运输货物,从而做到了把产品从工厂直接运送到商场,大大节省了产品流通过程中的仓储成本和转运成本。

沃尔玛的集中配送中心把上述措施有机地组合在一起,做出了一个最经济合理的安排,从而使沃尔玛的运输车队能以最低的成本高效率地运行。当然,这些措施的背后包含了许多艰辛和汗水,相信我国的本土企业也能从中得到启发,创造出沃尔玛式的奇迹。

资料来源:http://www.examw.com/wuliu/anli/191343/.

思考:沃尔玛在降低运输成本方面采取了哪些具体措施?

第七章

配送成本管理

◆ 学习目的与要求 ◆

➢ 掌握配送成本的含义、构成及其影响因素；

➢ 熟悉配送成本的核算，熟悉不合理配送的表现；

➢ 掌握配送成本优化的途径。

◆ 引导案例 ◆

精益仓配:传统鞋服高效运营的秘诀

2014 年，鞋服类电商的仓配面临巨大的转型升级挑战，打造快速响应的物流供应链体系成为鞋服类品牌的管理中心。行业数据显示，2013 年鞋服类线上销售额占到了电商销售总额的 35%左右。在 2014 年有必要对鞋服类物流供应链升级进行研究分析。以知名品牌大东鞋业为例，2013 年“双十一”，大东自有仓配 3 天完成了两万笔订单。2014 年 6 月 26 日，大东采用的第三方精益仓配 3h 完成了 6 万笔订单的处理。它是如何实现半年时间将订单处理能力提升 72 倍的?

一、大东鞋业 2013 年“双十一”仓配模式:3 天处理两万笔订单

2013 年“双十一”，大东采用的是传统的仓配模式:客户下单、订单处理、传统仓储系统指导作业、快递配送。其面临的主要问题如下。

1. 临时工影响物流中心作业效率

大促时期通常市场需求较大，原有的库存管理人员无法在同样时间内完成超负荷的订单处理。大东鞋业通常采用增加临时工的方式缓解订单处理压力。但是，临时工的订单处理效率仅为正式工的 60%左右，正式工会因为处理临时工遇到的问题，导致其订单处理效率降低为平时的 45%左右。

2. 订单预处理的操作问题

大促时期，预包装产品没有条码表示，无法提前完成部分产品的包装，因此在后续发货环节当中容易出现发货出错的问题。同时，由

于临时工的加入,整体拣货速度和准确率降低,会造成库存准确率降低。

3. 快递企业多次分拨问题

大东鞋业原有仓配"双十一"处理方式是订单处理出库后,由快递员根据常规作业进行揽件—汇集—汇集—分拨的操作。多次分拨和派送增加了货损货差概率,影响了客户体验。同时,大促期间,各大快递低级分拣中心货物堆积,派送延缓。

二、大东鞋业采用第三方精益仓配模式——3h 6万笔订单

大东鞋业为了更好地应对今年的线上销售发展情况,选择了国内首家全自动化电商仓储中联网仓作为合作伙伴。大东鞋业的订单成交系统与其订单处理中心链接,由中联网仓直接发货至快递分拣中心,快递分拣中心完成货物的直接分拨(见图7-1)。

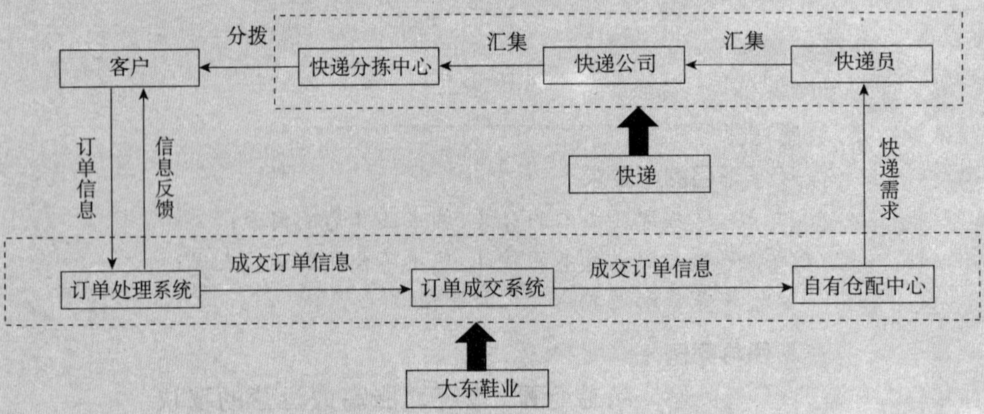

图7-1 精益仓配

完成效果:①速率:3h 6万笔订单,平均每小时2万笔订单;②库存准确率99.97%;③发货及时率、准确率分别为99.95%、99.95%;④综合成本降低15%。

其成果主要原因:①第三方仓配的专业性:专业的仓配管理技术+进口分拣设备+第三方仓配软件;②傻瓜式经营理念:降低人为操作环节,提高仓配准确率;③差异性服务:针对不同商家、商品操作特性、商家战略计划等情况制定有效的仓配方案,传统鞋服的发展借力于专业第三方仓配已逐步成为电商行业发展趋势;④规模化优势降低成本:相对于商家自建物流,第三方仓储有其规模化优势,快递费用会减少,同时因为其高自动化的仓配能力,应对类似"双十一"的这种大促会有优势,避免商家对临时工的投入。

资料来源:http://www.chinawuliu.com.cn/xsyj/201407/28/292135.shtml.

思考:大东鞋业如何实现仓配率的提升,从而降低物流成本?

第一节 配送成本概述

一、配送成本的含义

配送成本是配送过程中所支付的费用总和,是配送过程中所消耗的各种活劳动和物化劳动的货币表现。根据配送流程及配送环节，配送成本实际上是含配送运输费用、分拣费用、配装及流通加工费用等全过程。配送成本费用的核算是多环节的核算，是各个配送环节或活动的集成。配送各个环节的成本费用核算都具有各自的特点，如流通加工的费用核算与配送运输费用的核算具有明显的区别，其成本计算的对象及计算单位都不同。

配送是物流企业重要的作业环节，它是指在经济合理区域范围内，根据客户要求，对物品进行拣选、加工、包装、分割、组配等作业，并按时送达指定地点的物流活动。通过配送，物流活动的目的才得以最终实现，而且配送活动不仅能增加产品的价值，还有助于提高企业的竞争力。但完成配送活动是需要付出代价的，配送活动需要资本和劳动的投入，即需配送成本。

小贴士

配　送

配送是与市场经济相适应的一种先进物流方式，是物流企业按用户订单或配送协议进行配货，经过科学统筹规划，在指定的时间，将货物送达指定地点的一种供应方式。从整个物流系统来讲，配送几乎包括了所有的物流功能要素，是物流活动的一个缩影或在某小范围中物流全部活动的体现。

一般的配送集装卸搬运、包装、保管、运输于一体，通过一系列物流活动将货物送达目的地。特殊的配送则还要以流通加工活动为支撑，严格来讲，整个物流活动，没有配送环节就不能成为完整的物流活动。

二、配送成本的特征

1. 配送成本的隐蔽性

日本早稻田大学教授、物流成本研究的权威西泽修先生曾提出著名的“物流成本冰山”说，其含义是人们对物流费用的总体内容并不掌握，提起物流费用大家只看到露出水面的冰山一角，而隐藏在水里的冰山其他绝大部分却看不见，事实上“水中的冰山”才是物流费的主体部分。

就配送成本而言，一般通过“销售费用”“管理费用”可以看出部分配送费用情况，但这些所反映的费用仅仅是全部配送成本的一部分，即企业对外支付的配送费用，并且这一部分费用往往混同在其他有关费用中，而不是单独设立“配送费用”来进行独立核算。

2. 配送成本削减具有乘数效应

假定销售额 1 000 元，配送成本为 100 元。如果配送成本降低 10%，就可以得到 10 元的利润。假如这个企业的销售利润率为 2%，则创造 10 元的利润，需要增加 500 元的销售额，即降低 10%的配送成本所起的作用相当于销售额增加 50%。

3. 配送成本的“效益背反”

所谓效益背反，是指同一资源的两个方面处于互相矛盾的关系中，一个要素的优化会导致另一要素的损失。这种状态在配送活动中也是存在的。譬如，尽量减少库存据点以及库存,必然引起库存补充频繁,从而增加运输次数,同时,仓库的减少会导致配送距离变长,运输费用进一步增大。此时一个要素成本降低,另一个要素成本增加,产生成本效益背反状态。如果运输费的增加超过保管费的降低部分,总成本反而会增加,这样减少库存据点以及库存变得毫无意义,甚至会起到相反的作用。

三、配送成本的构成

配送成本有狭义与广义之分。广义的配送成本是指配送中心为了开展配送业务所发生的各种直接和间接费用。根据配送中心的配送流程及配送环节,广义的配送成本实际上包含配送运输费用、分拣费用、配装费用、仓储保管费用、包装费用、流通加工费用、装卸搬运费用等。可见广义的配送成本的构成是最复杂的,几乎涉及了物流成本的各个构成项目。因此在核算分析时,要根据企业的实际情况以及所选择的成本核算方法具体分析,要避免配送成本费用重复交叉,夸大或减小费用支出。

狭义的配送成本是指配送环节所特有的主要成本费用,包括配送运输费用、分拣费用、配装费用和流通加工费用,即

配送成本=配送运输成本+分拣成本+配装成本+流通加工成本

(一)配送运输成本

配送运输成本是指配送车辆在完成配送货物过程中发生的各种车辆费用和配送间接费用。

1. 运输车辆费用

运输车辆费用是指配送车辆从事配送生产所发生的各项费用,包括以下项目。

(1) 工资,是指支付给配送车辆司机及其助手的基本工资、附加工资及工资性津贴。

(2) 职工福利费,是指按规定的工资总数及规定比例计提的职工福利费。

(3) 燃料,是指配送车辆运行所耗用燃料,如汽油、柴油等费用。

(4) 轮胎,是指配送车辆耗用的外胎、内胎、垫带的费用支出以及轮胎的翻新费用和修补费。

(5) 修理费,是指配送车辆进行各级保养和修理所发生的工料费、修复旧件费用和行车耗用的机油费用。

(6) 大修费,是指配送车辆计提的大修理基金以及车辆大修竣工后调整的费用差异和车辆超、亏大修里程定额差异应调整增减的费用。

(7) 折旧费,是指配送车辆按规定计提的折旧费。

(8) 养路费,是指按规定向公路管理部门交纳的营运车辆养路费。

(9) 公路运输管理费,是指按规定向运输管理部门交纳的营运车辆管理费。

(10) 车船使用税费,是指企业按规定向税务部门交纳的营运车辆使用税。

(11) 行车事故损失,是指配送车辆在配送过程中,因行车肇事所发生的事故损失。

(12) 其他费用,是指不属于以上各项的车辆费用,防滑链条费、中途故障救济费、司机和助手的劳动保护用品费、由配送方负担的过路过桥费等。

2. 配送间接费用

配送间接费用是指配送运输管理部门为管理和组织配送运输生产所发生的各项管理费用和业务费用。包括:配送运输管理部门管理人员的工资及福利费;配送运输部门为组织运输生产活动所发生的管理费用及业务费用,如取暖费、水电费、办公费、差旅费、保险费等;配送运输部门管理人员使用固定资产的折旧费、修理费用;直接用于生产活动,构成营运成本但不能直接计入成本项目的其他费用。

上述车辆费用和配送间接费用构成了配送运输成本项目构成中所占比例很大,应进行重点管理。

(二) 分拣成本

分拣成本是指分拣机械及人工在完成货物分拣过程中所发生的各种费用。包括分拣的直接费用和间接费用两种。

1. 分拣直接费用

分拣直接费用如下。

(1) 工资,是指按规定支付给分拣作业工人的标准工资、奖金、津贴等。

(2) 职工福利费,是指按规定的工资总额和提取标准计提的职工福利费。

(3) 修理费,是指分拣机械进行保养和修理所发生的费用。

(4) 折旧费,是指分拣机械按规定计提的折旧费。

(5) 其他费用,是指不属于以上各项的费用。

2. 分拣间接费用

分拣间接费用是指配送分拣管理部门为管理和组织分拣生产,需要由分拣成本负担的各项管理费用和业务费用。

(三) 配装成本

配装成本是指在完成配装货物过程中所发生的各种费用,包括直接费用和间接费用两种。

1. 配装直接费用

配装直接费用如下。

(1) 工资,是指按规定支付的配装作业工人的标准工资、奖金、津贴。

(2) 职工福利费,是指按规定的工资总额和提取标准计提的职工福利费。

(3) 材料费,是指配装过程中消耗的各种材料,如包装纸、箱、塑料等。

(4) 辅助材料费,是指配装过程中耗用的辅助材料,如标志、标签等。

(5) 其他费用,是指不属于以上各项费用,如配装工人的劳保用品费等。

2. 配装间接费用

配装间接费用是指配装管理部门为管理和组织配装生产所发生的各项费用,由装配成本负担的各项管理费用和业务费用。

(四) 流通加工成本

流通加工成本主要有以下几类。

1. 直接材料费用

流通加工成本中的直接材料费用是指流通加工产品加工过程中直接消耗的材料、辅助材料、包装材料以及燃料和动力等。与工业企业相比，在流通加工过程的直接材料费用，占流通加工成本的比例不大。

2. 直接人工费用

流通加工成本中的直接人工费用是指直接进行加工生产的生产工人的工资总额和按工资水平总额提取的职工福利费，生产工人工资总额包括计时工资、计件工资、奖金、津贴和补贴、加班工资、非工作时间的工资等。

3. 制造费用

流通加工成本中的制造费用是物流中心设置的生产加工单位，为组织和管理生产加工所发生的各项间接费用，主要包括流通加工生产单位管理人员的工资及提取福利费，生产加工单位房屋、建筑物、机器设备等的折旧等修理费，生产单位固定资产租赁费、机物料消耗、低值易耗品摊销、取暖费、水电费、办公费、差旅费、保险费、检验费、季节性停工和机器设备修理期间的停工损失，以及其他制造费用。

广义的配送成本除了以上4个部分外，还包括储存保管费用、包装费用和装卸搬运费用。例如，某些规模较小的配送中心，其所有成本基本上都可以归集为配送成本。

四、影响配送成本的因素

1. 时间

配送作业的持续时间影响着配送作业对仓储设施设备的占用时间，影响设施的固定资产投入成本；配送业务决定了时间的长短，影响车辆配载效率，也影响配送线路的优化，直接影响配送成本的控制。

2. 距离

距离是构成配送运输成本的重要因素。距离越远，意味着运输成本越高，运输设备与员工配备成本越高。

3. 配送物的数量、重量

数量和重量增加会使配送作业量增大，总成本上升。但是大批量的配送作业也会使作业效率得到提高，单位产品配送成本下降，外包配送可能得到的价格优惠更多。

4. 货物种类及作业过程

不同的货物种类可能造成的配送作业过程不同，技术要求不同，承担的责任也不同。因而不同的货物种类对配送成本会产生较大的影响，如不同包装方式的物品，标准化程度或装卸活性指数不同直接影响配送作业成本。

5. 外部成本

配送作业时可能需要利用企业外的资源，如租用装卸搬运设施设备、不同地区的交通管制状况、基础设施完备情况，这些因素都会影响企业配送成本的大小。

配送成本费用的核算是多环节的核算，是各个配送环节或活动的集成，在实际核算时，涉及具体的配送活动，应当对相应的配送环节活动进行核算。配送各个环节的成本费用核算都具有各自的特点，应分别根据其特点采用不同的方法核算费用。

配送成本费用的计算由于涉及多个环节的成本计算，对每个环节应当计算各成本计算对象的总成本。总成本是指成本计算期内成本计算对象的成本总额，即各个成本项目金额之和。

第二节 配送成本核算

配送运输成本的核算是指将配送车辆在配送生产过程中所发生的费用，按照规定的配送对象和成本项目，计入配送对象的运输成本项目中的方法。需要指出的是，在进行配送成本费用核算时，要避免配送成本费用重复交叉，夸大或减小费用支出，会造成配送成本费用核算不真实，不利于配送成本费用的管理。不同企业的配送涉及的作业环节有所不同，本节以配送运输成本、分拣成本、配装成本和流通加工成本为重点介绍配送成本的核算方法。

一、配送运输成本的核算

（一）配送运输成本的计算方法

配送运输成本计算方法，是指配送运输车辆在生产过程所发生的费用，按照规定的成本计算对象和成本项目，计入配送运输成本的方法，其来源如下。

1. 工资及职工福利费

根据“工资分配汇总表”和“职工福利费计算表”中各车型分配的金额计入成本。

2. 燃料

根据“燃料发出凭证汇总表”中各车型耗用的燃料金额计入成本。配送车辆在本企业以外的油库加油，其领发数量不作为企业购入和发出处理的，应在发生时按照配送车辆领用数量和金额计入成本。

3. 轮胎

轮胎外胎采用一次摊销法的，根据“轮胎发出凭证汇总表”中各车型领用的金额计入成本；采用按行驶胎里程提取法的，根据“轮胎摊取费计算表”中各车型应负担的摊提额计入成本。发生轮胎翻新费时，根据付款凭证直接计入各车型成本或通过待摊费用分期摊销。内胎、垫带根据“材料发出凭证汇总表”中各车型成本领用金额计入成本。

4. 修理费

辅助生产部门对配送车辆进行保养和修理的费用，根据“辅助营运费用分配表”中分配各车型的金额计入成本。

5. 折旧

根据“固定资产折旧计算表”中按照车辆种类提取的折旧金额计入各分类成本。

6. 养路费及运输管理费

配送车辆应交纳的养路费和运输管理费，应在月终计算成本时，编制“配送营运车辆应交纳养路费及管理费计算表”，据此计入配送成本。

7. 车船使用税、行车事故损失和其他费用

如果是通过银行转账、应付票据、现金支付的,根据付款凭证等直接计入有关的车辆成本;如果是在企业仓库内领用的材料物资,根据"材料发出凭证汇总表""低值易耗品发出的凭证汇总表"中各车型领用的金额计入成本。

8. 营运间接费用

根据"营运间接费用分配表"计入有关配送车辆成本。

(二) 配送运输成本的计算表

物流配送企业月末应编制配送运输成本计算表,以反映配送总成本和单位成本。配送运输总成本是指成本计算期内成本计算对象的成本总额,即各个成本项目金额之和。

单位成本是指成本计算期内各成本计算对象完成单位周转量的成本额。按各成本计算对象计算的成本降低额,是指用该配送成本的上年度实际单位乘以本期实际周转量计算的总成本,减去本期实际总成本的差额。它是反映该配送运输成本由于成本降低所产生的节约金额的一项指标。

按各成本计算对象计算的成本降低率,是指该配送运输成本的降低额与上年度实际单位成本乘以本期实际周转量计算的总成本之比的百分比,它是反映该配送运输成本降低幅度的一项指标。

各成本计算对象的降低额和降低率的计算公式如下:

$$成本降低额=上年度实际单位成本\times本期实际周转量-本期实际总成本$$

$$成本降低率=\frac{成本降低额}{上年度实际单位成本\times本期实际周转量}\times100\%$$

配送运输成本计算表的格式见表7-1。

表7-1 配送运输成本计算

编制单位: 年 月

项目	计算依据	配送车合计	配送营运车辆		
			车辆 A	…	车辆 N
1. 车辆费用/元					
工资/元					
职工福利/元					
燃料/元					
轮胎/元					
修理费/元					
折旧/元					
养路费/元					
车船使用税/元					
行车事故损失/元					
其他/元					
2. 营运间接费用/元					

续表

项 目	计算依据	配送车合计	配送营运车辆		
			车辆 A	…	车辆 N
3. 配送运输总成本/元					
4. 周转量/千吨千米					
5. 单位成本/(元/千吨千米)					
6. 成本降低率/%					

二、分拣成本的核算

1. 分拣成本的计算方法

配送环节分拣成本的计算方法，是指分拣过程所发生的费用，按照规定的成本计算对象和成本项目，计入分拣成本的方法。

(1) 工资及职工福利。根据“工资分配汇总表”和“职工福利费计算表”中分配的金额计入分拣成本。

(2) 修理费。辅助生产部门对分拣机械进行保养和修理的费用，根据“辅助生产费用分配表”中分配的分拣成本金额计入成本。

(3) 折旧。根据“固定资产折旧计算表”中按照分拣机械提取的折旧金额计入成本。

(4) 其他。根据“低值易耗品发出凭证汇总表”中分拣成本领用的金额计入成本。

(5) 分拣间接费用。根据“配送管理费用分配表”计入分拣成本。

2. 分拣成本的计算表

物流配送企业月末应编制配送分拣成本计算表，以反映配送分拣总成本。分拣总成本是指成本计算期内成本计算对象的成本总额，即各个成本项目金额之和。分拣成本可按表 7-2 进行计算。

表 7-2 分拣成本计算

编制单位　　　　年　月　　　　单位:元

项 目	计算依据	合计	分拣品种		
			货物 A	…	货物 N
1. 分拣直接费用					
工资					
福利费					
修理费					
折旧					
其他					
2. 分拣间接费用					
分拣总成本					

三、配装成本的核算

(一) 配装成本的计算方法

配装成本的计算方法是指配装过程中所发生的费用,按照规定的成本计算对象和成本项目进行计算的方法。

1. 工资及福利费

根据"工资分配汇总表"和"职工福利费计算表"中分配的配装成本的金额计入成本。计入产品成本中的直接人工费用的数额,是根据当期"工资结算汇总表"和"职工福利费计算表"来确定的。

"工资结算汇总表"是进行工资结算和分配的原始依据。它是根据"工资结算单"按人员类别(工资用途)汇总编制的。"工资结算单"应当依据职工工作卡片、考勤记录、工作量记录等工资计算的原始记录编制。"职工福利费计算表"是依据"工资结算汇总表"确定的各类人员工资总额,按照规定的提取比例计算后编制的。

2. 材料费用

根据"材料发出凭证汇总表""领料单"及"领料登记表"等原始凭证,配装成本耗用的金额计入成本。在直接材料费用中,材料费用数额是根据全部领料凭证汇总编制"耗用材料汇总表"确定的;在归集直接材料费用时,凡能分清某一成本计算对象的费用,应单独列出,以便直接计入该配装对象的产品成本计算单中;属于几个配装成本对象共同耗用的直接材料费用,应当选择适当的方法,分配计入各配装成本计算对象的成本计算单中。

3. 辅助材料费用

根据"材料发出凭证表""领料单"中的金额计入成本。

4. 其他费用

根据"材料发出凭证汇总表""低值易耗品发出凭证"中配装成本领用的金额计入成本。

5. 配装间接费用

根据"配送间接费用分配表"计入配装成本。

(二) 配装成本的计算表

物流配送企业月末应编制配送环节配装成本计算表,以反映配装总成本。配装作业是本着的独特要求,只有进行有效的配装,才能提高送货水平,降低送货成本。表7-3为配装成本计算表。

表7-3 配装成本计算

编制单位 年 月 单位:元

项目	计算依据	合计	配装品种		
			货物 A	…	货物 N
1. 配装直接费用					
工资					
职工福利费					

续表

项　　目	计算依据	合　计	配装品种		
			货物 A	…	货物 N
材料费					
辅助材料费					
其他					
2. 分拣间接费用					
配装总成本					

四、流通加工成本的核算

（一）流通加工成本项目的归集

1. 直接材料费用的归集

在直接材料费用中，材料和燃料费用数额是根据全部领料凭证汇总编制“耗用材料汇总表”来确定的；外购动力费用根据有关凭证确定。在归集直接材料费用时，凡能分清某一成本计算对象的费用，应单独列出，以便直接计入该加工对象的产品成本计算中；属于几个加工成本对象共同耗用的直接材料费用，应当选择适当的方法，分配计入各加工成本计算对象的成本计算单中。

2. 直接人工费用的归集

计入产品成本中的直接人工费用的数额，是根据当期“工资结算汇总表”和“职工福利费计算表”来确定的。“工资结算汇总表”是进行工资结算和分配的原始依据。它根据“工资结算单”按人员类别（工资用途）汇总编制的。“工资结算单”应当依据职工工资卡片、考勤记录、工作量记录等工资计算的原始记录编制。“职工福利费计算表”是依据“工资结算汇总表”确定的各类人员工资总额，按规定的提取比例计算后编制的。

3. 制造费用的归集

制造费用是通过设置制造费用明细账，按照费用发生的地点来归集的。制造费用明细账按照加工生产单位开设，并按费用明细账项目设专栏组织核算。流通加工制造费用的格式可以参考工业企业的制作费用一般格式。由于流通加工环节的折旧费用、固定资产修理费用等占成本的比例比较大，其费用归集尤其重要。

（二）流通加工成本的计算表

物流配送企业月末应编制流通加工成本计算表，以反映配送总成本和单位成本。配送环节的流通加工成本是指成本计算期内成本计算对象的成本总额，即各个成本项目金额之和。表 7-4 为流通加工成本计算表。

表 7-4　流通加工成本计算

编制单位　　　　　　　　　　年　月　　　　　　　　　　单位：元

项　目	计算依据	合计	流通加工品种			
			货物 A	货物 B	货物 C	…
直接材料						
直接人工						

续表

项　目	计算依据	合计	流通加工品种			
			货物 A	货物 B	货物 C	…
制造费用						
合　计						

第三节　配送成本优化

一、不合理配送的表现

1. 配送资源筹措不合理

配送是通过集中筹措资源的规模效益来降低资源筹措成本,使配送资源筹措成本低于客户自己筹措资源的成本,从而取得优势。如果不是集中多个用户的需要进行批量资源筹措,而仅仅是为个别用户代购代筹,对用户来讲,不仅不能降低资源筹措费,相反却要向配送企业多支付一笔代购代筹费,因而是不合理的。

2. 库存决策不合理

配送应充分利用集中库存总量低于各用户分散库存总量,从而降低客户平均分摊的库存成本。如果库存决策不合理,库存量过大,库存成本就会增加;如果库存量过少,就会给客户造成缺货损失,影响配送中心的服务水平。

3. 配送价格不合理

一般配送的价格会低于客户自己进货的价格加上提货、运输、进货的成本总和,这样才会使客户有利可图。由于配送具有较高的服务水平,价格稍高,客户也是可以接受的,但这不是普遍的原则。如果配送价格普遍高于客户自己的进货价格,损伤了客户利益,就是一种不合理表现;价格制定过低,使配送企业处于无利或亏损的状态,也是不合理的。

4. 配送与直达决策不合理

一般的配送总是增加了环节,但是这个环节的增加,可降低用户平均库存水平,这不但抵销了增加环节的支出,而且能取得剩余效益。但是如果客户使用批量大,可以直接通过社会物流系统均衡批量进货,与通过配送中转送货可能更节约费用。所以,在这种情况下,不直接进货而通过配送,就属于不合理范畴。

5. 送货过程运输不合理

配送与客户自提相比,尤其是对于多个小客户来讲,可以集中配装一车送几家,这比一家一户自提大大节省运力和运费。如果不能利用这一优势,仍然是一户一送,车辆达不到满载,就属于不合理。此外,不合理运输的若干表现形式,在配送中都可能出现,使配送不合理。

6. 经营观念不合理

在配送实施中,许多属于经营观念不合理,使配送优势无从发挥,损坏了配送企业的形象,这是在准备开展配送时,尤其需要注意克服的不合理现象。例如,配送企业利用配送手段，向客户转嫁资金和库存困难，在库存过大时，强迫客户接货，以缓解自己的库存压力；在资金紧张时，长期占用客户资金；在资源紧张时，将客户委托资源挪作他用获利等。

上述几种不合理的配送形式都会使配送成本增加，会使配送企业丧失原有的领先优势，所以对配送成本控制要有系统的观点。

二、配送成本优化的途径

通过配送，才能最终使物流活动得以实现，而且通过配送，不仅可以增加产品的价值，还有助于提高企业的竞争力。对配送的管理就是在配送的目标即满足一定的顾客服务水平与配送成本之间寻求平衡。

优化配送的目的是提高配送效率，降低配送成本，把低成本、高效率、优质服务作为实施配送合理化的目标：在一定的配送成本下尽量提高顾客服务水平，或在一定的顾客服务水平下使配送成本最小。配送成本优化的途径主要有以下几点。

（一）优化配送业务

优化配送业务的方法主要有实行混合策略、差异化策略、合并策略、延迟策略以及标准化策略等策略。

1. 混合策略

混合策略是指配送业务一部分由企业自身完成。这种策略的基本思路是，尽管采用纯策略（配送活动要么全部由企业自身完成，要么完全外包给第三方物流完成）容易形成一定的规模经济，并使管理简化，但由于产品品种多变、规格不一、销量不等等情况，采用纯策略的配送方式超出一定程度不仅不能取得规模效益，反而会造成规模不经济。而采用混合策略，合理安排企业自身完成的配送和外包给第三方物流完成的配送，能使配送成本最低。

案例分析

一家家电厂商在H省的配送以前采用的是商流、物流一体化配送模式。产品销售部门要进行商品交易，还要负责配送活动，导致物流环节过多、手续复杂，无法快速响应市场需求。为此，企业决定把配送业务外包，将原来在H省的7个配送仓库全部撤销，只设一个配送中心，并由第三方公司负责配送。该企业在H省的物流外包前后库存成本的变化，如表7-5所示。

表7-5　两种配送模式下库存成本对比

项　　目	自营配送/元	外包配送/元	成本节约/元	节约比例/%
库存资金成本	58 581	19 477	39 104	66.75
仓储成本	20 721	24 545	−3 824	−18.45
管理成本	12 660	3 120	9 540	75.36
库存总成本	91 962	47 142	44 820	48.74

可见通过对配送业务实行外包，残品的库存成本降低了48.74%，接近一半。

2. 差异化策略

差异化策略的指导思想是:产品特征不同,顾客服务水平也不同。

当企业拥有多种产品线时,不能对所有产品都按同一标准的顾客服务水平来配送,而应按产品的特点、销售水平来设置不同的库存、不同的运输方式以及不同的储存地点,忽视产品的差异性会增加不必要的配送成本。

案例分析

某生产化学品添加剂的公司,为降低成本,按各种产品的销售量比重进行了分类:A类产品的销售量占总销售量的70%以上,B类产品占20%左右,C类产品则为10%左右。

对A类产品,公司在各销售网点都备有库存,B类产品只在地区分销中心备有库存而在各销售网点不备有库存,C类产品连地区分销中心都不设库存,仅在工厂的仓库才有存货。经过一段时间的运行,事实证明这种方法是成功的,企业总的配送成本下降了20%之多。

3. 合并策略

合并策略包含两个层次:一个是配送方法上的合并;另一个则是共同配送。

(1) 配送方法上的合并。

企业在安排车辆完成配送任务时,充分利用车辆的容积和载重量,做到满载满装,是降低成本的重要途径。如今产品品种繁多,不仅包装形态、储运性能不一,在密度方面,也往往相差甚远。一辆车上如果只装密度大的货物,往往是达到了载重量,但容积空余很多;车上只装密度小的货物则相反,看起来车装得满,实际上并未达到车辆载重量。

这两种情况实际上都造成了浪费。实行合理的轻重配装、容积大小不同的货物搭配装车,就可以不但在载重方面达到满载,而且也可充分利用车辆的有效容积,取得最优效果。最好是借助计算机计算货物配车的最优解。

(2) 共同配送是一种配送设施上的共享,也称集中协作配送。

共同配送是几个企业联合起来集小量为大量,共同利用同一配送设施的配送方式,其标准运作形式是:在中心机构的统一指挥和调度下,各配送主体以经营活动(或以资产)为纽带联合行动,在较大的地域内协调运作,共同对某一个或某几个客户提供系列化的配送服务。这种配送有两种情况:第一种是中小生产、零售企业之间分工合作实行共同配送,即同一行业或在同一地区的中小型生产、零售企业单独进行配送的运输量少、效率低的情况下进行联合配送,不仅可减少企业的配送费用,配送能力得到互补,而且有利于缓和城市交通拥挤,提高配送车辆的利用率。第二种是几个中小型配送中心之间的联合,针对某一地区的用户,由于各配送中心所配物资数量少、车辆利用率低等原因,几个配送中心将用户所需物资集中起来,共同配送。

案例分析

没有共同配送就没有全程冷链

根据统计,中国约80%的肉类、70%的水产品、大量的牛奶和豆制品还未实现冷链物流全程保障。一个普遍现象是:生鲜物流"两头冷、中间断",从厂门到店门这段"中间"的冷链物流过程亟待规范。造成这一现状的重要原因之一，是缺乏冷链共同配送体系的支撑。

共同配送是经过长期的发展和探索优化出的一种追求合理化的配送形式，也是欧美、日本等一些国家及地区采用较为广泛、影响较大的一种先进的物流方式，对提高物流运作效率、降低物流成本具有重要意义。

共同配送是物流业的大主题，而冷链物流是大主题下技术含量最高的一个专题。目前，城市共同配送最大的难点是“最后一公里”，而和“最后一公里”关系最密切的恰恰是冷链物流行业。据调查，京城的蔬菜从新发地批发市场到社区零售店的“最后一公里”物流成本，约为从山东寿光运到北京新发地批发市场费用的4倍。尤其是近年来电子商务和食品宅配的蓬勃发展，农产品冷链“最后一公里”问题更加凸显。而多年来的事实已经证明，由于冷链物流的低温特点，单个企业独建冷链物流中心，投资成本高，回收期较长，要实现多方位、门到门的冷链配送服务是不经济的。结合我国冷链发展情况，必须整合社会冷链资源，走联合经营之路，对提高物流运作效率、降低物流成本具有重要意义。

我国冷链物流业要想在新的历史时期攀上新台阶，占有更大的市场份额，必须进一步转型升级。而打造冷链物流升级版的关键和要害，除了走共同配送的道路外别无选择，因为共同配送带来经营成本的降低和经济效益将会大大优于其他物流业态。共同配送将成为我国冷链物流行业的必由之路，没有共同配送就没有全程冷链物流。

资料来源：http://www.chinawuliu.com.cn/zixun/201601/19/308902.shtml.

4. 延迟策略

传统的配送计划安排中，大多数的库存是按照对未来市场需求的预测量设置的，这样就存在着预测风险，当预测量与实际需求量不符时，就出现库存过多或过少的情况，这样就增加配送成本。

延迟策略的基本思想就是对产品的外观、形状及其生产、组装、配送应尽可能推迟到接到顾客订单后再确定。一旦接到订单就要快速反应，因此采用延迟策略的一个基本前提是信息传递要非常快。

实施延迟策略常采用两种方式：生产延迟（或称形成延迟）和物流延迟（或称时间延迟），而配送中往往存在着加工活动，所以实施配送延迟策略既可采用形成延迟方式，也可采用时间延迟方式。具体操作时，常常发生在诸如贴标签（形成延迟）、包装（形成延迟）、装配（形成延迟）和发送（时间延迟）等问题。

案例分析

阿迪达斯公司在美国有一家超级市场，设立了组合式鞋店，摆着的不是做好了的鞋，而是做鞋用的半成品，款式多样，有6种鞋跟、8种鞋底，均为塑料制造的，鞋面的颜色以黑、白为主，搭带颜色有80种，款式有百余种，顾客进来可任意挑选自己所喜欢的各个部位，交给职员当场进行组合。只要10分钟，一双崭新的鞋便唾手可得。

这家鞋店昼夜营业，职员技术熟练，鞋子的售价与成批制造的价格差不多，有的还稍便宜些。所以顾客络绎不绝，销售额比邻近的鞋店多10倍。

5. 标准化策略

标准化策略就是尽量减少因品种多变而导致的附加配送成本，尽可能多地采用标准零部件、模块化产品。采用标准化策略要求厂家从产品设计开始就要站在消费者的立场去考虑怎样节省配送成本。而不要等到产品定型生产出来了才考虑采用什么技巧降低配送成本。

不管采用何种策略,都要充分地考虑各种因素,以期达到最低的配送成本、满意度较高的配送服务的目的。

(二)优化配送作业效率

优化配送作业提高作业效率是整个配送中心是否能够高效率、低成本运转的关键。优化配送作业的目的是提高配送效率,降低配送成本,加快流通速度,尽量减少资金占用,把低成本、高效率、优质服务作为目标。

1. 入货、发货时商品检验效率化

对于配送而言,流通的速度是一个非常关键的检验标准,也是配送成本控制的一个主要方面。如何科学地对入货、发货商品进行检验是提高配送作业效率的关键环节之一。

根据配送中心的规模和发展趋势,应该积极采用现代技术来提高入货、发货时商品检验的效率,例如自动识别技术、条形码(分为商品条形码和物流条形码)等。

特别是近年来,条形码的广泛普及以及便携式识别终端性能的提高。物流作业效率得到大幅提高。即在客户订货信息的基础上,在进货商品上要求贴附条形码,商品进入中心时用扫描仪读取条形码检验商品;或在企业发货信息的基础上,在检验发货商品时同时加贴条形码,这样企业的仓库保管以及发货业务都在条形码管理的基础上进行。

随着零售企业的不断崛起,不少大型零售企业都在建立自己的配送中心,由自己的配送中心将商品直接运送到本企业的各支店或店铺。采用这种配送形态的企业,一般都在商品上贴附含有配送对象店铺名称的条形码,从而在保证商品检验作业合理化的同时,实现企业配送作业的效率化。

2. 保管、装卸作业效率化

装卸作业是配送中出现频率较高的一项作业活动,装卸作业的效率的高低直接影响到配送整体效率。由于装卸对劳动力的需求量大,需要使用相关装卸设备,现代配送中心都极力导入自动化作业,在实现作业快速化的同时,削减作业人员,降低人力费。当然,机械化程度要与货物作业量相适应,否则也会造成成本的增加。

保管、装卸作业的效率化不但应该体现在速度上,还应该体现在作业质量上。如何合理地设置商品存放位置、对于不同商品如何合理安排出库顺序等都关系到商品在配送中心的质量控制,以及装卸作业中对商品的损伤等,都直接影响到配送的成本。要用最恰当的保管、装卸作业方式,力求减少作业次数,合理配制及使用装卸设备,做到节能、省力、减少损失、降低成本,提高保管、装卸作业,以获得较好的经济效益。

3. 备货作业效率化

充足的商品储备是提高配送中心供给实力的一个有效手段,但同时也是资金积压的一个重要方面,希望用最少的资金得到最理想的存货水平是所有配送中心成本优化的目标之一。因此在备货过程中的订货、商品运送、库存水平等的控制就成为配送中心成本管理的一个关键。

配送中心中最难实行自动化的是备货作业,由于业种不同、商品的形状不同,备货作

业的自动化有难有易，但即使容易实行备货自动化的商品或产业，也需要大量的资金投入，因此，当中心内商品处理量不多时，投资难以收回。

但是，各企业都在极力通过利用构筑高效的备货自动化系统来节省人力资源。例如，很多先进的企业即使使用人力，也都纷纷采用数码技术提高备货作业的效率。

4. 分拣作业的效率化

分拣作业是配送中心的一个重要而且繁重的工作，这一程序安排是否得当，流程是否科学，将在很大程度上决定配送作业的质量，影响配送成本。如何合理地提高这一过程的机械化作业程度、减少作业差错率是十分必要的。

尤其是面对零售业多品种、少批量的订货，配送中心的分拣量大大增加。与此同时，对配送服务和质量的要求也越来越高，致使一些大型连锁商业公司把拣货和分拣视为大难题。随着感测技术（激光扫描）、条形码及计算机控制技术等的使用，自动分拣已经广泛地用于配送中心。

小贴士

拣货系统自动化

近年来，连锁超市和便利店的发展势头很猛，对物流作业的“拆零”需求越来越强烈，拣货、拆零作业的劳动力已占整个配送中心劳力的80%；订货商品的多品种、小批量化，使得配货作业人手不足的矛盾非常突出。如何提高这个物流环节的作业效率，已成为配送中心机械化、自动化的研究重点。目前，医药行业、化妆品制造行业已广泛使用全自动拣选系统（如日本资生堂、花王、大木等株式会社）；而流通领域，特别是连锁超市、便利店的配送中心都广泛使用电子标签拣货系统。

只要把客户的订单输入操作台上的计算机后，存放各种商品的货架上的货位指示灯和品种显示器，会立刻显示出拣选商品在货架上的具体位置（即货格）及所需数量，作业人员便可从货架里取出商品，放入批发输送带上的周转箱，然后揿动按钮，货位指示灯和品种显示器熄灭，配齐订单商品的周转箱由输送带送入自动分拣系统。

电子标签拣货系统自动引导拣货员进行拣选作业。任何人不需特别训练，即能立即上岗作业，从而大大提高了商品处理速度，减轻了作业强度，而且使差错率大幅度下降。

资料来源：http://www.i-power.com.cn/ipower/erp/scm/scm010305001.htm.

（三）优化配送信息系统

配送成本管理手段之一就是借助于信息系统、导入自动化仪器来构筑信息系统，力求做到配送中心内作业的信息化，顺畅的信息化能够节省人力资源，简化配送作业，最终降低配送成本。

一方面要有战略远见舍得投入；另一方面要开发其功能，充分发挥它的作用。配送信息系统最主要的功能就是客户资料的录入，并按客户的要求进行资料预处理，生成所需要的各种单据，如订车单、装车单等，迅速、准确地传递到相关部门，此外还可为客户提供货物当前状态的查询、订单查询、结算单查询等服务。

借助于现代信息系统的构筑，一方面，使各种配送作业或业务处理能准确、迅速地进行；另一方面，能由此建立配送经营战略系统。具体地讲，通过将企业订购的意向、数量、价值等信息在网络上进行传输，从而使生产、流通全过程的企业或部门分享由此带来的利益，充分对应可能发生的各种需求，进而调整不同企业间的经营行为和计划，这无疑在整体上实现了控制配送成本的可能性。也就是说，现代信息系统的构筑为彻底实现配送成本的降低，而不是向其他企业或部门转嫁成本奠定了基础。

优化配送中心的信息系统不仅对配送活动具有支持保障的功能，而且具有连接整个供应链和使整个供应链活动效率化的功能。建立配送中心信息系统，提供迅速、准确、及时、全面的配送信息是配送中心提升运营效率、提高服务水平、降低成本、获得连续正常运作的关键一环。

案例分析

福建交通物流交易平台上线 物流配货时间缩短成本更低

福建省交通物流交易平台于2015年6月29日正式上线，并与省交通物流公共信息平台成功对接。通过这两个平台，福建省商贸企业和运输企业可实时连线，今后货车配货平均时间将从72h缩短至7h，同时物流成本将降低40%。这也意味着，对于市民来说，收到货物的时间将更快，而货品的价格也将更便宜。

目前福建省约有12万家交通物流运输企业，其中不少是中小微企业，过去，这些企业只能被动地等待货主，而由于信息没有对接，商贸企业往往很难顺利找到货运企业，配货时间需要72h。通过交易平台，运输企业可以清楚知道商贸企业的配送需求，而商贸企业也能了解哪里有运输车辆，配货平均时间将缩短至7h。

除了时间外，由于可以迅速配货，运力资源有效利用，企业的物流成本将减少40%，同时货物库存量也将减少，那么，商贸企业的经营成本将降低，对普通市民而言，购物成本也将减少。

据悉，由于大型货车不能在市区内行驶，很多大型物流园都建立在较偏远地区，不提供市区配送，市民需自行取件。比如，市民要购买大件产品(重量较重)回福州，又希望节约邮费，如果选择普通快递公司，费用较高，商家通常会选择物流企业进行运输，如今有了交通物流交易平台，商家通过物流企业将产品运输到物流园后，还可以通过平台快速选择其他企业在市内运输(如城市"货的")，实现门对门服务，市民不需要再自行取件。

资料来源：http://www.chinawuliu.com.cn/zixun/201506/30/302771.shtml.

(四)优化配送成本管理目标

对于配送中心经营的总目标，从表面上看，可能是以更高的服务质量、更低的成本来完成各个顾客的配送任务。但这只是管理上的目标，还需要从更深层次去分析，即从财务的角度去分析，并且导入目标成本管理，建立目标成本管理体系。设定一些具体指标，如成本、现金流量、净投资回报率、库存、净利润等分目标来进行具体的控制。

实现这些目标时，要以总目标"经济效益"为基准。降低库存成本、流通加工成本和运输成本，通常是用牺牲对顾客的服务水平和提高供应商的库存成本运输成本为代价的，可能会出现配送中心的成本、费用在减少，商品的周转率、资金周转率在加快，但与此同时供应商所提供的商品的价格在上升，来自客户的埋怨越来越多。

因此，配送中心在运营中，应在成本和服务之间进行权衡，在设计目标成本时，尽量使目标成本和服务共同迈上一个台阶。

另外，现金流量对正常运营起着关键性的作用，在条件允许的情况下，配送中心要加快资金周转率，同时保持充足的现金流量，这样更有利于配送中心在竞争中降低成本，获得竞争优势。

目标管理的重点应该放在控制影响成本降低的瓶颈因素。因为在很多时候，配送中心在许多方面的运营都是良好的，但往往由于某一环节的制约作用而影响整个配送中心甚至整个供应链的成本。

例如，配送中心的分拣速度慢，这一瓶颈将导致配送中心的车辆闲置，司机、押运人员闲置，顾客由于等待而造成缺货成本等。如果深入分析，就会发现只要将发货单上的商品按货位号打印就能使分拣速度加快。

目标管理要求配送中心的运营以总目标为准绳，对各个分目标进行有效的整合，同时结合各个时期的不同指导方针，对某些目标有所侧重。善于发现瓶颈因素，将更有利于分目标的实现，很多时候瓶颈的消除，会使总目标轻而易举地实现。

（五）优化配送成本核算方法

不同的客户对配送服务的需求不同，企业提供给不同客户的服务成本也不同，当然，不同客户带来的例如也是不同的。通常企业利润中有相当大的比例来源于少数客户，即所谓的“二八原则”：80% 的利润来源于 20% 的客户，而 80% 的服务成本集中在 20%的客户身上。

企业在向一特定客户提供配送服务时会发生很多与该客户相联系的成本，如装卸费、运输费等。企业应该注意比较客户服务的成本和收益，提供不同的服务组合。而传统成本计算法不将每个客户作为成本对象来计算与其相关的成本，就不利于对特定客户服务的获利情况进行分析。

面对日益激烈的市场竞争，企业也要改变经营战略，优化配送成本核算方法建立作业成本核算体系也是必须考虑的。应该由原来的以产品为核心转向以市场为核心。这就要求企业以满足客户的需求为导向，一切围绕客户开展。

小贴士

客户成本核算法，就是以客户作为成本对象进行成本计算，能分析出企业向特定客户服务的获利能力。客户成本计算完毕后，再将所有与客户相关的收入和成本进行比较。这种分析能使管理人员了解各客户对企业盈利水平的影响，有助于企业选择合适的客户类型，优化配送成本的组合。

（六）优化配送中心管理模式

随着企业规模的扩大，企业应把配送中心作为一个责任中心来对待，并考虑划分出若干责任区域指派配送经理进行管理。在财务控制上，根据分部经理的职权不同，把责任中心分为成本中心、收入中心、利润中心和投资中心四种。

(1) 成本中心：其经理人员仅对成本负责的责任中心。

(2) 收入中心：其经理人员仅对收入负责的责任中心。

(3) 利润中心：其经理人员要对成本和收入同时负责的责任中心。

(4) 投资中心:其经理人员不仅要对成本和收入负责,同时还要对投资负责。

为了指导各责任中心管理者,并评估其经营业绩和该中心的经营成果,实施责任中心管理的关键是制定一个业绩计量标准,包括制定决策规则、标准和奖励制度。利用这个标准,公司可以表达希望各中心应该如何做,并对它们的业绩进行判断和评价。但同时要注意加强监控避免过度浪费,避免配送中心总成本的增加。

知识拓展

江西开展省级城市配送试点 降低物流"最后一公里"成本

江西省商务厅2016年2月17日发布消息,该省将开展国家物流标准化、智慧物流配送、电子商务与物流协同发展试点和省级城市配送试点,降低"最后一公里"成本。

据介绍,此次试点重点在快速消费品、药品、生鲜食品、家电等方面开展城市共同配送,并采用商业连锁统一配送,综合物流园(大型批发市场)、分拨配送中心、社区末端网点等配送模式,通过搭建城市配送公共信息平台、规范城市配送车辆、建设智能配送中心和末端配送网点,构建城市配送体系,积极发展城乡一体化配送。

在即时配送方面,该省推广"网订店取""智能取货柜"等社区末端配送模式,推动电子商务与物流协同发展,加快快递物流园区、包裹分拣中心、末端配送网点等电子商务物流体系建设,实现当天下单,次日配送,逐步实现即时配送,提高配送效率。

江西是农业大省,在果蔬、肉类、水产品产地及大型农产品批发市场,该省将通过改造、扩建和新建冷链配送中心,扩大库容,发展多温带冷库,配备冷藏车辆,完善冷链销售终端设施等方式,提高冷链配送效率。

为规范城市配送车辆,江西省商务厅会同省交通运输厅、省公安厅出台《江西省城市配送车辆及通行管理指导意见》,指导城市配送车辆使用统一车型、统一标识,并规范城市配送车辆的通行时间、区域、停靠及公共装卸点等。

据了解,2016年,预计江西省社会物流费用占GDP比重比上一年降低0.5~1个百分点。全省50个物流产业集群实现主营收入900亿元,占全省总量的70%以上。全省新增A级物流企业30家,总数突破100家。

资料来源:http://finance.ifeng.com/a/20160217/14220546_0.shtml.

复习思考

1. 简述配送成本的构成。
2. 影响配送成本的因素有哪些?
3. 如何进行配送成本的核算?
4. 不合理配送的表现有哪些?
5. 简述如何优化配送成本。

实训题

访问一家配送中心，调查了解其配送成本的组成及核算方法，并分析其优化配送成本的措施及存在的问题。

案例分析

荷兰 TPG 公司的快运模式

荷兰 TPG 公司是一家提供邮件、快运和物流服务的全球性公司。在 1997 年，荷兰邮政集团公司 KPN 兼并了澳大利亚 TNT 集团公司后，KPN 公司将其皇家 PTT 邮政与原 TNT 公司合并组建 TPG 公司。TPG 是 TNT Post Group 的英文缩写，于 1998 年 6 月挂牌上市。它是世界上最大的国际商务邮件服务商，也是唯一在欧洲各主要城市拥有网络的快件服务商。TPG 公司使用"皇家 PTT 邮政"和"TNT"两个品牌(TNT 快运、TNT 物流)，目前业务范围覆盖 200 个国家，并在 58 个国家设有分支机构。2000 年，TPG 公司的营业总收入为 99.36 亿欧元，净利润为 5.26 亿欧元，分别比上年增长 16.4%和 25.5%。TPG 公司现有员工总数约 13 万人。TPG 公司的主要业务是邮件、快运、物流，这三项业务收入占营业总收入的比例分别为 36.9%、41.3%和 21.8%。

TPG 公司以 TNT 快运为品牌，2000 年快运营收为 41.45 亿欧元，比 1999 年增长了 17.2%。TNT 快运拥有 17 200 辆车辆、36 架飞机、808 个枢纽站和卫星集散站，全年共运送货物 19 293.7 万件，总重量为 320.5 万 t。TNT 快运服务网络覆盖面很广，按照服务功能和区域不同分为欧洲空运网络、欧洲路运网络、亚洲网络、商用网络、国内网络五个部分。货运量的 65%靠路运，25%靠空运，10%靠商业航班。

TNT 快运实行统一销售、集中分级分拣、统一运输的运输组织形式，特别是集中分级分拣，将不同的货运站进行功能设置，有些大型货运站完全服务于粗拣后站与站间的运输，通过这种接力式的分拣、运输，强化了集团公司间的合作，也提高了分拣和运输的整体效率。这种在集团公司内部进行专业化分工的组织形式非常有利于提高整个网络的运输效率，降低营运成本。统一销售、统一调度、统一分拣、统一运输、信息共享，是今后快件运输发展的趋势，也是货物运输集团企业专业化、规模化、网络化的运作模式。

客户服务中心统一负责整个快运业务的销售、售后服务以及财务结算等，实行统一业务受理、标准化服务、程序化管理、对外一站式的运作模式。TNT 快运共有五个客户服务中心，其中四个负责国际快运业务，一个负责国内快运业务。根据客户的需要，客户服务中心提供不同的服务。小型客户业务量小，要求方便，公司专门为小型客户设立了每天 24h 的免费电话。对大型客户，则有固定人员定期联系。所有的业务受理电话由 TNT 快运付费。

集散站分为主集散站(main depot)和卫星集散站(satellite depot)。卫星集散站对货物进行粗拣，按流向运到相应的主集散站，在主集散站进行集中分拣。重量小于 30kg 的货物由货物到达地的主集散站运到卫星集散站配送；大于 31kg 的货物由主集散站直接配送。主集散站负责快运货物的分流向的分拣(粗拣),卫星集散站负责快运货物的定向分拣(细拣),但卫星集散站在进行货物收集(托运)业务时是粗略分拣,承担货物配送时是细拣。通过主集散站和卫星集散站的分级分拣,合理分工,加快了快运货物的分拣速度,便于货物按流向集中运输,降低了运输费用。

TNT 快运目前主要提供以下五种门到门的服务:当日快件、早 9 点快件、午时 12 点快件、全球午后 17 点快件、经济快件等。这五项服务均为标准化服务,服务的内容及要求都按照严格的标准及相关程序进行。另外,TNT 快运还提供多种价值附加服务,如技术速递、夜间速递、保险速递等。多样化的服务能够满足不同层次、不同要求顾客的需要,多样化的服务使得快运网络更加稠密,通达不同的角落,促进了企业快运业务的增长。

资料来源:http://www.wangxiao.cn/wl/49014901718.html.

思考:

1. 请分析 TNT 快运的运作模式。
2. 分析 TNT 快运的运作模式在降低物流配送成本方面的优势。

第八章 仓储和库存持有成本管理

◆ 学习目的与要求 ◆

➢ 熟悉仓储成本的含义、构成和核算项目；
➢ 熟悉库存持有成本的含义、构成及其影响因素；
➢ 掌握降低仓储成本的途径；
➢ 掌握仓储成本管理的经济核算方法和经济效益指标。

◆ 引导案例 ◆

一位代理商的仓储成本账单

一袋重庆产的"牛浪汉"牛肉干，经过长途运输到达北京北五环外的一个仓库。这个仓库有 600m^2，是"牛浪汉"产品在北京的 5 家总代理之一许可夫以每天 360 元的价格租下的，一年的租金在 13 万元以上。

这几年北京的仓库租金逐年看涨，北五环的仓库租金与 2008 年相比，涨幅达 30%。仓库房租越来越贵，也越来越难找。有很多经销商在更远的地方找仓库。尽管北五环这个 600m^2 的仓库已经明显不够用，许可夫还是不愿放弃，因为现在的油费实在是太贵了，他们跑不起。

"如果仓库从五环搬到六环以外，假如距离增加 20km，往返就是 40km。我们一台运输车百公里耗油 18L，每一次运输都要增加 40km，按照这个百分比的油耗就能算出增加的费用。"许可夫算了这么一笔账，以每天出 5 辆车计算，如果仓库从五环移到六环，仅仅是来回跑路，一天就得增加近 300 元的运输成本。一年就得增加 10 万元。

作为总代理，他们的盈利情况一般，一袋 60g 牛肉干，出厂价是 4.2 元，他是以 4.5 元的价格再卖给二级代理商或者卖场，一袋牛肉干挣 3 角。而现实情况却是，有些卖场为了减少自己的存货负担，要求供应商每天减少送货数量,频繁送货,这很大程度增加了供应商的成本。“送到超市的门店,运输一次,往返100元,他要10箱,我们得花100元,他要100箱,我们也要花100元的运输费,两者的运输费差距不是很大,然而运输成本会相差10倍。”

资料来源:编辑部.一位代理商的仓储成本账单.商界·评论,2011(7).

思考:

1. 如何权衡运输成本和仓储成本的关系?
2. 仓储成本管理应从哪些方面入手?

从本案例可以看出,企业经常需要在仓储成本和运输成本、配送成本之间系统分析,考虑到底采用什么样的仓储方式和选择什么样的仓储地点,以尽可能地获得总成本最低。本章研究的就是仓储成本和管理的相关内容。

第一节 仓储成本概述

一、仓储成本的含义

我国国家标准《物流术语》对仓储的解释是:“利用仓库及相关设施设备保护、管理、储存物品的一系列活动。”仓储在物流系统中起着缓冲、调节和平衡的作用,是物流系统的功能要素之一。仓储的目的是克服产品在生产与需求之间的时间差异,使物资发挥时间上的效果。

仓储成本是指在保护、管理、储存物品的相关物流活动中所发生的各种费用。仓储成本管理的任务是用最低的费用在合适的时间和合适的地点取得适当数量的存货。在企业的物流总成本中,仓储成本是一个重要组成部分。对各种仓储成本的合理控制能增加企业的利润,反之就会增加物流总成本,冲减企业利润。

二、仓储成本的构成

(一) 仓储设施使用成本

按照仓储空间的取得方式不同,仓储设施使用成本可分为自有仓库使用成本、租赁仓库使用成本、公共仓库使用成本。

1. 自有仓库使用成本

自有仓库属于企业的固定资产,企业可以长期使用,并且多次参加企业的经营过程不改变其实物形态,它的价值随着固定资产的使用逐步、分次地转移到成本中,并最终从企业收入中得到补偿。因此,自有仓库使用成本就是企业自有仓库的折旧,在仓储成本中属于固定成本。

2. 租赁仓库使用成本

租赁仓库通常只提供存储货物的空间,很少或根本不提供其他物流服务。企业通过支付租金获得仓储设施设备的使用权,然后在仓库中自行开展仓储作业活动。

租赁仓库使用成本就是企业支付的仓库租金，通常根据企业在一定时期内租用仓库的空间大小计算。租赁仓库合同一般期限较长，租赁仓库合同一旦订立，企业无论是否使用仓库，都需支付租金。在租赁期内，租金不会随企业库存水平的变化而变化，因此租赁仓库的租金费用也属于固定成本。

3. 公共仓库使用成本

企业利用公共仓库通常是与公共仓库订立短期合同，根据使用的仓储空间、时间长短及提供的物流服务支付费用。公共仓库使用成本为一定时期支付给公共仓库的保管费和服务费，属于委托物流费，一般随库存数量的变化而变化，因此，这一费用在仓储成本中属于变动成本。

（二）仓储作业成本

企业利用自有仓库和租赁仓库时，还会发生仓储作业成本，按作业内容可分为：出入库作业成本、验货作业成本、场所管理作业成本、日常养护与管理作业成本、备货作业成本、装卸搬运作业成本、流通加工作业成本等。

1. 出入库作业

出入库作业包括根据入出库清单或客户订单，对入出库物品进行登记，制作相应的单据并进行部门间的信息传递，以及为入库物品贴附便于仓储管理的条形码等。

2. 验货作业

验货作业包括根据入出库清单或客户订单，对即将入出仓库的物品进行数量、种类和规格的核对及物品质量方面的检验。

3. 场所管理作业

仓库内的场所管理有两种形式：一种是固定型管理，即利用信息系统将货架进行分类、编号、贴附货架代码，事先确定各货架内存放的物品；另一种是自由型管理，即所有物品按顺序摆放在空的货架上，不事先确定各类物品专用的货架。

一般而言，固定型管理适用于非季节性物品，而自由型管理由于周转较快，入出库频繁，适用于季节性或流行性变化较快的物品。

4. 日常养护与管理作业

为保证物品的完好，减少物品的损耗，企业应对在库的物品进行日常养护，并预防盗窃、灾害等事件的发生。

5. 备货作业

备货作业是指在接受订货指令、发出货票的同时，备货员按照发货清单在仓库内寻找、提取所需物品的作业。备货作业的进行方式有全面分拣、批处理分拣、分区分拣、分拨分拣四种。

6. 装卸搬运作业

装卸是指将物品以人力或机械装入运输工具等设施设备或从运输工具等设施设备卸下的作业；搬运是指在小范围内将物品进行位置移动的作业。

装卸搬运是在仓储活动转换联结的桥梁，它贯穿于整个仓储活动的始终。

7. 流通加工作业

流通加工作业是在物品从生产领域向消费领域流动过程中，为了促进销售，维护产品质量和提高物流效率而对物品进行的简单加工，包括对物品进行包装、分割、计量、组装、贴附标签等简单作业。

三、仓储成本核算

（一）仓储成本核算的目的

仓储成本是客观存在的，但是在对仓储成本的计算内容和范围没有一个统一的计算标准之前，不同的企业有不同的计算方法，企业之间千差万别，这给仓储成本计算和仓储成本管理带来很大的困难。随着仓储成本管理重要性的提高，企业出现统一物流计算标准的要求。从企业经营的总体上看，仓储成本计算获得的数据，主要满足四个方面的需要。

(1) 为各个层次的经营管理者提供物流所需的成本资料。

(2) 为编制物流预算以及预算控制所需的成本资料。

(3) 为制订物流计划提供所需的成本资料。

(4) 提供价格计算所需的成本资料。

仓储成本处理计算可按其各分类进行，同时也可通过对不同期间成本的比较，对实际发生费用与预算标准的比较，并结合仓储周转数量和仓储服务水平，对仓储成本进行分析比较。

（二）仓储成本核算的内容

仓储成本是因为储存或持有存货而产生的，是由投入仓储保管活动中的各种要素的费用构成的，它与所持有的平均库存量大致成正向关系。而仓储成本在物资仓储过程中又表现为具体的费用。

1. 固定资产折旧和租赁费

独立经营的仓库以自己拥有所有权的仓库和设备对外承接仓储业务，附属仓库一般都进行相对独立的核算。两类仓库都需要按年提取折旧进入当期仓储成本。固定资产主要指建筑物、堆场、道路、运输工具、仓储机械设备等高值投资，这些投资在仓库建设时一次性投入，通过逐年折旧方式收回。固定资产折旧年限一般为5～20年。

企业仓储与设施不足时，可以向社会租赁仓库及设备设施。对外承租的固定资产每年需要交纳租赁费，例如仓储企业所使用的铁路线和码头不属于仓储企业，则应按协议规定来支付这些设施的租赁费用。固定资产折旧和租赁费是仓储企业的固定成本，与仓储业务量呈反比关系，即仓储业务量增加时，单位平均固定成本减少；当仓储业务量减少时，单位平均固定成本增加。

2. 设备维修费

设备维修费主要是指用于大型设备设施的定期大修理费用。每年的大修理基金从仓储经营收入中提取，提取额度为设备投资额的3%～5%，专项用于设备大修理费用。大修理费属于仓储固定成本。

3. 工资和福利费

工资和福利费是指发给仓储企业内各类人员的工资、奖金和各种补贴，以及由企业缴纳的住房公积、医疗保险、养老保险等费用。福利费可按实发工资的一定标准计算提取。

计提的工资和福利费都要进入当期的仓储成本。其中仓储管理人员的工资和福利费列入管理费用,属于固定成本;一般人员的工资和福利费是直接人工费,属于变动成本。

4. 仓储保管费

仓储保管费包括:①仓储生产经营耗用的能源费、水费;②仓库的货架货柜、装卸搬运生产使用的工具等低值工具的耗费;③绑扎、衬垫、苫盖、包装等材料的耗费;④进出仓短途搬运装卸费、盘点倒垛费、加工费、重型机械使用费等耗费;⑤因保管不善等原因造成的物品残损费。

因仓储保管发生的费用较多,多数属于与仓库业务量有关的变动成本或固定成本,有的属于两者皆有的混合成本。这时应配合相应的数学模型进行分解,使其归类到两种不同的成本类型中,以利于分析、计算。

5. 管理费用、财务费用和营销费用

管理费用是仓储企业为组织和管理仓储经营业务所发生的费用,包括行政办公费、公司经费、工会经费、职工教育费、排污费、绿化费、信息咨询费、审计费、土地使用费、业务费、劳保费以及坏账准备等。附属仓储企业分摊的管理费包括仓储设备的保险费、公司分摊到仓储企业的管理费,仓储部门管理人员的工资福利费和办公费、人员培训费、水电费等。

财务费用主要是指仓储企业使用投资基金所要承担的利息,即资本成本。当资金为借款时,直接支付利息。如果使用自有资金也应当对资金支付利息,让利息进入经营成本。

营销费用包括企业宣传、业务广告、仓储促销、交易费用等仓储经营业务活动的费用支出。

以上三种费用在财务会计核算中均为期间费用,在仓储成本分析中都属于固定成本。

6. 保险费

保险费是仓储企业对于意外事故或者自然灾害造成存储物损坏所要承担赔偿责任进行保险所支付的费用。保险费一般是根据风险评估或承担的程度直接加以征收。

风险的评估或承担的风险取决于存储物和存储设施这两方面的性质。例如,存储物丢失或损坏的风险高以及易燃的危害性存储物将会导致相对较高的保险费用。保险费用还受到存储设施内的预防措施的影响,例如保安摄像机和自动喷水灭火系统等。一般来说,如果没有专门约定,仓储物资的财产险由客户承担,仓储保管人仅承担责任险投保。

7. 税费

许多国家将存储物列入应税财产,高水平库存导致了高税费的开支。税率和评估方法通常随地点而不同。在一般情况下,税金是根据一年内某个特定日子的存储物水平或某一段时间内的平均存储物水平征收的。有些地方对存储物税金不做任何评估,按存储物价值的百分比来确定税金。由仓储企业承担的税费也可看作费用支出。包括仓储营业税或企业所得税在仓储中的分摊以及仓库场地的房地产税。

(三)仓储成本核算的方法

一般来说,仓储成本的核算可以采用支付形态、仓储作业项目和适用对象三种方法。

1. 按支付形态计算仓储成本

把仓储成本分别按照仓储搬运费、仓储保管费、材料费、人工费、仓储管理费、仓储占用资金利息等支付形态分类,以人数、面积、台数等参数作为成本动因进行分配,就可以计算付出仓储成本的总额。

案例分析

某物流公司2015年12月的按支付形态划分的仓储成本核算见表8-1。

表8-1 某物流公司按支付形态计算的仓储成本

项目	管理等费用/元①	计算基础/%②	仓储成本/元③	备注
1. 仓库租赁费	50 040	100	50 040	金额
2. 材料消耗费	15 092	100	15 092	金额
3. 工资津贴费	315 668	30	94 700.4	人数比率
4. 燃料动力费	6 322	52	3 287.44	面积比率
5. 保险费	5 124	52	2 664.48	面积比率
6. 修缮维护费	9 798	52	5 094.96	面积比率
7. 仓储搬运费	14 057	52	7 309.64	面积比率
8. 仓储保管费	19 902	52	10 349.04	面积比率
9. 仓储管理费	9 638	43	4 144.34	仓储费比率
10. 易耗品费	10 658	43	4 582.94	仓储费比率
11. 资金占用利息	11 930	43	5 129.9	仓储费比率
12. 税金等	16 553	43	7 117.79	仓储费比率
合计	484 782		209 512.93	仓储费占费用总额比率

注:③=①×②。

核算基准的计算公式如下:

$$人数比率=\frac{物流工作人员数}{全公司人数}\times 100\%=\frac{21}{70}\times 100\%=30\%$$

$$面积比率=\frac{物流设施面积}{全公司的面积}\times 100\%=\frac{1\,600}{3\,077}\times 100\%=52\%$$

$$仓储费用比率=\frac{1\sim 8项的仓储费之和}{1\sim 8项的管理等费用之和}\times 100\%$$

$$=\frac{50\,040+15\,092+94\,700.4+3\,287.44+2\,664.48+5\,094.96+7\,309.64+10\,349.04}{50\,040+15\,092+315\,668+6\,322+5\,124+9\,798+14\,057+19\,902}\times 100\%$$

$$=43\%$$

2. 按仓储作业项目计算仓储成本

按支付形态进行仓储成本分析,虽然可以得出总额,但是不能充分说明仓储的重要性。若要了解仓储的实际形态,了解在那些功能环节上有浪费,降低仓储成本,就应按仓储作业项目核算仓储成本。

与按支付形态进行的仓储成本计算相比，这种方法更能找出阻碍仓储实施合理化的问题，而且可以核算出标准仓储成本，以方便确定合理化的目标，如表8-2所示。

表8-2 某物流公司2015年12月的仓储成本核算 单位：元

项 目	管理等费用	项 目				
		仓储租赁费	仓储保管费	仓储管理费	材料消耗费	搬运费等
1. 仓库租赁费	50 040	50 040	—	—	—	—
2. 材料消耗费	15 092	4 037	6 202	2 445	2 408	—
3. 工资津贴费	315 667	1 652	219 015	45 000	—	50 000
4. 燃料动力费	6 322	1 350	—	3 622	1 350	—
5. 保险费	5 174	2 567	2 582	25	—	—
6. 修缮维护费	9 798	3 704	—	2 390	3 704	—
7. 仓储搬运费	14 056	—	—	—	3 558	10 498
8. 仓储保管费	19 902	—	19 902	—	—	—
9. 仓储管理费	9 640	1 496	1 496	1 496	5 152	—
10. 易耗品费	10 658	—	—	—	10 658	—
11. 资金占用利息	11 930	5 022	6 908	—	—	—
12. 税金等	8 574	1 666	6 908	—	—	—
合 计	476 853	71 534	263 013	54 978	26 830	60 498
物流成本构成	100%	15.00%	55.15%	11.53%	5.63%	12.69%

3. 按适用对象计算仓储成本

以各项作业为对象计算出来的仓储成本，还可以再按适用对象核算仓储成本。即分别按商品、地区、客户等的不同而计算成本，由此可以分析不同的对象对仓储成本的影响。也就是以商品类别、商品件数、仓储面积、出入库次数等成本动因，对作业成本分配到商品、地区、客户等对象。

四、降低仓储成本的途径

（一）采用"先进先出"方式，减少仓储物的保管风险

"先进先出"是储存管理的准则之一，它能保证每个被储物的储存期不致过长，减少仓储物的保管风险。有效的先进先出方式如下。

1. 贯通式（重力式）货架系统

利用货架的每层形成贯通的通道，从一端存入物品，另一端取出物品，物品在通道中自行按先后顺序排队，不会出现越位等现象。贯通式（重力式）货架系统能非常有效地保证先进先出。

2. “双仓法”储存

给每种被储存的货物都准备两个仓位或货位，轮换进行存取，再配以必须在一个货位中出清后才可以补充的规定，则可以保证实现“先进先出”。

3. 计算机存取系统

采用计算机管理，在存货时向计算机输入时间记录，编入一个简单的按时间顺序输出的程序，取货时计算机就能按时间给予指示，以保证“先进先出”。这种计算机存取系统还能将“先进先出”保证不做超长时间的储存和快进快出结合起来，即在保证一定先进先出的前提下，将周转快的物资随机存放在便于存储之处，以加快周转，减少劳动消耗。

（二）提高储存密度，提高仓容利用率

这样做的主要目的是减少储存设施的投资，提高单位存储面积的利用率，以降低成本、减少土地占用。具体有下列三种方法。

(1) 采取高垛的方法，增加储存的高度。具体方法有采用高层货架仓库、集装箱等都可比一般堆存方法大大增加储存高度。

(2) 缩小库内通道宽度以增加储存有效面积。具体方法有采用窄巷道式通道，配以轨道式装卸车辆，以减少车辆运行宽度要求，采用侧叉车、推拉式叉车，以减少叉车转弯所需的宽度。

(3) 减少库内通道数量以增加有效储存面积。具体方法有采用密集型货架，采用不依靠通道可进车的可卸式货架，采用各种贯通式货架，采用不依靠通道的桥式起重机装卸技术等。

（三）采用有效的储存定位系统，提高仓储作业效率

储存定位的含义是被储存物位置的确定。如果定位系统有效，能大大节约寻找、存放、取出的时间，节约不少物化劳动及活劳动，而且能防止差错，便于清点及实行订货点等管理方式。储存定位系统可采取先进的计算机管理，也可采取一般人工管理。行之有效的方式如下。

1. “四号定位”方式

“四号定位”是用一组四位数字来确定存取位置的固定货位方法，是我国手工管理中采用的科学方法。这四个号码是：库号、架号、层号、位号。这就使每一个货位都有一个组号，在物资入库时，按规划要求，对物资编号，记录在账卡上，提货时按四位数字的指示，很容易将货物拣选出来。这种定位方式可对仓库存货区事先做出规划，并能很快地存取货物，有利于提高速度，减少差错。

2. 电子计算机定位系统

电子计算机定位系统是利用电子计算机储存容量大、检索迅速的优势，在入库时，将存放货位输入计算机。出库时向计算机发出指令，并按计算机的指示人工或自动寻址，找到存放货，拣选取货的方式。一般采取自由货位方式，计算机指示入库货物存放在就近易于存取之处，或根据入库货物的存放时间和特点，指示合适的货位，取货时也可就近就便。这种方式可以充分利用每一个货位，而不需要专位待货，有利于提高仓库的储存能力，当吞吐量相同时，可比一般仓库减少建筑面积。

（四）采用有效的监测清点方式，提高仓储作业的准确程度

对储存物资数量和质量的监测有利于掌握仓储的基本情况，也有利于科学控制库存。在实际工作中稍有差错，就会使账物不符，所以，必须及时且准确地掌握实际储存情况，经常与账卡核对，确保仓储物资的完好无损，这是人工管理或计算机管理必不可少的。此外，经常的监测也是掌握被存物资数量状况的重要工作。监测清点的有效方式如下。

1. “五五化”堆码

“五五化”堆码是我国手工管理中采用的一种科学方法。储存物堆垛时，以“五”为基本计数单位，堆成总量为“五”的倍数的垛形，如梅花五、重叠五等。堆码后，有经验者可过目成数，大大加快了人工点数的速度，而且很少出现差错。

2. 光电识别系统

在货位上设置光电识别装置，通过该装置对被存物的条形码或其他识别装置（如芯片等）扫描，并将准确数目自动显示出来。这种方式不需人工清点就能准确掌握库存的实有数量。

3. 电子计算机监控系统

用电子计算机指示存取，可以避免人工存取容易出现差错的弊端，如果在储存物上采用条形码技术，使识别计数和计算机联结，每次存、取一件物品时，识别装置自动将条形码识别并将其输入计算机，计算机会自动做出存取记录。这样只需向计算机查询，就可了解所存物品的准确情况，因而无须再建立一套对仓储物实有数的监测系统，减少查货、清点工作。

（五）加速周转，提高单位仓容产出

储存现代化的重要课题是将静态储存变为动态储存，周转速度快，会带来一系列的好处：资金周转快、资本效益高、货损货差小、仓库吞吐能力增加、成本下降等。具体做法诸如采用单元集装存储，建立快速分拣系统，都有利于实现快进快出，大进大出。

（六）采取多种经营，盘活资产

仓储设施和设备的巨大投入，只有在充分利用的情况下才能获得收益，如果不能投入使用或者只是低效率使用，只会造成成本的加大。仓储企业应及时决策，采取出租、借用、出售等多种经营方式盘活这些资产，提高资产设备的利用率。

（七）加强劳动管理

工资是仓储成本的重要组成部分，劳动力的合理使用，是控制人员工资的基本原则。我国是具有劳动力优势的国家，工资较低，较多使用劳动力是合理的选择。但是对劳动进行有效管理，避免人浮于事、出工不出力或者效率低下也是成本管理的重要方面。

（八）降低经营管理成本

经营管理成本是企业经营活动和管理活动的费用和成本支出，包括管理费、业务费、交易成本等。加强该类成本管理，减少不必要支出，也能实现成本降低。当然，经营管理成本费用的支出时常不能产生直接的收益和回报，也不能完全取消，但是加强管理是很有必要的。

第二节 仓储成本管理

一、仓储成本管理中经济核算的内容

仓储活动的经济核算是对仓储经营活动的物化劳动消耗与经营成果进行核算。通过核算和对比分析,力求以较少的经营开支,取得较大的经济效益。核算的内容包括如下几个方面。

(一) 仓储经营成果的核算

仓库的基本职能是保管货物。在同等条件下,如果保管的货物越多,保管质量越好,劳动消耗与财产耗费就越少,经营成果也就越大。

(二) 仓储劳动消耗的核算

仓储劳动消耗包括活劳动消耗和物化劳动消耗。活劳动消耗是核算工资、奖金等支出的依据,活劳动消耗的考核目标是提高劳动生产率。物化劳动消耗是核算仓储经营中物质资料的消耗,包括固定资产的折旧,货物在保管、养护、包装和进出库装卸等过程中所使用的材料、能源及家具、管理费用等的消耗。

仓储劳动消耗是以仓储成本来核算的,因此仓储成本核算是仓储活动经济核算的一项重要的内容。仓储成本在核算时,一般以吨保管成本为核算单位,为此必须按照财务制度的规定正确处理生产费用的分摊和折旧的计算及成本的划分范围。

(三) 资金的核算

为了使仓储业务正常运转,企业需要备有一定的流动资金,用于支付日常的易耗材料的添置,例如仓库需要有一定数量的货物苫垫、养护、包装、劳保等材料。除此之外,设施和设备使用的折旧期较长,在折旧费全部返回之前,投入的资金也被占用。因此,企业在经营过程中,始终存在被占用的资金。资金核算就是要在完成同样的业务量并保证仓储质量的情况下,使企业被占用的资金最少。

进行资金核算,首先应确定当前固定资产的价值和与生产经营相适应的流动资金的需要量。为了提高固定资产投资资金利用率,对于基建投资应按规定及时组织验收并尽快投入使用;对于设备应根据需要进行购置,购进的设备应尽快调试,并投入运行。

在国外,为了提高固定资产投资资金的利用率,往往采用加速折旧的方法。对于企业流动资金的核定,应根据仓储业务量最低需要的日常流动资金额确定。当然,最低需要的数额与仓储企业的管理水平有密切的关系,随着管理水平的提高,企业能逐步找到最佳的日常使用材料的储备数量,这一数量同时也保证资金占用较低。

(四) 盈利核算

企业的生存是靠盈利,因此企业经营所追求的目标是获取最大利润,以来进行扩大再生产,并提高职工的待遇,国家也将从盈利中增加税收。在非垄断的市场经济中,企业获利并不能靠提高仓储价格来实现,这样会失去市场;而应该主要靠改进仓储服务来提高仓储质量，并通过可以信赖的宣传媒体，使用户了解企业。

当然，根据市场的需求情况，制定出合理的仓储价格也是非常重要的。为了了解企业的盈利情况，必须对一些盈利指标进行考核，例如考核企业的成本盈利率、资金盈利率和仓储收入盈利率等。

二、仓储工作的经济核算指标

仓储活动经济核算指标应该包括价值方面的指标、质量方面的指标、费用方面的指标及效益方面的指标等。

（一）商品存储量指标

表明商品存储量的指标有仓库单位面积货物储存量，具体的计算公式为

$$仓储单位面积货物储存量=\frac{核定存储量(\mathrm{t})}{仓库有效面积(\mathrm{m}^2)}$$

核定存储量可以通过实测统计确定，仓库有效面积指仓库建筑面积扣除办公、通道等不能用于存储物的面积后的仓库存货面积。

（二）商品存储质量指标

表明商品存储质量的指标有以下几个。

1. 账物相符率

账物相符率是指仓库账册上的货物存储量与实际仓库中保存的货物数量之间的相符合程度，一般在对仓储货物盘点时，逐笔与账面数字核对，统计时所用公式为

$$账物相符率(\%)=\frac{账务相符笔数}{库存货物总笔数}\times 100\%$$

账货相符率指标反映仓库的管理水平，是避免企业财产损失的重要手段。

2. 收发货差错率

$$收发货差错率(\%)=\frac{收发货差错累计数}{收发货总笔数}\times 100\%$$

收发货差错率是仓储管理的质量指标，用于衡量收发货的准确性，保证仓储的服务质量。仓库收发差错率一般应控制在0.05%左右。

3. 货物保管损失

货物保管损失是一项直接损失，一般以吨保管损失费用计，其计算公式为

$$货物保管损失(元/\mathrm{t})=\frac{保管损失金额(元)}{平均储存量(\mathrm{t})}$$

（三）仓储费用指标

1. 平均储存费用

平均储存费用是指保管每吨货物一个月平均的费用开支。保管费是指前所述的仓储成本中的各项费用的总和。平均储存费用是仓库经济核算的主要经济指标之一。

它可以综合地反映仓库的经济成果、劳动生产率、技术设备利用率、材料和燃烧节约情况等，同时也反映了企业的管理水平。

2. 成本指标

成本指标是指标体系中的一项经济指标,反映劳动生产率的高低,技术设备的利用率,材料、燃料的消耗及仓储管理水平的高低等。为有效地控制成本开支,必须明确保管费用的开支项目和范围,对于那些日常性的消耗品开支可以采用包干使用的方法。

仓库的保管费用应包括:生产性费用(如装卸、搬运和堆码的劳务费,库场建筑、设备的折旧和修理费,小型机具、苫垫材料等低值消耗品分摊费,燃料、电力等能耗费),管理性费用(如经营管理人员的劳务费用、安全管理费用、办公费用等),以及一些代理业务的必要开支,保管成本的计算方法为

$$\text{保管成本} = \frac{\text{当月保管费用(元)}}{\text{当月平均货物储存量(t)}}$$

(四) 劳动效率指标

1. 平均收发货时间

平均收发货时间是指仓库收发一票货所用平均时间,这是一项提高仓储劳动效率、改进服务质量的指标。一般仓库的收发货时间控制在一个工作日之内,而对于大批量、难以验收的收发货业务可适当延长时间。

收、发货时间的界定为,收货时间自单证和货物到齐开始计算,经验收入库,至将入库单交保管会计登账为止;发货时间自仓库接到发货单开始,经备货、包装、填单,直至办妥出库手续止。

2. 人平均劳动生产率

人平均劳动生产率即职工的平均劳动工作量。反映了物料仓储及进出库数量与劳动力消耗比值。仓库劳动生产率可分为保管员劳动生产率、装卸工人劳动生产率及全员劳动生产率。人均劳动生产率的计算方法为

$$\text{人平均劳动生产率} = \frac{\text{保管(装卸)货物数量}}{\text{保管(装卸)人员数}}$$

(五) 资金使用指标

表明资金使用的指标是资金利用率,是指仓库企业所得净利润与全部资金占用之比,反映了仓库资金使用效果。计算公式为

$$\text{资金利用率} = \frac{\text{利润总额}}{\text{固定资产平均占有} + \text{流动资金平均占有}}$$

(六) 利润指标

仓储企业的利润指标主要有以下六个。

1. 利润总额

利润总额是经济核算的重要指标,反映了企业利润的实现情况,是企业经济效益的综合指标。

$$\text{利润总额} = \text{报告期仓储总收入额} - \text{周期仓储总支出额}$$

或

$$\text{利润总额} = \text{仓库营业收入} - \text{储存成本和费用} - \text{税金} + \text{其他业务利润} + \text{营业外收支净额}$$

2. 收入利润率

收入利润率是仓储企业实现利润与实现的收入之比。计算公式为

$$收入利润率=\frac{利润总额}{仓储营业收入}\times 100\%$$

3. 人均实现利润

人均实现利润是指报告期内实现的利润总额与企业仓储全员人数之比，反映了企业的生产效果。计算公式为

$$人均实现利润=\frac{报告期利润总额}{报告期平均全员人数}$$

4. 每吨货物利润

$$每吨货物利润=\frac{报告期利润总额(元)}{报告期货物储存总额(t)}$$

5. 仓储费率

物料仓储费率由储存费率、进出库装卸搬运费和其他业务费率构成。储存费率可根据货物的种类、数量、作业的难易程度、货物的价值等因素综合考虑制定，制定的基础是货物储存的"吨・天"作为储存费率的单位。在储存过程中需要其他辅助材料(如苫垫、托盘等)时，另外增加辅助材料的使用费。对于长期储存的仓库，一般采用固定的仓储费率；对于中转型仓库，为了加速库场的周转，一般采用递增费率的方法。

仓储企业一般都根据业务的不同制定不同的作业费率。如进出库场的装卸、搬运费率及设备使用费率和劳动力费率。

6. 其他费率

因物料保管及客户要求所进行的对仓储物的加工等作业，其作业费率根据加工项目、数量及难易程度分别制定相应的费率标准，一些特殊的加工可以采用协议或合同的方式规定。仓储成本经济效益分析的实质就是仓储经济指标的分析，它包括仓储营运能力和仓储获利能力分析。对这两个指标的分析，能较全面地反映仓储成本和效益，为仓储成本管理和决策提供依据。

三、仓储成本管理中的经济效益分析

(一) 仓储经济效益分析的项目

仓储经营的基本动机就是追求利润最大化。所以，必须对仓储经营能力的各个方面，包括运营能力、偿债能力、获利能力及对社会贡献能力的全部信息加以详尽地了解与掌握，以便及时发现问题，采取对策，规划和调整市场定位目标、策略，消除影响仓储经济效益增长的不利因素，进一步发掘潜力，优化投资组合，为经济效益的持续增长及成本的持续降低奠定基础。

尽管不同的利益主体进行经济效益分析有着各自的侧重点，但就仓储而言，经济效益分析的内容可以归纳为营运能力分析、获利能力分析和社会贡献能力分析三个方面。其中营运能力分析是经济效益目标实现的物质基础，偿债能力是经济效益目标实现的稳健性保证，获利能力既是营运能力与偿债能力共同作业的结果，同时也对营运能力与偿债能力的增强发挥着强大的推动作用。三者相辅相成，构成仓储经济效益分析的基本内容。

社会贡献能力连接仓储目标与社会责任,是评价物流经济效益与社会经济效益是否协调增长的重要经济指标。

(二) 营运能力分析

仓储的营运能力可概括为仓储基于外部市场环境的约束,通过内部人力资源和作业资源的配置组合而对实现经济效益目标所产生作用的大小。无疑营运能力的大小对获利能力的持续增长与偿债能力的不断提高产生决定性影响。

1. 人力资源分析

人作为仓储作业的主体和仓储获利的原始创造者,其素质水平的高低对仓储营运能力的形成具有决定性的作用。而分析、评价仓储人力的着眼点首先在于如何充分调动经营管理者的积极性、能动性,从而通过员工作业经营效率的提高奠定仓储营运能力持续、稳定增长的基础。人力资源分析通常采用劳动效率指标。劳动效率是指物流服务营业净额与平均员工人数(可以视不同情况具体确定)的比值,计算公式为

$$劳动效率=\frac{仓储服务营业净额}{平均员工人数}$$

其中:

$$仓储服务营业净额=营业收入-营业折扣与折让$$

对物流劳动效率进行考核评价主要是采取比较的方法。例如,将实际劳动效率与本企业仓储计划水平、历史先进水平或同行业平均先进水平等指标进行对比,进而确定实际劳动效率与计划、历史先进水平或同行业平均先进水平的差异程度,分析原因,以采取适宜对策,进一步发掘仓储人力资源劳动效率提高的潜能。单就劳动效率指标而言,指标越高说明人力资源的利用越好。

2. 作业资源分析

仓储拥有或控制的作业资源表现为各项资产的占用。因此,作业资源的营运能力实际上就是物流的总资产及其各个构成要素的营运能力。

1) 总资产周转率

仓储的总资产营运能力集中反映在总资产的营业水平,即周转率方面。总资产周转率是指营业收入净额与平均资产总额的比值。

$$总资产周转率=\frac{营业收入净额}{平均资产总额}$$

总资产周转率也可以用周转天数表示。

$$\begin{aligned}总资产周转天数&=\frac{计算期天数}{总资产周转率}\\&=\frac{计算期天数\times 平均资产总额}{营业收入净额}\end{aligned}$$

资产平均周转额应按分析期的不同分别加以确定,并应当与分子的营业收入净额在时间上保持一致。例如:

$$月平均占用额=\frac{月初+月末}{2}$$

$$季平均占用额=\frac{1/2季初+第一月末+第二月末+1/2季末}{3}$$

$$年平均占用额=\frac{1/2\,年初+第一季末+第二季末+第三季末+1/2\,年末}{4}$$

如果资金占用的波动性较大，应采用更详细的资料进行计算，如按照各月份的资金占用额计算。如果各期资金占用额比较稳定，波动不大，上述季、年的平均资金占用额也可以直接用(期初+期末)/2来计算。

总资产周转率综合反映了仓储整体资产的营运能力。一般来说，周转次数越多或周转天数越短，表明其周转速度越快，营运能力也就越大。

为了更加深入地剖析总资产的周转情况及其快慢的影响因素，必须进一步分析流动资产与固定资产的周转情况。在此，必须指出的是，营业收入直接来源是流动资产的周转额，而固定资产作用是对流动资产有效规模的推动及对流动资产价格转换能力与转换效率(即流动资产周转速度和流动资产利润率)的影响。所以，对仓储流动资产的考核应着眼于营业收入实现状况，而对固定资产则侧重于其利用效率的考察。

2）流动资产周转率

流动资产周转率是反映企业流动资产周转速度的指标，其计算公式为

$$流动资产周转率(次数)=\frac{营业收入净额}{流动资产平均占用额}$$

流动资产平均占用额的计算方法与资产占用总额的方法相同(其中的应收账款应按剔除坏账准备后的净额计算)。

小贴士

流动资产周转率分析，主要在于说明以下两个问题。

(1) 流动资产实现营业的能力即周转额的大小。在一定时一期内，流动资产周转速度越快，表明计算期内实现的周转额越多，对经济效益目标的贡献程度越大。

$$流动资产利润率=营业利润率\times流动资产周转率$$

(2) 流动资产投资的节约与浪费情况。流动资产占用额与流动资金周转速度有着密切的制约关系。在营业额既定的条件下，流动资产周转速度越快，流动资产的占用额就越少。反之，则越多。

$$\begin{matrix}流动资产相对节\\约或浪费额\end{matrix}=分析期实际销售额\times\left(\begin{matrix}分析期流动资\\产实际占用率\end{matrix}-\begin{matrix}基期实际或分析期\\计划流动资产占用率\end{matrix}\right)$$

流动资产相对节约或浪费额正值表示不浪费，负值表示不节约。其中：

$$流动资产占用率=\frac{流动资产平均占用额}{销售收入净收入}=\frac{1}{流动资产周转率(次数)}$$

该指标一般按年度水平计算。

流动资产周转率也可以用周转天数表示，计算公式为

$$流动资产周转天数=\frac{计算期天数}{计算期流动资产周转次数}$$

$$计算期天数=\frac{流动资产平均占用额}{营业收入净额}$$

周转天数缩短，表明周转速度加快，反之则表示周转速度减缓。为了对流动资产的周转状况做出更加详尽的分析，并进一步揭示影响流动资产周转速度变化的影响因素，在对

流动资产总体周转情况分析的基础上,还可以对各构成要素,如应收账款、存货等的周转率进行考察,以查明流动资产周转率升降的原因所在。

3) 应收账款周转率

应收账款周转率是指是指商品或产品赊销收入净额与应收账款平均余额的比值,它反映着应收账款流动程度的大小。

$$应收账款周转率(次数)=\frac{赊销收入净额}{应收账款平均余额}$$

其中:

$$赊销收入净额=营业收入-现销收入-营业折扣与折让$$

应收账款平均余额的确定同前。

$$应收账款周转天数=\frac{计算期天数}{应收账款周转次数}$$

$$=\frac{计算期天数\times应收账款平均余额}{赊销收入净额}$$

应收账款周转率反映了仓储应收账款变现速度的快慢及管理效率的高低,周转率高表明:收账迅速,账龄期限较短;资产流动性较大,短期偿债能力强;可以减少收账费用和坏账损失,从而相对增加物流流动资产的投资收益。

同时借助应收账款周转天数与物流信用期限的比较,可以更好地评价客户的信用程度及仓储原定信用条件的合理性。

利用上述公式计算分析应收账款周转率时需要注意以下几个问题。

(1) 公式中的应收账款包括会计核算中的"应收账款"与"应收票据"等全部赊销账款在内。

(2) 应收账款余额应为扣除坏账准备后的净额,否则水分较大。

(3) 如果应收账款余额的波动性较大,应尽可能使用更详尽的计算资料,如按各月份应收账款余额来计算其平均占用额。

(4) 分子、分母的数据应注意,其时间的对应性。

3. 存货周转率

存货周转率是指营业成本与存货平均资金占用额的比。

$$存货周转率(次数)=\frac{销货成本}{平均存货额}$$

$$存货周转天数=\frac{计算期天数}{存货周转率(次数)}$$

$$=\frac{计算期天数\times平均存货额}{销货成本}$$

式中的销货成本是指营业进价成本或营业制造成本。

存货周转率的快慢,不仅反映出采购、储存、作业、营业各环节管理工作状况的好坏,而且对仓储物流的偿债能力及获利能力产生决定性的影响。一般来讲,存货周转率越高,表明分析期变现速度越快,周转额越大,资产占用水平越低,成本费用越节约。因此,通过存货分析,有利于找出存货管理存在的问题,尽可能降低资金占用水平,提高存货投资的变现能力和获利能力。

在计算存货周转率时应注意以下几个问题。

(1) 分子采用销货成本而不是营业收入净额，这主要是为了剔除毛利对周转率的虚假影响，因为存货是按成本计价的，分子、分母应当保持口径一致。

存货周转率通常能够反映仓储存货流动性的大小和存货管理效率的高低。但存货周转率过高也可能意味着仓储存货不足而引起脱销。反之，在存货周转率过低时，应当进一步分析存货的质量结构，弄清存货中是否包含有实际价格远低于账面价值的即将报废或已损坏的原材料、商品、产品等。

(2) 为了进一步判明存货的内部结构，还可以分别就原材料、半成品、产成品及库存商品计算周转率，借以分析各构成部分的整个存货周转率的影响。

(3) 在其他条件不变的前提下，存货周转得越快，所实现的周转额也就越大，利润数额、水平相应越高。所以该指标也可以衡量仓储物流的获利能力，当然也可以作为分析偿债能力的辅助指标。

(4) 采用不同的存货计价方法，对存货周转率具有较大的影响，因此，在计算、分析时应保持口径一致。当存货计价方法变动时，应对此加以说明，并计算这一变动对周转率的影响。

4. 固定资产分析

严格地讲，仓储服务收入并不是由固定资产的周转价格带来的，仓储服务收入只能直接来自于流动资产的周转。而且固定资产要完成一次周转必须经过整个的折旧期间，因此，用营业收入除以固定资产占用额来反映固定资产的周转速度有很大的缺陷，即它并非固定资产的实际周转速度。

但如果从固定资产对推动流动资产周转速度和周转额的作业来看，固定资产又与仓储的营业收入有着必然的联系，即流动资产投资规模、周转额的大小及周转速度的快慢在很大程度上取决于固定资产的作业经营能力及利用效率。因此，结合流动资产的投资规模、周转额、周转速度来分析固定资产的营运能力还是非常有价值的。

考核固定资产营运能力主要采用以下指标。

$$
\begin{aligned}
\text{固定资产营业率} &= \frac{\text{营业收入净额}}{\text{固定资产平均占用额}} \\
&= \frac{\text{流动资产平均占用额}}{\text{固定资产平均占用额}} \times \text{流动资产周转率}
\end{aligned}
$$

式中的固定资产平均占用额按固定资产原值计算，否则会因折旧方法或折旧年限的不同而产生人为的差异，导致该指标缺乏可比性。

可见，固定资产营运能力分析在于说明仓储是否以相对节约的固定资产投资推动尽可能快的流动资产规模基期周转速度，最终通过流动资产投资规模的扩大和周转速度的加快，为仓储实现更多的营业收入。该指标越高，说明固定资产的营运能力越高，反之就越低。

(三) 获利能力分析

对效益的不断追求是仓储资金运动的动力源泉与直接目的，也是仓储成本控制的根本所在。因此，所谓获利能力实际上就是指仓储的资金增值能力，通常体现为仓储收益数额的大小与水平的高低。

一般来说,仓储获利能力的大小是由其经常性的经营理财业绩决定的。那些非经常性的事项以及其他特殊事项虽然也会对仓储损益产生某些影响,但不能映出仓储真实水平的获利能力。

在分析仓储获利能力时,应尽可能剔除那些非经常性因素对仓储获利能力的虚假影响。其主要分析指标如下。

1. 服务利润率

仓储服务利润率是指利润与营业收入净额比值。

从利润表来看,仓储物流的利润可以分为五个层次:营业收入毛利、经营利润、营业利润、利润总额以及利润净额。其中利润总额或利润净额包含着非营业利润因素,所以能够更直接反映营业获利能力的指标是毛利率、经营利润率和营业利润率。

由于仓储服务是主营业务活动,因此,经营利润数额、水平的高低对仓储的总体获利能力有着举足轻重的影响。同时,通过考察经营利润占整个利润总额比重的升降,可以发现仓储经营理财状况的稳定性、面临的危险或可能出现的转机迹象。因此经营利润和仓储营业收入净额之比是营业利润率中的主要指标。

2. 成本利润率

成本利润率是指利润与成本的比值。同利润一样,成本也可以分为几个不同的层次:经营成本(经营费用+营业税金及附加)、营业成本(经营成本+管理费用+财务费用+其他业务成本)、税前成本(营业成本+营业外支出)和税后成本(税前成本+所得税)。

因此,在评价仓储成本开支效果时,必须注意成本与利润之间层次上的对应关系,即经营利润与经营成本(经营成本利润率)、营业利润与营业成本(营业成本利润率)、税前利润与税前成本(税前成本利润率)和利润净额与税后成本(税后成本净利润率)彼此对应。这不仅符合收益与成本的匹配关系,而且能够有效地揭示出仓储各项成本的使用效果。其中经营成本利润率(经营利润/经营成本)最具有代表性,反映了仓储主要成本的利用效果,是仓储加以成本管理的着眼点。

在各项收益及税率不变的条件下,如果经营成本利润率很高而税前成本利润率却很低,通常表明仓储的管理费用、财务费用及营业外支出开支过多,仓储管理应对这些成本进行深入分析,查明原因,堵塞超支、浪费的漏洞。反之,若经营成本利润率与税前成本利润率均很低,则意味着仓储成本过高,应采取措施加以控制。当经营成本利润率与税前成本利润率均比较高时,说明成本管理取得了良好的经济效益。

为了对各项具体成本的使用状况加以深入评价,仓储还可以根据各项成本利润率指标的内在关系进行更具体的分解、考察。

3. 资产利润率

资产利润率是指利润与资产平均占用额的比值。

从静态角度来看,仓储资产获利能力的大小主要反映为资产利润率的高低。通过资产利润率分析,有助于评价仓储经营理财业绩的高低,揭示影响资产利润率提高的因素所在。对资产获利能力可以从三个相互联系的方面进行,以流动资产获利能力进行具体而全面的分析、考察。

1）总资产利润率

与仓储总资产运用直接对应的是息税前利润总额、利润总额与利润净额。因此，评价总资产获利能力的指标有总资产息税前利润率、总资产利润率和总资产净利润率。

$$总资产息税前利润率=\frac{息税前利润总额}{平均总资产额}$$

$$总资产利润率=\frac{利润总额}{平均总资产额}$$

$$总资产净利润率=\frac{利润净额}{平均总资产额}$$

总资产息税前利润率主要是从仓储物流各种资金来源（资本＋负债）的角度对资产的使用效益进行评价的。因此，不仅所有者非常关心这项指标，同样也是债权人评价仓储物流资产获利能力的重要指标。在债权人看来，只要仓储总资产的息税前利润率大于负债利息率，其债务本息的偿还还是能够得到保证的。

对所有者来讲，仓储仅仅提高息税前利润率是远远不够的，因为较高的总资产息税前利润率只能保证降低或避免不能偿付债务本息的风险，但能否使资本得到保值增值以及程度如何却无法从总资产息税前利润率上得到回答。从所有者角度，在分析了总资产息税前利润率的基础上，更需要对总资产利润率与总资产净利润率进行考察。

2）流动资产利润率

流动资产投资与其周转是仓储利润的主要来源。因此，分析流动资产的利润率有助于揭示仓储利润增长是否具有稳定的基础。仓储物流的流动资产主要用于仓储各项正常的营业活动，因此考核流动资产获利能力的指标主要有两项：流动资产经营利润率和流动资产营业利润率，其中最重要的是流动资产经营利润率。

$$流动资产经营利润率=\frac{经营利润}{流动资产平均占用额}$$

$$流动资产营业利润率=\frac{营业利润}{流动资产平均占用额}$$

3）固定资产利润率

如同营运能力分析中所提到的，单独考核流动资产的获利能力也不是完全适当的。因此，对流动资产获利能力的分析、考核必须结合固定资产进行。

$$\begin{aligned}固定资产经营利润率&=\frac{经营利润}{固定资产平均占用额}\\&=\frac{流动资产平均占用额}{固定资产平均占用额}\times流动资产经营利润率\end{aligned}$$

$$\begin{aligned}固定资产营业利润率&=\frac{营业利润}{固定资产平均占用额}\\&=\frac{流动资产平均占用额}{固定资产平均占用额}\times流动资产营业利润率\end{aligned}$$

4. 净资产利润率

净资产利润率是利润净额与净资产的比值。如果分子用利润总额计算时，则称为总资本利润率。仓储物流筹资、投资的最终目的是实现所有者财富最大化，从静态角度讲，首先就是最大限度地提高净资产利润率。因此,净资产利润率不仅是仓储获利能力指标的核心,而且也是整个经济效益指标体系的核心。

净资产作为一个有机的整体,不应当单独地考核其中某一构成部分的收益水平,因为在所有者看来,无论是实收资本、资本公积金,还是留存效益都是其完整的权益所在,否则对指标数值会产生一些虚假的影响。因此,所谓净资产是就净资产利润率整体而言的。

$$净资产利润率=\frac{总资产息税}{前利润率}+\frac{负债}{净资产利润率}\times\left(\frac{总资产息税}{前利润率}-\frac{负债综合}{利息率}\right)$$

$$净资产净利率=净资产利息率\times(1-所得税税率)$$

从公式可以看出,在税率不变的前提下,净资产利润率净利率取决于三方面因素:资产获利能力、产权比率和负债利息率,其中资产获利能力由于资产营运能力(周转率)密切关联。因此,如果仓储净资产净利率是建立在良好的营运能力、偿债能力及获利能力的前提之上,那么这种净资产利润率净利率的基础便是稳定可靠的,否则,就是不稳定、不可靠的。

5. 资产保值增值率

无论从所有者,还是从债权人方面考虑,物流的经营决策者都必须尽可能使所有者的资产得以保全并使之不断增值,从而降低风险,维护所有者权益,提高物流的市场价值。

所谓资本保值增值率,是指所有者权益的期末总额与期初总额的比值。

$$资本保值增值率=\frac{期末所有者权益总额}{期初所有者权益总额}$$

如果资本保值增值率大于100%说明所有者权益增加,否则意味着所有者权益遭受损失。公式中的所有者权益包括实收资本、资本公积金和留存收益,即仓储的权益资本或净资产。上市物流股票市价的升降尽管也对投资所有者的权益产生影响,但由于这种影响发生在仓储物流外部并不是属于投资者一个人的事情,所以从物流角度,在计算资本保值增值率时不考虑此类因素。

影响资本保值增值率变动的因素主要有三个:一是经营的盈亏;二是剩余收益支付率的变动;三是仓储通过增减资本调整资本结构。在前两种情形下,通过期末与期初净资产总额比较无疑可以准确地判断仓储净资产的增值保值状况。但在第三种情形下,用期末和期初净资产总额的升降变动来衡量资本的增值保值水平便会产生一定程度的不可比性。对此,仓储可能通过计算单位或单位净资产的增值保值率加以弥补。

第三节 库存持有成本管理

一、库存持有成本的含义

库存持有成本是指和库存数量相关的成本,它由许多不同的部分组成,通常是物流成本中较大的一部分。为了维持企业的正常生产经营活动,企业必须储备一定数量的库存,但是当库存占用企业资金的比例过大时,就会降低企业的获利性,因为采购、储存要发生各种费用支出,这些费用支出就构成了企业库存的持有成本。

库存成本管理的目标是受企业总目标的约束,如果适当地增加库存能减少其他形式的成本，并且其节省的成本额超过了库存成本的增加额，那么企业会选择增加库存持有成本。

二、库存持有成本的构成

库存持有成本是在建立库存系统时或采取经营措施所造成的资本占有的结果。库存系统的成本主要有进货成本、订货成本、保管成本、缺货成本、在途存货成本和存货风险成本。

（一）进货成本

进货成本是指在进货途中为进货所花费的全部支出，即购买成本加上运杂费，运杂费包括运费、包装费、装卸费、租赁费等。

（二）订货成本

订货成本是指进行每次订货时所发生的各种费用，主要包括差旅费、通信费、运输费以及有关跟踪订单系统的成本。

（三）保管成本

保管成本是指在保管过程中为保管物品而发生的全部费用，包括出入库时的装卸搬运费、检验费等；保管用具用料费用；仓库房租水电费用；保管人员的工资费用；保管过程中的货损货差；保管物品占用资金的银行利息等。

（四）缺货成本

缺货成本不是仓库存货发生的成本支出项目，而是作为一项平衡库存大小，从而进行库存决策的一种成本比较方法。缺货成本是指由于库存供应中断而造成的损失，包括原材料供应中断造成的停工损失、产成品库存缺货造成的延迟发货损失和丧失销售机会的损失（还应包括商誉损失）。

1. 安全库存的存货成本

为了防止因市场变化或供应不及时而发生存货短缺的现象，企业会考虑保持一定数量的安全库存及缓冲库存，以防在需求方面的不确定性。但是，安全库存的确定往往很难，安全库存太多就增加了库存成本，而安全库存不足则有缺货或失销的危险。安全库存的决策就是要寻找一个缺货成本和安全库存成本两者的综合成本最小值。

2. 缺货产生的成本

缺货成本是由于外部和内部中断供应所产生的。当企业的客户得不到全部订货时，称为外部缺货；而当企业内部某个部门得不到全部订货时，称为外部缺货。如果发生外部缺货，将导致以下情况的发生。

1）延期交货

如果企业延期交货，就会发生特殊订单处理和运输费用，延期交货的特殊订单处理费用要高于普通处理费用。由于延期交货经常是小规模装运，运输费率相对来说比较高。

2）失销

由于缺货，可能造成一些用户会转向其他供应商，也就是说，许多公司都有生产替代产品的竞争者，当一个供应商没有客户所需的商品时，客户就会从其他供应商那里订货，在这种情况下,缺货导致失销,对于企业来说,直接损失就是这种商品的利润损失。因此,可以通过计算这批商品的利润来确定直接损失。

除了利润的损失以外,失销还包括当初负责相关销售业务的销售人员所付出的努力的损失,这就是机会损失。一般很难估计一次缺货对未来销售的影响。

(五) 在途存货成本

在途存货成本与运输方式有关。如果企业以目的地交货价销售商品,就意味着企业要负责将商品运达给客户,当客户收到订货商品时,商品的所有权才转移。从财务的角度来看,商品仍是销售方的库存。因为这种在途商品在交给客户之前仍然属于企业所有,运货方式及所需的时间是储存成本的一部分,企业应该对运输成本与在途存货成本进行分析。

一般来说,在途存货成本要比仓库中的存货成本小,在实际中,需要对每一项成本进行仔细分析,才能准确计算出实际成本。

(六) 存货风险成本

存货风险成本是指由产品变质、短少、损害或报废相关的费用构成的库存成本,它反映了存货的先进价值下降的可能性。仓库为履行合同所造成的违约金、赔偿金也构成存货风险成本。

1. 废弃成本

废弃成本是由于再也不能以正常的价格出售而必须处理掉的成本。废弃成本是产品的原始成本和残值之间的差额,或者是正常销售价格和为了清除这种产品而降价销售的价格之间的差额。

2. 损坏成本

损坏成本是仓库营运过程中发生的产品损毁而丧失使用价值的那一部分产品成本。而在搬运过程中发生的损坏应被看成一种产量成本,与库存水平无关,不应计入持有成本。

3. 移仓成本

移仓成本是指为避免废弃而将库存从一个仓库所在地运至另一个仓库所在地时产生的成本。通过将产品运到另一个可以销售出去的地方可以避免废弃成本,但会增加额外运输成本。通常该部分费用应计入持有成本,而在实际操作中一般计在运输费用中,但可以通过对运费单账的统计分析,可以将转运成本分离出来。

4. 损耗成本

损耗成本则多是因为盗窃造成的产品缺失而损失的那一部分产品成本。这部分也是因保持库存而产生,因此应计入持有成本。

三、影响库存持有成本的因素

(一) 库存投资的机会成本率

影响库存持有成本的首要因素是库存投资的机会成本率,企业在库存上投资的资金来源不同,其计价成本率也不同。库存投资是以丧失其他投资机会为代价的,因此,必须以其他投资机会的回报率作为计算持有成本的依据。如果企业资金充足,可将银行存款用于库存投资,这种情况下,银行存款利率就是库存投资的机会成本率;如果企业资金短缺,要通过出售股票来获得资金对库存进行投资,则应以出售股票预期的利率为库存投资的机会成本率;如果通过银行贷款的方式,则贷款利率为库存投资的资金成本率。

一般而言,企业资金越充足,库存持有成本中资金成本率越低;企业资金越短缺,库存持有成本中资金成本率越高,所以,资金充足的企业可以保持一个较高水平的库存来满足市场的需要;而资金短缺的企业,总是想办法降低库存水平,减少库存对资金的占用。

(二) 库存周转率

库存周转率也是影响库存持有成本的重要因素之一。从理论上讲,库存持有成本与库存周转率成反比关系,库存周转率越高,库存占用资金的时间越短,库存持有成本越低。库存周转率越高,对物流系统的要求也越高,一味地提高库存周转率,可能导致批量成本、运输配送成本、缺货成本的增加大于持有成本的减少,总的成本上升。

(三) 仓库的类型和存货水平的变动情况

库存所使用的仓库类型不同,其库存持有成本也不一样,通常企业可以通过三种方式获取仓储空间:企业自有仓库、租赁仓库和公共仓库。在这三种类型的仓库中,企业自有仓库和租赁仓库的费用与企业的库存水平没有直接关系,而与仓库规划和仓储作业方式有关,所以应当属于仓储运作成本,而不是库存持有成本。

公共仓库的收费通常是按转进和转出仓库的产品数量以及储存的库存数量来计算,所以公共仓库收费中的存储费用与库存水平有直接关系,应当属于库存持有成本中的保管成本。

四、库存持有成本的优化

(一) 定量订货法

1. 定量订货法概念

定量订货法是指当库存量下降到预定的最低库存量(订货点)时,按规定数量(一般以经济批量 EOQ 为标准)进行订货补充的一种库存控制方法。当库存量下降到订货点 R 时,即按预先确定的订购量 Q 发出订货单,经过交纳周期(订货至到货间隔时间)LT,库存量继续下降,到达安全库存量 S 时,收到订货 Q,库存水平上升。

该方法主要靠控制订货点 R 和订货批量 Q 两个参数来控制订货,达到既最好地满足库存需求,又能使总费用最低的目的。在需要为固定、均匀和订货交纳周期不变的条件下,订货点 R 由下式确定。

$$R=LT\times D/365+S$$

式中:D 是每年的需要量。

2. 经济订货批量(EOQ)

经济订货批量是简单、理想状态的一种。通常订货点的确定主要取决于需要量和订

货交纳周期这两个因素。在需要量固定均匀、订货交纳周期不变的情况下,不需要设安全库存,这时订货点:

$$R=LT\times D/365$$

式中:R——订货点的库存量;

LT——交纳周期,即从发出订单至该批货物入库间隔的时间;

D——该商品的年需求量。

订货批量Q依据经济批量(EOQ)的方法来确定,即总库存成本最小时的每次订货数量。通常,年总库存成本的计算公式为

年总库存成本=年购置成本+年订货成本+年保管成本+缺货成本

假设不允许缺货的条件下:

年总库存成本=年购置成本+年订货成本+年保管成本

即

$$TC=DP+DC/Q+QH/2$$

式中:TC——年总库存成本;

D——年需求总量;

P——单位商品的购置成本;

C——每次订货成本,元/次;

H——单位商品年保管成本,元/年($H=PF$,F为年仓储保管费用率);

Q——批量或订货量。

经济订货批量就是使库存总成本达到最低的订货数量,它是通过平衡订货成本和保管成本两方面得到。其计算公式为

$$EOQ=\sqrt{\frac{2CD}{H}}=\sqrt{\frac{2CD}{PF}}$$

案例分析

某仓库一产品年需要量为3 600箱,单位产品年保管费为8元,每次订货成本为400元,求该产品的经济批量、经济订货次数及订货周期?

$$EOQ=\sqrt{\frac{2CD}{H}}=\sqrt{\frac{2CD}{PF}}$$

$$Q^*=\sqrt{\frac{2DC}{K}}=\sqrt{\frac{2DC}{PF}}=\sqrt{\frac{2\times 3\ 600\times 400}{8}}=600(箱)$$

(1) 经济订货次数$=R/Q=3\ 600\div 600=6$(次)

(2) 订货周期 $T=360/N=360\div 6=60$(天)

(二) 定期订货法

1. 定期订货法概念

定期订货法是按预先确定的订货时间间隔按期进行订货,以补充库存的一种库存控制方法。其决策思路是:每隔一个固定的时间周期检查库存项目的储备量。根据盘点结果与预定的目标库存水平的差额确定每次订购批量。这里假设需求为随机变化,因此,每

次盘点时的储备量都是不相等的，为达到目标库存水平 Q_0 而需要补充的数量也随着变化。这样，这类系统的决策变量应是：检查时间周期 T、目标库存水平 Q_0。

2. 定期订货法的内容

1）订货周期的确定

订货周期一般根据经验确定，主要考虑制订生产计划的周期时间，常取月或季度作为库存检查周期，但也可以借用经济订货批量的计算公式确定使库存成本最有利的订货周期。

$$订货周期=\frac{1}{订货次数}=\frac{Q}{D}$$

2）目标库存水平的确定

目标库存水平是满足订货期加上提前期的时间内的需求量。它包括两部分：一部分是订货周期加提前期内的平均需求量，另一部分是根据服务水平保证供货概率的保险储备量。

$$Q_0=(T+L)r+S$$

式中：T——订货周期；

L——订货提前期；

r——平均日需求量；

S——保险储备量。

依据目标库存水平可得到每次检查库存后提出的订购批量：

$$Q=Q_0-Q_t$$

式中：Q_t——在第 t 期检查时的实有库存量。

案例分析

某仓库 A 商品订货周期 18 天，平均订货提前期 3 天，平均库存需求量为每天120 箱，安全库存量 360 箱，实际库存量 1 500 箱，试计算该仓库 A 商品最高库存量和该次订货时的订货批量。

解：根据 $Q_0=(T+L)r+S$

$=(18+3)\times120+360$

$=2\,880$（箱）

根据 $Q=Q_0-Q_t$

$=2\,880-1\,500$

$=1\,380$（箱）

3. 定量订货法与定期订货法的区别

1）提出订购请求时点的标准不同

定量订购库存控制法提出订购请求的时点标准是，当库存量下降到预定的订货点时，即提出订购请求；而定期订购库存控制法提出订购请求的时点标准则是，按预先规定的订货间隔周期，到了该订货的时点即提出请求订购。

2）请求订购的商品批量不同

定量订购库存控制法每次请购商品的批量相同，都是事先确定的经济批量；而定期订购库存控制法每到规定的请求订购期,订购的商品批量都不相同,可根据库存的实际情况计算后确定。

3) 库存商品管理控制的程度不同

定量订购库存控制法要求仓库作业人员对库存商品进行严格的控制精心地管理,经常检查、详细记录、认真盘点;而用定期订购库存控制法时,对库存商品只要进行一般的管理,简单的记录,不需要经常检查和盘点。

4) 适用的商品范围不同

定量订购库存控制法适用于品种数量少,平均占用资金大的、需重点管理的A类商品;而定期订购库存控制法适用于品种数量大、平均占用资金少的、只需一般管理的B类、C类商品。

(三) ABC分类库存管理方法

ABC管理法又叫ABC分析法,就是以某类库存物资品种数占物资品种数的百分数和该类物资金额占库存物资总金额的百分数大小为标准,将库存物资分为A、B、C三类,进行分级管理。

ABC管理法的基本原理:对企业库存(物料、在制品、产成品)按其重要程度、价值高低、资金占用或消耗数量等进行分类、排序,一般A类物资数目占全部库存物资的10%左右,而其金额占总金额的70%左右;B类物资数目占全部库存物资的20%左右,而其金额占总金额的20%左右;C类物资数目占全部库存物资的70%左右,而其金额占总金额的10%左右。

A类是年度货币量最高的库存,A类的品种数可能只占库存总品种数的15%,但用于它们的成本占到总成本的70%~80%。

B类是年度货币量中等的库存,B类的品种数占全部库存总品种数的30%,其价值占总价值的15%~25%。

C类是年度货币量较低的库存品种,它们的价值可能只占全部年度货币量的5%,但其品种数占库存品种总数的55%。

(四) 关键价值分析(CAV)管理法

ABC分类法的不足之处在于,C类货品有时往往得不到应有的重视,因此导致整个装配线的停工。CVA的基本思想是把存货按照关键性分成三至五类。

(1) 最高优先级。这是经营的关键性货品,不允许缺货。

(2) 较高优先级。这是指经营活动中的基础性货品,但允许偶尔缺货。

(3) 中等优先级。这多属于比较重要的货品,允许合理范围内的缺货。

(4) 较低优先级。经营中需用这些货品,但可替代性高,允许缺货。

(五) 物料需求计划

1. 物料需求计划的含义

物资需求计划(Material Requirement Planning,MRP)是指根据产品结构各层次物品的从属和数量关系,以每个物品为计划对象,以完工时期为时间基准倒排计划,按提前期长短区别各个物品下达计划时间的先后顺序,是一种工业制造企业内物资计划管理模式。MRP是根据市场需求预测和顾客订单制定产品的生产计划,然后基于产品生成进度计划，组成产品的材料结构表和库存状况，通过计算机计算所需物资的需求量和需求时间，从而确定材料的加工进度和订货日程的一种实用技术。

2. 物料需求计划的特点

（1）需求的相关性——由产品结构文件 BOM 即可推算出各种零部件和原材料的数量，这种根据逻辑关系推算出来的物料数量称为相关需求。不但品种数量有相关性，需求时间与生产工艺过程的决定也是相关的。

（2）需求的确定性——MRP 的需求都是根据主产进度计划、产品结构文件和库存文件精确计算出来的，品种、数量和需求时间都有严格要求，不可改变。

（3）计划的复杂性——MRP 要根据主产品的生产计划、产品结构文件、库存文件、生产时间和采购时间，把主产品的所有。

3. 制订物料需求计划所需的基础数据

第一项数据是主生产计划，它指明在某一计划时间段内应生产出的各种产品和备件，它是物料需求计划制订的一个最重要的数据来源。

第二项数据是物料清单（BOM），它指明了物料之间的结构关系，以及每种物料需求的数量，它是物料需求计划系统中最为基础的数据。

第三项数据是库存记录，它把每个物料品目的现有库存量和计划接受量的实际状态反映出来。

第四项数据是提前期，决定着每种物料何时开工、何时完工。

（六）JIT 库存控制方法

1. JIT 的含义及特点

JIT（Just In Time）意为准时制。JIT 是一种倒拉式管理即逆着生产工序，由顾客需求开始，订单→产成品→组件→配件→零件或原材料，最后到供应商。JIT 的特点如下。

（1）它把物流、商流、信息流合理组织到一起，成为一个高度统一、高度集中的整体。

（2）体现了以市场为中心，以销定产，牢牢抓住市场的营销观念，而不是产品先生产出来再设法向外推销的销售观念。

（3）生产活动组织严密，平滑顺畅，没有多余的库存，也没有多余的人员。

（4）实现库存成本大幅度下降。

2. JIT 中的库存控制策略

JIT 对减少库存提出了一种新思路：把库存看成一条河水的深度，把库存中存在的问题看成河底的石头，水深时，要想弄清楚石块就必须潜入水中调查，但如果减少水量，石块就会自动显现出来。对库存来说，若减少库存，存在的问题——浪费就会突显出来，就能针对问题提出解决方法，使问题得以全面解决。

JIT 实行生产同步化，使工序间在制品库存接近于零，工序间不设置仓库，前一工序加工结束后，使其立即进入后一工序，装配线与机械加工几乎同时进行，产品被一件件连续地生产出来。

JIT 在采购时不仅考虑价格与费用之间的关系，还考虑了许多非价格的因素，如与供应商建立良好的关系、利润共享，以减少由于价格的波动对企业带来的不利影响，选择能按质、按时提供货物的供应商，保证 JIT 生产的有效运行。这样，JIT 就有效地控制了原材料库存,从根本上降低了库存。

复习思考

1. 简答仓储作业成本的构成。
2. 简答降低仓储作业成本的途径。
3. 影响库存持有成本的因素有哪些?
4. 如何理解经济订货批量的含义?它适用于哪些情况?
5. 一般情况下,ABC库存管理应该如何对库存进行分类?
6. CVA和ABC库存管理的方法的异同以及他们的作用有哪些?
7. 物料需求计划的特点有哪些,它有哪些主要作用?

实训题

1. 某企业计划全年销售某种商品4 000件,每次订货成本为100元,单位储存成本为5元,求订货的经济批量、经济批量变动总成本、全年最佳订货次数和订货周期。

2. 某商品流通企业购进某种商品5 000件,单位进价(不含增值税)100元,单位售价120元(不含增值税),该商品的固定成本为20 000元,销售税金及附加30 000元,每月变动储存成本为15 000元,目标利润为20 000元。试计算该商品的保本储存期和保利储存期。

3. 某企业对库存物资进行ABC分类的资料,如表8-3所示。要求:确定ABC分类计算表中各种物资分属于哪一类?并计算各类成本比重和品种数比重。

表8-3 分类资料

品种编号	成本占用金额/元	金额比重/%
1	650 000	
2	120 000	
3	20 000	
4	14 000	
5	150 000	
6	30 000	
7	18 000	
8	760 000	
9	50 000	
10	130 000	
11	22 000	
12	36 000	
合计	2 000 000	

案例分析

月山啤酒集团的仓储管理

月山啤酒集团在几年前就借鉴国内外物流公司的先进经验，结合自身的优势，制定了自己的仓储物流改革方案。首先，成立了仓储调度中心，对全国市场区域的仓储活动进行重新规划，对产品的仓储、转库实行统一管理和控制。由提供单一的仓储服务，到对产成品的市场区域分布、流通时间等全面的调整、平衡和控制，仓储调度成为销售过程中降低成本、增加效益的重要一环。其次，以原运输公司为基础，月山啤酒集团注册成立具有独立法人资格的物流有限公司，引进现代物流理念和技术，并完全按照市场机制运作。作为提供运输服务的"卖方"，物流公司能够确保按规定要求，以最短的时间、最少的投入和最经济的运送方式，将产品送至目的地。最后，筹建了月山啤酒集团技术中心。月山啤酒集团应用建立在Internet信息传输基础上的ERP系统，筹建了月山啤酒集团技术中心，将物流、信息流、资金流全面统一在计算机网络的智能化管理之下，建立起各分公司与总公司之间的快速信息通道，及时掌握各地最新的市场库存、货物和资金流动情况，为制定市场策略提供准确的依据，并且简化了业务运行程序，提高了销售系统工作效率，增强了企业的应变能力。

通过这一系列的改革，月山啤酒集团获得了很大的直接和间接经济效益。首先是集团的仓库面积由7万多平方米下降到不足3万平方米，产成品平均库存量由12 000t降到6 000t。其次，这个产品物流体实现了环环相扣，销售部门根据各地销售网络的要货计划和市场预测，制订销售计划，仓储部门根据销售计划和库存及时向生产企业传递要货信息；生产厂有针对性地组织生产，物流公司则及时地调度运力，确保交货质量和交货期。最后，销售代理商在有了稳定的货源供应后，可以从人、财、物等方面进一步降低销售成本，增加效益，经过一年多的运转，月山啤酒物流网取得了阶段性成果。实践证明，现代物流管理体系的建立，使月山集团的整体营销水平和市场竞争能力大大提高。

思考：

1. 结合案例分析仓储成本分析的意义所在。
2. 分析月山啤酒集团是如何控制仓储成本的。
3. 分析月山啤酒集团是怎样通过控制仓储成本，获得经济效益的。

第九章

物流成本绩效评价

◆ 学习目的与要求 ◆

➢ 掌握物流成本绩效评价的基础工作及步骤；

➢ 了解物流责任会计的内容，掌握物流责任中心的内容；

➢ 熟悉平衡计分卡的含义、内容及应用程序。

◆ 引导案例 ◆

物流绩效指数报告：差距依然存在

2014年《连接以竞争：全球经济中的贸易物流》报告根据海关绩效、基础设施质量、货运及时性等若干贸易指标对160个国家进行了排名，贸易对发展的重要性已日益得到承认。报告的数据来自于对1 000多名物流专业人员的调查结果。世界银行集团的国际贸易部门自2007年以来每两年编写一期《物流绩效指数》（英文简称LPI）报告。

世行高级运输经济学家和LPI项目创始人让·弗朗索瓦·阿维斯说："LPI试图捕捉一个相当复杂的现实，即供应链的属性。在物流成本较高的国家，造成高成本的最重要的因素往往不是贸易伙伴之间的距离，而是供应链的可靠性。"

在2014年的LPI报告中，德国在整体物流绩效世界排名中高居榜首，而索马里得分最低。同往期报告一样，2014年的报告发现，高收入国家占据世界排名前十。在低收入国家中，马拉维、肯尼亚和卢旺达表现最佳。一般来说，贯穿往期报告的趋势是，各国都在改进，绩效差的国家正在以快于绩效好的国家的速度提升其整体评分。

2014年报告发现，低收入国家、中等收入国家和高收入国家需要采取不同的策略来提升在物流绩效上的排名。对于低收入国家，最大的收效通常来自基础设施和基本边境管理的改善。这可能意味着改革海关机构，但也越来越多地意味着提高其他边境机构的效率，包括那些负责卫生和植物卫生检疫的机构。往往需要采取多种方式。

阿维斯说："不能只建基础设施而不解决边境管理问题。要把一切事情都做对是很难的。项目更加复杂，有多个利益相关方，而且也不再有容易达到的目标了。"

与此相反，中等收入国家通常拥有运转良好的基础设施和边境控制。对于他们来说，通常可见的最大收效来自改善物流服务，特别是专业化职能的分包，比如运输、货运代理和仓储。

在高收入国家，正在日益形成一种对"绿色物流"或者说有利于环保的物流服务的意识和需求。在2014年，在接受LPI调查的向经合组织国家运送货物的企业中，约有37%承认有一种对环境友好型物流解决方案的需求，而在向低收入国家运送货物的企业中只有10%认识到这种需求。

近年来，随着全球各地关税下降，物流以及贸易便利化的其他方面日益被视为降低贸易成本的一个平台。2013年世界银行集团和世界经济论坛所做的一项研究发现，降低高交易成本和减少针对贸易商的不必要的繁杂手续，可以显著提升全球GDP。1月，世界贸易组织（WTO）最终确定了《贸易便利化协定》，制定了提高通关手续的速度和效率的标准，还包含在这一领域提供技术援助和培训的有关规定。10月，世界银行和另外6个多边金融机构发表了一份联合声明支持世界贸易组织的这一努力。

在这种大背景下，LPI指数日益获得决策者的重视。例如，在印尼，LPI指数被正式用于贸易部的绩效评估。亚太经合组织（APEC）使用物流绩效指数来衡量改善供应链连通性倡议的成效。欧盟委员会将LPI指数用于其交通记分牌和2013年欧盟海关联盟评估。

资料来源：http://www.shihang.org/zh/news/press-release/2014/03/20/logistics-performance-index-gap-persists.

思考：

1. 如何看待物流绩效指数对国际贸易的影响？
2. 物流绩效指数能否成为物流业发展的指向标？

第一节 物流成本绩效评价概述

物流成本绩效评价是应用数理统计等方法，通过建立物流成本综合评价指标体系，设立相应的评价标准，运用定量和定性相结合的方法，对企业一定期间的物流成本管理情况和物流获利能力等进行综合的评价。

开展物流成本绩效评价有利于全面了解企业物流成本管理情况，及时发现物流活动中存在的问题，充分调动部门和员工的积极性，不断提高企业物流的获利能力，同时也为企业制定物流发展战略提供了可靠的依据。

一、物流成本绩效评价的基础工作

企业要进行物流成本绩效评价，必须完善一系列基础工作，包括责任中心的划分、绩效评估指标的确定、内部转移价格的合理确定、绩效报告的编制、报告制度和奖惩制度的设定等。

(一) 合理划分责任中心，明确规定责权范围

实施物流成本绩效评估制度，首先要按照分工明确、责任分明、成绩便于考核的原则，合理划分物流责任中心；其次必须依据各个物流责任中心的特点，明确规定其责权范围，使每个物流责任中心在其权限范围内，独立自主履行其职责。

(二) 定期编制责任预算，明确各物流责任中心的考核标准

在明确责任中心及其责权范围之后，应定期编制责任预算，使物流活动的总体目标按各物流责任中心绩效分解、落实和具体化，并以此作为其开展日常物流经营活动的准则和评估其工作成果的基本标准。

绩效考核标准应当具有时控性、可计量性和协调性等特征，即考核内容只应为物流责任中心能够控制的因素。考核指标的实际执行情况，要能比较准确地计量和报告，并能使各个物流责任中心在完成物流活动总目标的过程中，明确各自的目标和任务，以实现局部和整体的统一。

(三) 区分各个物流责任中心的可控和不可控费用

对各个物流责任中心工作成果的评估与考核，应仅限于能为其工作好坏所影响的可控项目，不能把不应由其负责的不可控项目列为考核项目。为此，要对企业所发生的每项物流成本判别责任归属，分别落实到各个物流责任中心，并根据可控费用来科学地评估各物流责任中心的成绩。

(四) 建立健全的物流责任记录、报告系统

要建立一套完整的物流责任日常记录制度，建立计量和考核有关责任预算执行情况的信息系统，以便为计量和考核各物流责任中心的实际经营绩效提供可靠的依据，并能对各物流责任中心的实际工作绩效起反馈作用。一个良好的报告系统，应当具有相关性、适应性和准确性等特征，即报告的内容要能适应各级管理人员的不同需要，只列示可控范围内的有关信息，报告的时间要适合报告使用者的需要，信息要有足够的准确性，保证评估和考核的正确合理性。

(五) 制定合理而有效的奖惩制度

要求对每个物流责任中心制定一套既完整又合理有效的奖惩制度，根据其实际工作成果好坏进行奖惩，做到功过分明，奖惩有据。奖惩制度及其执行包括以下内容。

(1) 奖惩制度必须结合各物流责任中心的预算责任目标制定，体现公平、合理、有效的原则。

(2) 要形成严格的考评机制，包括建立考评机构、确定考评程序、审查考评数据、依照制度进行考评和执行考评结果。

(3) 要把过程考核与结果考核结合起来,即把即时奖惩与期间奖惩结合起来。

二、物流成本绩效评价的步骤

评价是指根据确定的目标来测定评价对象系统的属性,并将这种属性变为客观定量的计值或者主观效用的行为。评价过程包括确定评价目的、建立评价组织、评价参照系统、获得评价信息、形成价值判断等主要步骤。

(一) 确定评价工作实施机构

1. 建立评价组织机构

评价组织机构直接组织、实施评价,评价组织机构负责成立评价工作组,并根据选聘的有关专家组成专家咨询组。如果委托社会中介机构实施评价,应首先与选定的中介机构签订委托书,然后由中介机构成立评价工作组。无论谁来组织、实施评价,对评价工作组及专家咨询组的任务和要求应该给予明确。

2. 参加评价工作的成员应具备的基本条件

参加评价工作的成员应具有较丰富的物流管理、财务会计、资产管理及法律等专业知识。专家咨询组的专家还应具有一定的工程技术方面的知识,熟悉企业物流成本绩效评价业务,有较强的综合分析判断能力。评价工作主持人员应具有较长时间的经济管理工作背景,并能坚持原则、秉公办事。专家咨询组的专家应有物流领域的高级技术职称,有一定的知名度和相关专业的技术资格。

(二) 制定评价工作方案

由评价工作组制定评估工作方案,确定以下内容。

1. 评价对象

不同的企业可能具有不同的物流活动,因此必须先确定企业的具体物流环节,明确评价工作的对象。当对物流企业进行成本绩效评估时,评价对象就是整个物流企业。

2. 评价目标

物流成本绩效评价目标是整个评价工作的指南和纲领。一般来说,不同的评价对象、不同的评价指标、不同的评价标准以及评价方法都取决于不同的评价目标,没有明确的评价目标,整个评价体系将失去价值。

对企业来说,绩效评价主要有以下三个目标。

1) 监督

监督就是为了将现行的物流系统绩效同以往物流系统进行比较和分析,并将绩效评价报告提供给管理者和客户。

2) 控制

控制就是通过追踪现行的物流系统绩效,根据物流系统的标准体系来确定改进物流程序及运作方式的方向。

3) 引导与激励

引导与激励就是通过物流绩效评价对物流组织以及物流人员的绩效做出评价,以便引导和激励物流组织及物流人员向正确的方向和目标发展,实现优化物流运作效率的目的。

3. 评价指标

评价指标是评价对象对应于评价目标的具体考核内容,是评价方案的重点和关键。评价指标分为物流作业评价指标、物流企业评价指标等。

企业绩效评价体系可以从以下几个方面来构建。

1) 与物流资源有关的绩效评价

与物流绩效有关的资源包括能源、原材料、物流技术(指人们在物流活动中所使用的各种工具、设备、设施,以及方法、技能和作业程序等)。

按应用范围分类,物流技术包括运输技术、仓储技术、装卸搬运技术、包装和集装技术、分拣和配货技术、流通加工技术和管理技术等;按科学原理或技术思想来源分类,物流技术包括物流机械技术、物流电子技术、物流信息技术、物流自控技术、物流数学方法和计算机技术等。

与物流资源有关的绩效评价包括对能源的利用率、原材料的利用率、物流资源对环境的影响(如原材料废品的回收率、废弃包装物的回收率等)、物流运作流程、物流设备设施的配置、网络化等先进技术使用情况的评价等。这些指标从物流资源方面反映了企业近期的物流绩效、长远物流绩效,以及社会效益、环保等情况。

2) 财务绩效评价

财务绩效评价指标能综合反映企业财务状况和经营绩效。主要财务指标包括反映物流成本的指标和能衡量企业效益的指标。物流成本指标包括物流成本率、库存周转率等。库存周转率越高,说明库存占压资金越少。

反映企业效益的指标包括流动比率、相对市场份额增加率、权益净利率等。其中,流动比率越大,说明该企业的生存能力越强。

3) 服务质量水平评价

反映服务质量水平的主要绩效指标有订货的满足率、准时交货率、销售破损率、客户的保持率、客户的获得率等。

4) 安全性评价

物流货物必须安全地放置和安全地运输。安全性评价指标主要包括仓库、工厂、运输等的安全措施是否完备。

5) 持续竞争能力评价

持续竞争能力评价指标包括稳定性、研究开发投入率、员工专业化比率、员工持续学习能力等。其中稳定性主要是指物流系统参与主体之间的关系是否稳定,有无长期合作协议。研究开发投入率反映了企业的技术开发、技术创新的能力,可用企业研究与开发的经费与销售收入之比来表示。

员工专业化比率、员工持续学习能力从侧面反映了企业的管理水平和员工的素质,这些指标都是企业保持竞争力,不断发展、不断成长的关键指标。

4. 评价标准

评价标准是企业绩效评价的标尺,是判断企业绩效优劣的基准,是避免绩效考核时主观随意性不可缺少的条件。企业在对绩效进行衡量时,可以结合自身的情况综合利用以下几个标准。

1）基本标准

基本标准就是以计划标准为尺度，将物流绩效指标的实际水平同计划指标进行比较，这种比较一方面可以反映物流绩效计划的完成情况，另一方面也能反映该企业的管理水平。

2）历史标准

历史标准是指将物流绩效指标的实际水平与历史同期水平（或最好水平）进行比较，这种纵向的对比，可以反映出物流绩效指标的发展动态，并为进一步提高物流绩效提供决策依据。

3）行业标准

行业标准即将物流绩效指标的实际水平与同行业的先进水平进行对比，通过这种横向的比较，可以了解自身所处的位置，找到差距，为制定新的物流发展战略奠定基础。

行业标准包括国内标准和国际标准。国内标准主要根据国民经济行业分类设立的国家标准，结合国有企业的实际分布状况，划分为100多个行业，每个评价指标又划分为优秀、良好、平均、较低、较差5档水平值，每个企业都用自己所属行业的标准进行评价。由于行业标准本身体现了各自行业的利润率水平、市场环境、经营特点以及行业政策等因素，所以，运用行业标准进行绩效评价能够比较充分地体现每个企业的行业特性。

4）顾客标准

顾客标准即用顾客对企业物流过程服务的满意程度来衡量该企业的物流绩效。顾客的满意度是评价现代企业服务水平的关键因素，也是企业改进物流服务水平的依据。

5. 评价方法

有了评价指标和评价标准，还需要一定的方法对评价指标和评价标准进行实际运用，以取得公正合理的评价结果。在物流成本绩效评价中常采用定量方法。

6. 报告形式

根据评价目标，确定最终需要形成的绩效评价报告形式，如成本—服务报告、趋势报告等。

（三）收集、核实及整理基础资料和数据

选择物流行业同等规模的评价方法及评价标准值。收集连续几年的会计决算报表、相关统计数据及定性评价的基础材料，并确保资料的真实性、准确性和全面性。

（四）进行评价计分

运用计算机软件计算评价指标的实际分数，这是物流成本绩效的关键步骤。按照核实准确的会计决算报表及统计数据计算定量评价指标的实际值。根据选定的评价标准，计算出各项基本指标的得分，形成“企业物流成本绩效初步评价计分表”。利用修正指标对初步评价结果进行修正，形成“企业物流成本绩效基本评价计分表”。

根据已核实的定性评价基础材料，参照绩效评议指标参考标准进行评议指标打分，形成“企业物流成本绩效评议计分汇总表”。将“企业物流成本绩效基本评价计分表”和“企业物流成本绩效评议汇总表”进行校正、汇总，得出综合评价的实际分数，形成“企业物流

成本绩效得分总表”。

根据基本评价的四部分(财务效益、资产营运、偿债能力、发展能力)得分情况,计算各部分的分析系数。对评价的分数和计分过程进行复核,为了确保计分的准确无误,必要时用手工进行计算校验。

(五) 形成评价结论

将绩效评价基本得分与物流产业中的相同行业及同规模的最高得分进行比较,将四部分内容的分析系数与相同行业的比较系数进行比对,对企业物流成本绩效进行分析判断,形成综合评价结论,并听取企业有关方面主要负责人的意见,进行适当的修正和调整。

(六) 撰写评价报告

评价报告的主要内容包括评价结果、评价分析、评价结论及相关附件等。将评价报告送专家咨询组征求意见。评价项目主持人在评价报告上签字,然后报送评价组织机构审核认定。如果是委托中介机构进行评价,须加盖单位公章。

(七) 评价工作总结

将评价工作背景、时间、地点、基本情况、评价结果、工作中的问题及措施、工作建议等形成书面材料,建立评价工作档案,同时报送企业备案。

三、物流成本绩效评价的基本原则

绩效评价需要符合一定的科学性、合理性原则,这样才更具有有效性和指导性。

1. 系统优化原则

衡量企业绩效的指标应是互相联系和互相制约的。指标之间的横向联系,反映不同侧面的相互制约关系;指标之间的纵向关系,反映不同层次之间的包含关系。同层次指标之间要避免相互之间有内在的联系,不同层次之间尽量避免有相似意义的重复指标。

另外,物流系统运行中有一个典型的特点就是存在“效益背反”现象,如不同活动(运输、仓储等一系列活动)之间存在目标冲突;不同的产权主体之间存在利益冲突(都以维护自身利益最大化为目标),一个主体或一个活动目标的实现可能影响另一个主体或另一个活动目标的实现。企业的物流绩效评价应当从系统的整体出发,从提高物流服务水平的角度对物流运作活动的整体做出评价。

2. 客观性与全面性原则

评价本身不是目的,而是为了更好地把握物流系统现状,确定改进方向,以及为系统物流人员薪酬的确定提供依据。所以,设计评价指标体系时,首先要有科学的理论作为指导,使评价指标体系能够在基本概念和逻辑结构上严谨、合理;其次又要反映评价对象的客观实际情况。

3. 定量与定性相结合原则

定量指标具有客观、精确的优点,但在评价中有些重要的方面很难进行定量考核,所以加入一些定性的、能反映绩效的关键指标会使得评价更具有科学性。

4. 可比性原则

可比性是指该企业不同时期相同指标之间的对比(在指标体系和各项指标、各种参数的内涵和外延保持稳定的条件下)，以及同行业之间的比较，即纵向比较和横向比较。没有可比性，评价就失去了实际意义。

5. 目标导向与激励原则

企业绩效评价的目的不是单纯评出其优劣程度，而是为了更好地把握物流系统现状，确定改进方向，并引导和激励被评价对象向正确的方向和目标发展，实现预定的目标及战略目标。所以，企业绩效评价体系的设计目标和激励是必不可少的。

6. 时效性与实用性原则

时效性是指为了及时了解企业运营的效益与业绩，适应瞬息万变的市场要求，及时进行评价，并且要简、明、快，形成快速的有效反馈。实用性是指有可比较的基准数据且易于获取。评价绩效，数据是最佳的衡量工具，所以将过去的记录、预算目标、同行业水准等作为比较的基准数据。另外，评价指标所需的数据要易于采集；否则，评价工作将难以进行或者代价太大。

第二节 物流责任成本管理

物流责任会计就是根据不同级别的物流管理人员和管理部门应负的责任，收集、汇总和报告其有关的会计资料的一种会计制度。它是物流管理制度的一个组成部分，也是物流系统成本控制的有效手段。

一、物流责任会计的内容

物流责任会计首先要明确物流责任中心的划分，然后以各个物流责任中心为对象，收集和报告它们的计划数据和执行过程中的实际数据，并加以控制、分析和评估其成就，以促使物流的计划和控制不断地相互作用。物流责任会计的基本内容如下。

1. 事前编制责任预算或责任成本预算

事前编制责任预算或责任成本预算是将物流系统的总预算(或物流成本总预算)按各责任中心分别落实编制的一种预算，其目的是使各物流责任中心的负责人了解其在预算过程中所应完成的任务和应控制的事项。

2. 事中进行日常控制和核算

在责任预算的执行过程中，对各层次日常业务进行控制，及时予以纠正，保证预算的实现。同时，进行日常的成本统计核算。

3. 事后进行绩效考核

责任预算执行完毕后，客观考核各责任中心的工作成果，并编制预算报告。

建立物流责任会计就是要通过各个责任层次去监督、控制内部物流活动，并将物流活动组成一个有机的整体，使各个部门和环节为实现物流系统总目标担负其各自应负的责任，完成各自的任务。同时通过各物流责任中心的信息反馈，使物流系统决策部门随时掌握情况，及时发现问题和解决问题，降低物流成本，提高物流系统效益。

二、物流责任中心

物流责任中心是指由一个主管人员负责，承担规定责任并具有相应权利的内部物料单位。作为物流活动中心，必须有十分明确的、由其控制的物流活动范围。

企业物流经营上划分的责任中心，按其经营活动的特点不同，一般可以区分为物流成本中心、物流利润中心、物流投资中心。其中，从企业物流成本管理的角度看，物流成本中心是物流成本管理中业绩考核的重点单位。

(一) 物流成本中心

1. 物流成本中心的含义

物流成本中心是完成各种物流活动所需的全部费用，包括产品在实物运动过程中的包装、运输、储存、流通加工、物流信息等各个环节所支出的人力、物力、财力的总和。物流成本中心只着重考核其所发生的成本或费用，而不考核或不会形成可以用货币计量的收入。

小贴士

什么是物流成本中心

物流成本中心也称物流费用中心，是指对物流费用进行归集、分配，对物流成本能加以控制、考核的责任单位，也即对物流成本具有可控性的责任单位。这里的"可控性"是指与具体的责任中心相联系的，而不是某一个成本项目所固有的性质。

资料来源：http://wiki.mbalib.com/wiki/%E7%89%A9%E6%B5%81%E6%88%90%E6%9C%AC%E4%B8%AD%E5%BF%83.

2. 物流成本中心的绩效考核方法

1) 对比分析

物流成本中心工作成绩的评价和考核，主要是通过一定期间实际发生的物流成本与其预定指标的对比来实现的。物流成本中心与企业物流费用中心的区别在于：前者的活动可以为企业提供一定的物质成果，企业能够对它们进行货币计量；后者主要是为企业提供一定的专业性服务(如会计部、法律部、人力资源部等服务部门)，一般并不能直接产生可以用货币计量的成果。

基于上述情况，通过一定的方法和程序为各个物流成本中心所确定的成本差异，就成为评价和考核其工作业绩好坏的重要指标。对成本中心应以其可控成本作为考核评价的主要依据。

2) 价值链分析

价值链是企业为了给顾客提供有价值的产品或劳务而发生的一系列在顾客看来有价值的活动。价值链分析从三个方面进行：行业价值链分析、企业内部价值链分析和竞争对手价值链分析。通过行业价值链分析，了解企业在整个行业价值链中的位置，探索利用上、下游价值链管理成本的可能性。通过企业内部价值链分析，了解成本的构成，努力消除不增值作业，减少浪费；通过竞争对手价值链分析，了解竞争对手和企业自身在竞争中的优势与劣势，面临的机遇和挑战。

3）战略定位分析

战略定位分析使企业了解其所应进入的行业、所立足的市场、应开发的产品，从行业、市场和战略的角度确定企业在竞争中所应采取的战略，并制订相应的成本控制计划，确保企业在既定的行业和市场中保持竞争优势。

4）成本动因分析

成本动因是指引起物流成本的原因。每一个创造价值的活动都有一组独特的成本动因，用以解释价值创造活动的成本。成本动因分为结构性成本动因、执行性成本动因和作业性成本动因三个层次。物流成本中心管理强调前两个层次的成本动因。

结构性成本动因是指决定组织基础经济结构的成本动因，包括企业垂直一体化程度、服务经验、服务质量及经营投资规模等因素；执行性成本动因是限定企业作业程序的成本动因，它包括职工对企业投入的向心力、全面质量管理、经营能力运用、仓库布局、服务结构和上、下游企业价值链连接关系等因素；作业性成本动因则是在上述成本动因既定的情况下进行具体操作而引起成本的因素。通过成本动因分析，找出影响企业成本的动因，确定成本计划，通过控制成本动因，重组价值链来管理成本。

（二）物流利润中心

物流利润中心是指既负责物流收入，又负责物流支出，并负责管理一定数量资产的物流责任单位。也即对物流收入、成本的发生都能加以控制的责任单位。作为物流利润中心，其领导者必须具有控制物流服务价格、物流业务和所有相关费用的权力。

物流利润中心可分为两类：一是实际物流利润中心；二是内部人为物流利润中心。前者是能直接对外发生经济往来，在银行独立开户的相对独立的责任单位，其成本和收入都是实实在在的。后者是在企业内部各部门之间提供物流服务，其收入按内部转移价格结算，物流成本按其实际发生额转移，因而其收支都是虚构的。

近年来，我国企业内部经济责任制已取得很大成绩，在企业内部和物流系统内部结算以及内部利润核算上获得了许多有益的经验，并日臻完善，所有这些为物流利润中心的确定打下了坚实的基础。

（三）物流投资中心

物流投资中心是指既负责收入、成本，又负责投资的物流责任单位。它不但要计算利润，还要计算投资回报率。物流投资中心的控制区域和权责范围一般比物流利润中心要大，它拥有物流投资决策权。物流投资中心是企业最高层次的责任中心，具有最大的决策权，也承担最大的责任。一般而言，大型企业集团中承担母公司物流业务的物流子公司往往都属于物流投资中心。

三、物流责任会计在物流成本管理中的应用

（一）物流成本中心的成本管理

对于一个物流系统来说，可以划分成几个物流成本中心。物流成本中心可以是货主企业的整个物流系统，可以是物流系统中的每个部门（仓储部门、运输部门、行政管理部门等），也可以进一步划分成物流作业班组，甚至是每个作业人员。通过将物流成本总预算

按照每个成本中心的一步步细化,并明确责任,使得每个责任中心和责任人员明确自身的成本管理职责,并对其进行相应的绩效考核。

从这样的角度看,物流成本费用中心的责任会计管理又是预算管理的一部分,其不同之处如下。

(1) 物流责任成本管理更注重于各级责任中心的预算和考核,更加强调责任人和责任中心,它是按照各级责任成本中心进行层层预算的细化管理。

(2) 物流成本中心管理所分析和考核的是各责任中心的可控成本,对于责任中心无法控制的成本,不进行预算和考核,或者进行单独的预算与管理。

(二) 物流利润中心的成本管理

物流利润中心不仅需要考核责任中心的成本,还需要考核其收入。对于物流系统内部的某个部门来说,本来可能是一个成本中心,通过内部结算价格的确定,将其确定为一个内部人为利润中心,这对于责任中心的成本控制来说也具有一定的促进作用。这样做可以提高每个部门的经营意识,了解物流成本的节约对自己部门绩效的重要性,从而促使其改善自己的管理和物流技术,降低自身的物流成本。

1. 应注意解决的问题

在利用人为利润中心管理来进行物流成本控制的过程中,应注意解决以下两个问题。

(1) 对于几个责任中心共同负担的费用,应根据一定标准,按照谁受益谁负担,收益多的多负担,收益少的少负担的原则分配。一定要避免由于共同费用分配不合理而挫伤各个责任中心的积极性。

(2) 内部转移价格的制定要合理。这是合理评估各物流责任中心工作成绩,促进各单位努力提高物流效率、降低物流成本的重要保证。合理确定内部结算价格是加强物流系统内部资金、成本、利润管理的有效措施,是客观评估各利润中心工作成绩的重要手段。

2. 物流内部结算价格

物流内部结算价格是指运输、装卸、包装、仓储等人为利润中心之间相互提供物流业务的结算价格。内部结算价格一般可分为成本定价和利润定价两大类。

1) 成本定价

成本定价是指依据实际成本或标准成本来制定内部转移价格。一般可以以标准成本进行定价,因为实际成本定价下供方可能向需方转嫁不利成本差异,不利于分清责任。而按标准成本定价则可以克服这一缺陷,但它不符合利润中心要考核收益、评定利润的要求。

2) 利润定价

利润定价是指各利润中心之间结转物流业务时,除成本外,还要加上一定的利润结算。其中成本加成定价是最常见的一种,它是指在标准成本基础上加上一定比例的利润确定转移价格。另外,也可以参考市场价格来制定内部转移价格。

3. 责任会计的作用

责任会计是在企业实行分权管理体制后,以企业内部责任单位为主体,以提高经济效益、降低成本、保证企业计划顺利落实为目的,以各责任单位(或个人)的经济责任为对象,利用价值形式,并采用专门的会计方法对各责任单位的行为及结果进行核算、考核与评估的会计。成本是由费用的发生额决定的,而费用发生额是由其各自的发生源经济活动决定的，对责任单位的控制就是控制费用的发生源。

通过物流责任会计核算与管理，一方面可以使物流成本能够显现出来；另一方面也可以加强物流成本的控制与管理。物流责任会计为管理物流成本提供了理论基础和有效的运作方法。

第三节 平衡计分卡

平衡计分卡是目前企业经营业绩评价方面最新、评价内容最全面的理论和方法，它所评价的内容与管理业绩恰有多处的契合点，因此运用平衡计分卡进行管理业绩评价，必会有助于企业提高管理水平。

从国内外企业实践来看，有效的管理业绩评价过程本身就是促进效率提高的过程。一个成功的企业，必定有一套合理、有效、稳定的管理业绩评价体系。

一、平衡计分卡的含义及其内容

（一）平衡计分卡的含义

平衡计分卡(Balance Score Card)是指从财务、客户、内部业务过程、学习与成长四个方面来衡量评价绩效。这种方法既考核企业的产出(上期的结果)，又考核企业未来成长的潜力(下期的预测)；再从客户角度和内部业务角度考核企业的运营状况参数，它把公司的长期战略和公司的短期行为充分地联系起来，把远景目标转化为一套系统的绩效考核指标。

（二）平衡计分卡的内容

1. 从财务绩效评估指标分析企业获利能力

财务数据指标是管理绩效评价不可或缺的重要组成部分，企业经营的目标是追求利润。企业管理者的管理业绩水平如何，通过财务数据指标就能得到直观的反映。典型的财务数据指标是和获利能力联系在一起的，包括营业收入、销售增长速度或产生的现金流量、投资报酬率等，甚至可以是一些更新的指标，如经济增加值(EVA)。对于财务子模块在整个管理业绩评价体系中的权重，一般随企业类型及发展阶段的不同而有所区别。

如传统产业企业的权重就可以高一些，设为30%～40%。而对高新技术产业企业来说，由于其前期大量的研究开发费用需要在以后相当长的一段时间内摊销，其权重就应低一些，如20%左右。再如，在企业成长阶段由于各方面投入数额巨大，财务方面的业绩衡量指标的权重应低一些，如20%左右，到成熟阶段可达到30%～40%。

2. 从客户子模块指标分析企业竞争能力

竞争优势归根到底来源于企业为客户创造的超过其成本的价值，价值是客户愿意支付的价钱，而超额价值产生于以低于对手的价格提供同等效益，或者所提供的独特效益弥补高价后有余，因此，尽量满足客户需求是企业成功发展的必要条件。

在平衡计分卡的客户子模块中，企业管理者应确定企业所要争得的竞争性客户和市场份额，并计算在这个目标范围内的业绩情况。对于企业管理者在客户管理业绩水平的评价,其核心指标应包括客户满意程度、客户保持程度、新客户获得、客户盈利能力,即在目标范围内的市场份额和会计份额。如果这些指标数据所反映出的情况良好,则表明企业管理者的客户管理是卓有成效的,企业也由此取得了一个重要的核心竞争力。在整个管理业绩评价体系中,可依据不同类型的企业设不同的权重,如工农业企业的权重可低一些,20%左右;服务业的权重30%~40%。

3. 从内部经营分析企业综合提升力

传统业绩评价体系对企业内部经营过程所确定的目标通常是控制与改善现有职能部门的作用,这主要根据财务指标评价这些部门的经营业绩,而不是综合地改善企业整体的经营过程。

与此相比,平衡计分卡则强调评价指标的多样化,不仅包括财务指标而且包括非财务指标。它能够综合地反映企业管理者在实施管理活动过程中的内部管理业绩水平,其指标可以包括企业推出新产品时的平时时耗、产品合格率、新客户收入占总收入的比率、生产销售主导时间、售后服务主导时间等,其权重占20%左右。

4. 从学习创新设计分析企业持续发展的后劲

虽然客户层面和客户业务层面已经着眼于企业发展的战略层次,但都是将评估观点放在企业现有竞争能力上,而创新与学习层面则强调了企业不断创新,并保持其竞争能力与未来的发展势头,因此无论是管理阶层还是基层员工,都必须不断地学习,不断地推出新的物流产品和服务,并且迅速有效地占领市场。

对于业务,不断地学习和创新,会不断地为客户提供更多价值含量高的产品和服务,减少运营成本,提高企业经营效率,从而增加股东价值。企业创新和学习绩效评估指标包括:员工获得足够信息的时间、员工满意率、员工培训次数、员工建议及其被采纳数量以及研究发展费增长率等。

将平衡计分卡应用于企业的绩效评估,其重点是,根据企业本身的特点和物流客户需求的特点,认定恰当的评估指标,从而提出一个全面衡量企业绩效的方法体系。

小贴士

平衡计分卡的历史渊源

在平衡计分卡出现之前,Analog Device(ADI)公司最早于1987年就进行了平衡计分卡实践尝试。

ADI是一家半导体公司,主要生产模拟、数字及数模混合信号处理装置,其产品广泛应用于通信、计算机、工业自动化领域。同其他大多数公司一样,ADI每5年进行一次战略方案调整,在制定新的战略方案的同时检查原方案的执行情况。但是,如同管理者们经常遇到的战略问题一样,"制定战略方案"被当作一项"任务"完成后,形成的文件便被束之高阁,并不能在公司的日常生产经营工作中得以执行。

在1987年,ADI公司又开始了公司战略方案的调整。与以前所不同的是,这次的战略方案制定,公司决策层意识到战略不仅要注重制定过程的本身,还要更加注意战略实施。他们希望通过与公司员工的面对面交流与沟通,使他们充分理解并认同公司战略。同时公司高层还希望将战略紧密落实到日常管理中来推动战略的执行。此次ADI公司的战略文件在形式上发生了重大的变化，他们摈弃了以往那种长达几十甚至几百页的战略文件，将全部的战略文档资料精简到几页纸的长度。

在制定战略的过程中，ADI 公司首先确定了公司的重要利益相关者为股东、员工、客户、供应商和社区，然后 ADI 公司在公司的使命、价值观与愿景下，根据上述利益相关者的“利益”分别设定了战略目标，并明晰了三个重点的战略重点。

为了确保战略目标特别是重点的三个战略重点目标的实现，ADI 公司推行了一个名为“质量提高”的子项目，简称 QIP(Quality Improvement Process)。在该项目进行的同时，ADI 公司继续将战略目标实现的关键成功要素转化为年度经营绩效计划，由此衍生了世界上第一张平衡计分卡的雏形。

资料来源：智库百科 http://wiki.mbalib.com/.

二、平衡计分卡的运用程序

运用平衡计分卡进行管理业绩评价，关键在于平衡计分卡的编制与实施。要编制和实施一套有效的平衡计分卡，主要是要做到企业战略和经营策略有机结合，经营业绩和管理业绩有机结合，对管理者的奖励和惩罚有机结合。为了做到上述三个“有机结合”，平衡计分卡的编制与实施必须遵循以下六个步骤。

1. 建立企业战略和经营战略

企业战略和经营战略应简单明了，并对每个部门均有实际意义，可以采用一些评价指标去衡量各部门管理人员在达成企业战略、落实经营策略方面的努力程度和业绩水平，同时成立一个平衡计分卡小组或委员会专门解释企业战略和经营策略，使每个管理者对企业战略和经营策略都有一个深入、全方位的理解。

2. 建立财务、客户、内部经营过程、学习与创新的具体指标

一般来说，平衡计分卡的每个子模块都制定 3～5 个指标是比较适宜的，并保证平衡计分卡各个子模块指标在实施过程初期落到实处，在实施过程中能够监控发现问题，在实施总结阶段能够提出合理而有效的改进措施。

3. 研究制定每一阶段管理业绩评价指标的具体量化标准

只有将每一阶段管理业绩评价指标标准具体化、量化，才能将各阶段的工作、各阶段的绩效考核工作落到实处，才能够有的放矢地发现问题并解决问题。因此指标是否具体量化就意味着综合绩效考核指标的落实，它是各个阶段管理业绩评价的基础。

4. 企业内部沟通与教育

任何一个有效的组织内部都应该设置一个适应企业业务流程和管理需要的内部组织结构，该内部组织结构之间应进行有效的沟通，以促进企业整体业务的提高；在当今学习型社会中，任何企业组织都应向着学习型组织发展，只有不断地学习和创新，才会不断地为市场提供更多价值含量的产品和服务，这是企业保持其市场竞争能力和未来发展潜力的原动力。

5. 考核评价

奖惩制度是企业有效激励员工的手段之一，合理适度地奖励有助于激励员工不断进取并培养对企业的感情，使之不仅在物质上而且在精神上都给予员工适度的成就感和满足感。惩罚制度同奖励制度一样不可或缺,合理的惩罚制度为企业各项综合绩效考核指标的不可缺少的部分,它将避免企业未来的潜在损失。将奖励和惩罚制度有机地结合,使企业各项综合绩效考核指标得以最大效率地发挥作用。

6. 修正平衡计分卡指标

平衡计分卡指标来自于基层员工并经过一定程度的实践不断修缮、改进,这种取之于基层实践,用之于基层实践的指标制定流程本身就具有一定的科学性、合理性和可操作性,这种有效的指标评价体系是保证平衡计分卡有效实施的基础。

三、平衡计分卡的综合评价

综合评价指标因采用方法不同而不同。平衡计分卡主要从客户、财务、学习与成长、内部业务流程四个层面涉及一系列评估指标。图9-1展示了平衡计分卡的框架。

"客户"专注于客户的需求和满意度,包括客户满意度、客户保留、新客户获取、客户价值属性和市场份额。

"财务"强调利润增长、产品结构、降低成本、生产率、资产利用率和投资策略。

"学习与成长"关注组织的人员、系统和流程,包括知识资产、员工再培训、提高信息技术和系统以及员工的满意度。

"内部业务流程"关注的是业务流程的关键问题,如质量、柔性、创新和基于时间的评价。

这四个评估领域反映了一个组织或供应链的战略目标,并把他们连接在一起来评估长期和短期的绩效。平衡计分卡的发展过程开始于定位公司的战略,然后将战略转化为业务活动,并最终将计分卡转换成绩效评价系统。

平衡计分卡方法的引入改变了企业以往只关注财务指标的考核体系的缺陷,仅关注财务指标会使企业过分关注一些短期行为而牺牲一些长期利益,比如员工的培养和开发,客户关系的开拓和维护等。平衡计分卡最大的优点在于,它从企业的四个方面来建立起衡量体系:财务、客户、业务管理、人员的培养和开发。这四个方面是相互联系、相互影响的,其他三类指标的实现,最终保证了财务指标的实现。同时,平衡计分卡方法下设立的考核指标既包括了对过去业绩的考核,也包括了对未来业绩的考核。

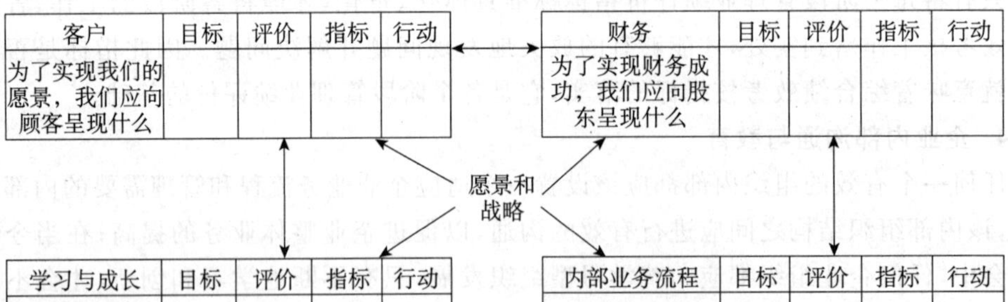

图9-1 平衡计分卡

平衡计分法不仅强调短期目标与长期目标间的平衡、内部因素与外部因素间的平衡，也强调结果的驱动因素，因此平衡计分法是一个十分复杂的系统，在其实施的过程中一定会遇到困难。

1. 指标的创建和量化方面

财务指标的创建与量化是比较容易的，其他三个方面的指标就需要企业的管理层根据企业的战略及运营的主要业务、外部环境加以仔细斟酌。列出的指标有些是不易收集的，这就需要企业在不断探索中总结；有些重要指标很难量化，如员工受激励程度方面的指标，需要收集大量信息，并且要经过充分的加工后才有实用价值，这就对企业的信息传递和反馈系统提出了很高的要求。

2. 确定结果与驱动因素之间的关系方面

平衡计分法要确定结果与驱动因素间的关系，而大多数情况结果与驱动因素间的关系并不明显或并不容易量化。这也是企业实施平衡计分法所遇到的又一个困难。企业要花很大的力量去寻找、明确业绩结果与驱动因素之间的关系。

3. 实施的成本方面

平衡计分卡要求企业从客户、财务、内部业务流程、学习与成长四个方面考虑战略目标的实施，并为每个方面制定详细而明确的目标和指标。它需要全体成员参加，使每个部门、每个人都有自己的平衡计分卡，企业要付出较大代价。

四、如何实施平衡计分卡

总结成功实施平衡计分企业的经验，可以将平衡计分卡的实施概括为以下几个步骤。

（一）建立公司的远景与战略

公司的愿景与战略要简单明了，并对每一部门均有意义，使每一部门可以采用一些业绩衡量指标去完成公司的远景与战略。

成立平衡计分卡小组或委员会去解释公司的远景和战略，并建立财务、顾客、内部业务流程、学习与成长四类具体的目标。

（二）为四类具体的目标找出最具有意义的业绩衡量指标

确定每年、每季、每月的业绩衡量指标的具体数字，并与公司的计划和预算相结合。注意各类指标间的因果关系、驱动关系与连接关系。将每年的报酬奖励制度与平衡计分卡挂钩。

（三）加强企业内部沟通与教育

利用各种不同的沟通渠道，如定期或不定期的刊物、信件、公告栏、标语、会议等，让各层管理人员知道公司的远景、战略、目标与业绩衡量指标。

（四）经常采用员工意见修正平衡计分卡衡量指标并改进公司战略

小贴士

罗克沃特公司从事水下工程建筑，并在该行业中处于全球领先的地位。20世纪80年代，海下承包业的竞争变得更加激烈，而且竞争的重点也有所变化，几家大的石油公司希望与供货商发展长期合作伙伴关系所面临的关键问题是如何将战略目标转化为实际的目标和行动。

1. 财务角度

财务角度包含了对股东非常重要的三个指标。其中,资本报酬率和现金反映了对短期结果的偏好;项目盈利性集中于把项目作为计划和控制的基本单位。罗克沃特的管理层增加了两个财务指标,即"预测可靠度"表明了母公司希望减少由于业绩的预期外波动而引起的历史不确定性;"销售储备"有助于减少绩效的不确定性。

2. 顾客角度

顾客角度将顾客分为两大类:第一层顾客是指想建立高附加价值关系的石油公司;第二层顾客是指那些根据价格选择供货商的顾客。公司设立了价格指数,以综合反映竞争信息,确保当竞争加剧时可以保住第二层顾客的生意。

但是,公司的战略目标是注重以价值为基础的生意。某组织一年进行一次调查,把顾客对罗克沃特公司服务的评价与对其他竞争者的评价进行比较,并排出先后顺序。此外,每个月还邀请第一层顾客对满意度和绩效进行评分。罗克沃特的经理人员认为,实行这些测评措施,可使他们与顾客建立直接的联系,并达到大多数行业都达不到的市场反馈水平。最后,主要科目的市场份额提供了客观证据,顾客满意度的提高产生了实际可见的收益。

3. 内部程序角度

由于公司以项目作为基本的控制单元,因此管理层认真界定了项目从启动到完成所经过的生命周期,并对每一阶段制定评测指标。内部评测指标展示了罗克沃特公司思考方式的重大转变,由重视每个职能部门的业绩转变为将关键业务程序联系起来的评测指标,这些指标包括:①确认,所花费的与潜在顾客讨论新工作的小时数;②争取;③投标成功率;④准备和交付:项目业绩绩效指数,安全和损失控制;⑤返工;⑥终止;⑦项目终止周期的长度。

内部绩效评测指标显示了罗克沃特在思考方式上的重大转变。以前,公司重视每个职能部门的业绩,现在转到了把关键的业务程序联系起来的评测指标上。这样开发出一个全面、及时的项目业绩效率指数,它被看作公司的关键核心能力。罗克沃特认为,安全也是提高竞争力的重要因素。内部研究表明,出现事故带来的间接成本,是直接成本的5~50倍。平衡计分卡包括一个安全指数,它由一套全面的安全测评体系得出。

4. 创新和提高角度

创新和学习的目的在于加速财务、顾客和内部程序的改进。在罗克沃特公司,这类改进除了来自内部业务程序的不断改善外,还来自会带来新的收入来源和市场拓展的产品与服务创新。对前一个目标是用持续提高指数来衡量的,该指数代表了若干关键的业务指标的改进速度;后一个目标是用新服务的收入比例来衡量的。

但是为了同步促进产品、服务创新和业务改进,公司认为有必要为雇员创造一支能够充满激励气氛的环境。职员态度调查和雇员建议数量的统计指标,都可以用来衡量是否创造了这样一种氛围。最后,人均收益可用来衡量雇员努力和培训所产生的效果。

平衡计分卡使公司的管理层以发展的眼光来看待经营活动,也使得公司的全体成员达成这样一种共识:与关键客户建立伙伴关系是十分重要的;大幅度减少安全事故是非常重要的；项目的每一阶段都需要加强管理。

五、平衡计分卡在供应链绩效评价中的应用

供应链管理对绩效评价提出了新的要求。较之传统绩效评价，供应链评价注重组织的未来发展，注意力更多地放在对外部增值链的测控上，更关注供应链的长期发展和短期利润的有效组合。

（一）平衡计分卡与建立供应链评价系统

平衡计分卡分为四个方面，代表了三个利害相关的群体：股东、客户、员工，确保企业组织从系统观的角度进行战略的实施。

1. 客户角度

企业为了获得长远的财务业绩，就必须创造出客户满意的产品和服务。平衡计分卡给出了两套绩效评价方法：一是企业在客户服务方面期望达到绩效而采用的评价指标，主要包括市场份额、客户保有率、客户获得率、客户满意度等。二是针对第一套各项指标进行逐层细分，制定出评分表。

2. 流程角度

流程角度是平衡计分卡突破传统绩效评价的显著特征之一。传统绩效评价虽然加入了生产提前期、产品质量回报率等评价，但是往往停留在单一部门绩效上，仅靠改造这些指标，只能有助于组织生存，但不能形成组织独特的竞争优势。平衡计分卡从满足投资者和客户需要的角度出发，从价值链上针对内部的业务流程进行分析，提出了四种绩效属性：质量导向的评价、基于时间的评价、柔性导向评价和成本指标评价。

3. 改进角度

平衡计分卡实施的目的和特点之一就是避免短期行为，强调未来投资的重要性。同时并不局限于传统的设备改造升级，更注重员工系统和业务流程的投资；注重分析满足需求的能力和现有能力的差距，将注意力集中在内部技能和能力上，这些差距将通过员工培训、技术改造、产品服务得以弥补。相关指标包括新产品开发循环期、新产品销售比率、流程改进效率等。

4. 财务角度

企业各个方面的改善只是实现目标的手段，不是目标本身。企业所有的改善都应通向财务目标。平衡计分卡将财务方面作为所有目标评价的焦点，如图 9-2 所示。如果说每项评价方法是综合绩效评价制度这条纽带的一部分，那么因果链上的结果还是归于“提高财务绩效”。

（二）供应链平衡计分卡的主要内容

根据供应链运作的特点，供应链平衡计分卡主要从四个评价角度即客户导向、财务价值、内部流程、未来发展性进行评价分析。供应链平衡计分卡不但集成了前人所研究的平衡计分卡的特点和方法，还在以下三个方面进行了扩展。

（1）增加了未来发展性角度，涵盖了平衡计分卡的革新和学习的评价，包括了供应链成员关系，以及供应链资源的评价。

（2）在一个实时的基础上对所有关键指标进行监测。

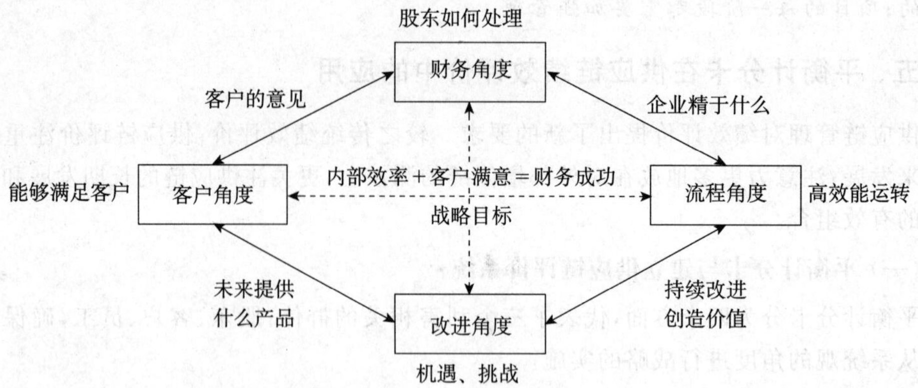

图 9-2 平衡计分卡框架结构

(3) 在实现财务价值的主要战略目标的前提下,偏重于对运作流程的评价。

供应链平衡计分卡的指标体系及其相关逻辑关系与一般的平衡计分卡相似。供应链平衡计分卡的四个角度分别代表了供应链、客户、供应链企业的利益,从整体上把握供应链战略和供应链运作的内在关系,变单纯的绩效评价为绩效管理,这也使四个角度的目标和任务都具有新的特点,如表 9-1 所示。

表 9-1 供应链平衡计分卡的四个角度目标及任务

客户导向角度
任务:在正确的时间、正确的地点,将正确的产品/服务以合理的价格和方式交付给特定的客户,以满足和超过客户的期望 关键问题:供应链经营所提供的产品或服务是否增加客户的价值,达到客户满意 关键成功因素: (1) 建立和保持与客户的密切关系 (2) 快速响应并满足客户的特定需求 (3) 提高供应链客户群的价值
供应链内部运作角度
任务:能够在合理的成本下,以高效率的方式进行生产 关键问题:供应链内部流程的增值活动的效率有多高,能否更好地实现核心竞争力 关键成功因素: (1) 实现较低的流程运作成本 (2) 较高的运作柔性——响应性 (3) 提高经营中增值活动的比例,缩短生产提前期
未来发展角度
任务:集成供应链内部的资源,注重改进创新,抓住发展机遇 关键问题:供应链管理系统是否具备这种机制 关键成功因素: (1) 集成合作伙伴,稳定战略联盟 (2) 加强信息共享,减少信息不对称,提高信息及时效果,降低信息放大效应 (3) 研究可能的生产、组织、管理各方面技术

续表

财务价值角度
任务：突出供应链的竞争价值，达到供应链伙伴的盈利最大化 关键问题：供应链伙伴对供应链的贡献率是否是从供应链整体的角度考虑的 关键成功因素： (1) 实现供应链资本收益最大 (2) 保证各伙伴在供应链中发挥各自的贡献率 (3) 控制成本以及良好的现金流

通过对表 9-1 的理解，融合供应链平衡计分卡的四个角度特征以及供应链运作所涵盖的范围，解读供应链平衡计分卡在各个角度的目标与任务。

1. 客户导向角度

供应链的目标之一是为整个供应链中的客户提供持久稳定的收益。因此，供应链管理的核心之一就是进行客户管理，了解客户的需求以及评价满足客户需求程度的大小，用以调整供应链的经营方法和策略。

因此，评价指标的选择应集中于体现客户意志，反映客户需求，既可以是反映客户价值、客户反馈的一般指标，也可以是集中于客户价值等特定范畴的指标，如服务质量、柔性、成本等。

2. 供应链内部运作角度

客户绩效指标很重要，但必须在将其目标转化为内部流程指标后才能得以实现。优秀的客户绩效来自组织的流程决策和运作。供应链内部运作角度就是回答如何经营才能满足或超越客户需求的问题。供应链哲学的本质是将企业内部和企业之间的功能进行集成、共享和协调，达到减少浪费和提高供应链绩效的目的。

由于供应链流程牵涉到供应链成员的生产运作，这样的指标就将不同成员的绩效联系成为供应链的整体效果。这一联系使得供应链成员企业对于各自的运作有了明确的目标，其所做的改进也将有利于整个供应链的改进。就供应链运作角度而言，实现此目标主要有四个目的：减少提前期、提高响应性、减少单位成本、构成敏捷企业。为此，设计有如下几个指标。

(1) 供应链有效提前期率：该指标反映了供应链在完成客户订单过程中有效的增值活动时间在运作总时间中的比率。其中包括两个指标：供应链响应时间和供应链增值活动总时间。前者的计算如下：

供应链响应时间＝客户需求及预测时间＋预测需求信息传递到内部制造部门时间＋采购、制造时间＋制造终结点运输到最终客户的平均提前期（或者订单完成提前期）

后者的计算则是供应链运作的相关部门增值活动的时间加和。所以供应链有效循环期率为

$$供应链有效循环期率=\frac{供应链增值活动总时间}{供应链响应时间}$$

该指标体现了减少供应链内部运作的非增值时间和流程浪费的空间的大小。通常情况下，企业之间的传递空间和时间很大部分为非增值活动所占用，很多资源被大大地浪费

了。达到精益的供应链必须保证合作企业之间的信息共享以及合作机制的完备,达到流畅的无缝连接,减少无谓的时间和空间的浪费。

同种性质的指标还包括库存闲置率,即供应链中库存闲置的时间和库存移动时间的比率。其中,闲置时间包含以物料、在制品、产品库存等不同形式在供应链运作中的总停滞和缓冲时间。库存移动时间则是指库存在加工、运输、发运中的总时间。该指标表现了库存在整体运作中的时间占用,提供了库存经营效率的提高空间。

(2) 供应链生产时间柔性:该指标定义为由市场需求变动导致非计划产量增加一定比例后供应链内部重新组织、计划、生产的时间。据国外研究者对某行业的调查,其最优秀的制造商已经将整体时间柔性绩效降低到两个星期以下。

(3) 供应链持有成本:该指标考察的是物流系统运作的有效性和成本的集约性。它包括了采购、库存、质量以及交货失误等方面的内容。供应链采购成本的评价包括订货、发运、进货质量控制的总和。供应链库存成本包括供应链过程中发生的原材料、在制品、完工产品库存成本以及滞销和在途库存成本等。供应链质量成本是指在运作过程中由于质量问题而导致的成本,包括产品残缺成本、维修成本和质量保证成本。

(4) 供应链目标成本达到比率:该指标从单一产品和流程的角度分析其在质量、时间和柔性上的流程改进是否达到预定的目标成本。非财务指标很难达到准确分析业务改进的幅度,只有在量化指标得到响应才能说明事物的本质。

3. 未来发展角度

供应链发展的未来有赖于集成合作伙伴关系的发展,稳定战略联盟,加强信息共享,提高信息及时效果。研究可能的生产、组织、管理各方面技术创新,把握发展机遇。

4. 财务价值角度

实现供应链资本收益最大,保证各伙伴在供应链中发挥各自的贡献率,控制成本以及良好的现金流,财务价值应该体现出供应链的竞争价值,达到供应链伙伴的盈利最大化。

案例分析

沃尔比重分析法在物流绩效评估中的应用

一、沃尔比重分析法

(一) 沃尔比重分析法思想介绍

信用能力指数的计算是将选定的十个财务比率进行线性结合,首先确定各种指标所占的比重,然后以行业在该项指标的平均数作为标准比率,将企业在该项指标的实际比率与标准比率相除,得到相对比率,然后将某项指标计算得到的相对比率乘以该项指标所确定的比重,得到企业在该项指标上的得分,最后将企业十项指标的得分相加,得到企业绩效总得分。依据计算得到的各单项指标得分和总得分对企业的各单项绩效及整体绩效进行评价和分析,找出企业的问题所在,进而有针对性地采取改进措施。

(二) 沃尔比重分析法评价过程

(1) 选择三个方面的十项指标并为其分配相应权数。沃尔比重分析法主要衡量企业的盈利能力、偿债能力和发展能力这三个方面。具体来说,盈利能力方面的指标有资产净利率、销售净利率、净值报酬率;偿债能力方面的指标有资本比率、流动比率、应收账款周转率、存货周转率；发展能力方面的指标有销售增长率、净利增长率、资产增长率。其中，三个主要方面的指标权重关系为5∶3∶2。具体来说，盈利能力方面的各单项指标的权重比例关系约为2∶2∶1，偿债能力方面和发展能力方面的各单项指标的权重比例关系大体相当。全部单项指标的权重之和为100。

(2) 确定各单项指标的标准值。取企业所在行业的各单项指标的平均数作为标准值，或是以企业的各个单项指标在现时条件下有可能达到的最优值作为标准值。

(3) 计算企业各单项指标的实际值。以该企业在某一个时点情况下的各个财务数据为基础，进而分别计算出三大类十个单项指标的实际值。十个单项指标分别需要用到的财务数据以及各自的计算公式如下。

① 盈利能力方面的指标计算公式：

$$\text{资产净利率}=\frac{\text{净利润}}{\text{资产总额}}\times 100\%$$

$$\text{销售净利率}=\frac{\text{净利润}}{\text{销售收入}}\times 100\%$$

$$\text{净值报酬率}=\frac{\text{净利润}}{\text{净资产}}\times 100\%$$

② 偿债能力方面的指标计算公式：

$$\text{自有资本比率}=\frac{\text{净资产}}{\text{资产总额}}\times 100\%$$

$$\text{流动比率}=\frac{\text{流动资产}}{\text{流动负债}}$$

$$\text{应收账款周转率}=\frac{\text{赊销净额}}{\text{平均应收账款余额}}$$

$$\text{存货周转率}=\frac{\text{产品销售成本}}{\text{平均存货}}$$

③ 成本发展能力方面的指标计算公式：

$$\text{销售增长率}=\frac{\text{销售增长额}}{\text{基期销售额}}\times 100\%$$

$$\text{净利增长率}=\frac{\text{净利增加额}}{\text{基期净利}}\times 100\%$$

$$\text{资产增长率}=\frac{\text{资产增加额}}{\text{基期资产总额}}\times 100\%$$

(4) 形成评价结果并给出建议。根据以上各部分中的单项指标计算获得的实际值与相应已经确定的标准值的比值，上述比值与权重的乘积即是该单项指标的得分，进而得出三个主要方面的得分以及总得分。根据得分与标准值的相对情况，分析出企业绩效在何处存在问题，针对弱项提出有针对性的改进措施的建议。

二、实例应用

某集装箱运输股份有限公司为我国某大型海运集团所属，主要从事集装箱运输及相关业务的多元化经营企业。其经营范围涉及集装箱运输、船舶租赁、揽货订舱、运输报关、仓储、集装箱堆场，集装箱制造、修理、销售、买卖等领域。该公司已经分别在香港联合交易所和上海证券交易所成功上市。截至2014年9月,该公司拥有150多艘船舶,整体运载能力超过60万标箱,位居世界前十大班轮公司之列。

该公司的80余条国际、国内集装箱航线遍布全球100多个国家,近年来成功打造的一系列精品航线使公司更具市场竞争力。此外,该公司还拥有300多个全球代理网点,全面实现了"营销网络化、服务一体化"。公司旗下拥有数十家相关物流公司,整合了包括船队、码头、集卡、仓储、铁路、空运等多种资源,形成了海铁联运、海空联运、水水联运、水陆联运等多种运输形式,成功打造了完整的综合航运物流产业链,可为全球客户提供全程的"门—门"服务。

根据该公司2014年第三季度的财务数据分别计算十个单项指标的实际数值,运用沃尔比重分析法对该公司的企业绩效进行评价和分析。该企业运用沃尔比重分析法计算得到的总得分为101.896 1,与权重总分100分比较,可以得出企业整个的经营绩效稍好的结论。但分别从盈利能力、偿债能力和发展能力这三个方面来看,会发现企业发展能力得分尚可,可是在盈利能力方面得分明显较弱,而偿债能力方面又明显较强。

三、沃尔比重评分法的改进

沃尔比重分析法虽然在一定程度上可以进行有效的企业绩效评价和分析,但还需要注意其存在的问题。从理论上看,为何选择这十个单项指标,而不是更多或更少些或是选择其他财务指标,以及各指标所赋予的权重是否具有合理性,这些都值得在理论上继续进行相应的探讨。从技术上来看,当某一个单项指标出现严重异常的情况时,会对总得分产生不符合逻辑性的重要影响。因此,应该从理论和实践应用两个角度进行深入细致的研究,使该绩效评价分析方法更加科学、合理。

资料来源:http://info.jctrans.com/xueyuan/wlyt/20141222090667.shtml.

思考:

1. 沃尔比重分析法的基本思路是什么?
2. 如何看待沃尔比重分析法对物流绩效评价的影响?

复习思考

1. 物流成本绩效评价的基础工作有哪些?
2. 简述物流成本绩效评价的步骤。
3. 物流责任中心有哪些种类?
4. 什么是平衡计分卡?
5. 如何利用平衡计分卡确定物流企业的绩效评估指标体系?

第十章 物流作业成本管理

◆ 学习目的与要求 ◆

➢ 了解作业成本法的产生与发展；

➢ 掌握作业成本管理的基础理论；

➢ 掌握物流作业成本管理的核算流程和方法。

◆ 引导案例 ◆

采用作业成本法的必要性

为了说明成本分摊不准确的灾难性后果，美国西北大学会计研究中心主任贝拉·贝拉钱德兰教授曾举过这样一个例子。

你与三个同事聚餐。出于健康的考虑，你没有点鸡尾酒和甜点，只要了一份沙拉。而你的三个同事不仅都要了饮料，还另外点了三道菜。付账时，大家把消费总额除以 4，这样你需要支付 27 美元。一份沙拉需要 27 美元？看，这就是一种分摊方法。

所以，在你们下一次再聚餐时，你点了一瓶马丁尼酒。这瓶酒 6 美元，均摊下来你只需要花费 1.5 美元。你还点了一份 6 美元的乳酪蛋糕作为甜点。

事实上，你并不想喝马丁尼，也不爱吃乳酪蛋糕。之所以这样点菜，都是因为错误的分摊方法左右了你的思想。

虽然这个例子看起来有些极端，但现实中，许多公司都曾无意识地按产品完全成本一半的价格销售一些产品，有时候价格甚至只有成本的 1/4。当公司发现这些产品亏损时，找出它们成本较高而亏损的原因其实并不难。产品成本较高的原因无外乎那么几种，产品复杂，销售量很小，生产需要昂贵的专用设备，或者有特殊的监管或其他处理要求。

就像前面的例子,有些产品与人一样并没有为自己的全部花费买单。与均摊餐费一样,传统成本分摊方法在所有产品间平均分摊了所有的间接成本,从而掩盖了产品的实际成本,结果是部分努力浪费在那些不产生利润的产品上。更糟的是,从真正有利可图的产品中获得的利润也被抵销了。

作业成本法(ABC法)是一种单独核算每种产品间接成本的方法,它主张按产品消耗公司资源的实际情况计算产品成本,以真实地反映产品的实际成本。作业成本法能使那些理解和使用它的公司获得竞争优势。

资料来源:《企业作业成本定价》编写组.企业作业成本定价[M].北京:企业管理出版社,2014:108-109.

思考:

1. 与传统成本分摊方法相比,作业成本法有何优势?
2. 企业采用作业成本法有何意义?

第一节　作业成本法概述

企业乃至供应链的物流系统是由一系列物流作业组成的,物流作业管理也成为现代物流管理的重要组成部分。作业成本管理为物流作业管理提供了有效的成本核算和控制工具。企业可以利用作业成本管理所得到的信息,对物流作业流程进行改善,实行有效的作业管理,从而实现物流成本最低和作业流程最优的目标。

一、作业成本法的产生与发展

旨在改变传统成本会计的作业成本法(Activity-Based Costing,ABC)适应了新制造环境,提出了新的核算观念和管理方法,是企业管理和成本核算的一次突破,能很好解决传统成本方法在新制造环境下出现的种种问题。ABC和基于ABC的作业成本管理(Activity-Based Costing Management,ABCM)在美、日和西欧诸国的企业,尤其是竞争激烈和人工成本很低的高新技术企业,得到了广泛应用,成为成本管理的新选择。

作业是指在一个组织内为了某一目的而进行的耗费资源的工作,是作业成本管理的核心要素。作业成本法是一种通过对所有作业活动进行追踪动态反映,计量作业和成本对象的成本,评价作业业绩与资源的利用情况的成本计算和管理方法。它以作业为中心,根据作业对资源耗费的情况,将资源的成本分配到作业中,然后根据产品和服务所耗用的作业量,最终将成本分配到产品与服务中。

小贴士

作业成本法的起源

美国会计学家埃里克·科勒教授于1941年在《会计论坛》杂志发表论文,首次对作业、作业账户设置等问题进行了讨论。随后乔治·斯托布斯教授在具有重大影响的《作业成本计算和投入产出会计》一书中,对“作业”“成本”“作业成本计算”等概念作了全面阐述，引发了20世纪80年代以后西方会计学者对传统的成本会计系统的全面反思。

1988年，哈佛大学的罗宾·库珀连续发表了《一论ABC的兴起：什么是ABC系统?》《二论ABC的兴起：何时需要ABC系统?》《三论ABC的兴起：需要多少成本动因并如何选择?》和《四论ABC的兴起：ABC系统看起来到底像什么?》。他与罗伯特·卡普兰一起对作业成本管理的现实意义、运作程序、成本动因选择、成本库的建立等重要问题进行了全面深入的分析，奠定了作业成本管理研究的基石。

此后作业成本管理在英、美等国家日益兴起，研究作业成本管理的文章纷纷出现，作业成本理论日趋完善，在冶金、电信、制药、电子设备等行业的应用也逐步开展起来。

作业成本法引入了许多新概念，图10-1显示了作业成本计算中各概念之间的关系。

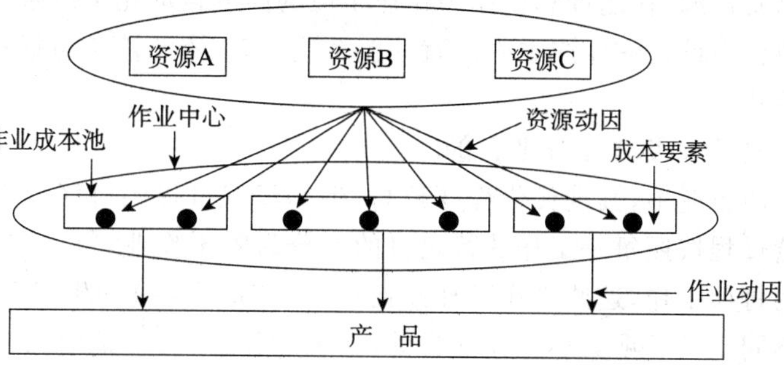

图10-1　作业成本模型

资源按资源动因分配到作业或作业中心，作业成本按作业动因分配到产品。分配到作业的资源构成该作业的成本要素(图中的黑点)，多个成本要素构成作业成本池(中间的小方框)，多个作业构成作业中心(中间的椭圆)。成本动因包括资源动因和作业动因，分别是将资源和作业成本进行分配的依据。

小贴士

作业与作业中心

作业或作业中心是成本归集和分配的基本单位。作业中心可由一组性质相似的作业组成。由于作业消耗资源，伴随作业的发生，作业中心也被称为作业成本库。

二、作业成本法的基础理论

一般认为，作业成本管理是一个以作业为基础的管理信息系统。它以作业为中心，作业的划分从产品设计开始，到物料供应；从工艺流程的各个环节、总装、质检到发运销售全过程，通过对作业及作业成本的确认计量，最终计算出相对准确的产品成本；同时，经过对所有与产品相关联作业的跟踪，为消除不增值作业，优化作业链和价值链，增加需求者价值，提供有用信息，促进最大限度的节约，提高决策、计划、控制能力，以最终达到提高企业竞争力和获利能力，增加企业价值的目的。

作业成本管理不仅可以提供相对准确的成本信息，还可依据作业链和价值链的分析，进行作业管理，满足经营控制的需要。正是在这样的观念下，作业成本管理已从单纯的成本会计系统,发展为应用更为广泛的成本管理系统。作业成本管理的基本原理是:作业消耗资源,产品消耗作业;生产导致作业的产生,作业导致成本的发生。

(一) 作业的内涵

企业进行作业成本核算,最关键的是要理解作业的各项内涵。

1. 作业是以人为主体的

现代企业中,尽管机械化、自动化程度很高,但仍然需要人的参与。人仍然是现代企业中各项具体生产经营工作的主体,也是作业的主体。

2. 作业消耗一定资源

作业以人为主体,至少要消耗一定的人力资源;作业是人力作用于物的工作,因而也要消耗一定的物质资源;在用计算机作为作业手段的高度自动化生产条件下,因使用计算机而耗费的价值也应计入作业成本中。就一般企业而言,资源消耗包括直接材料、直接人工费和各种间接费。

3. 区分不同作业的标志是作业目的

在一个完备的企业中,其现代化程度越高,生产经营过程的可区分性就越强。这样,可以把生产经营过程按照每一工作的特定目的区分为若干作业,每项作业负责完成该作业职权范围内的每项工作,这些工作互补并且互斥,构成了完整的生产经营过程。

作业目的不同于某一项具体工作的目的,如采购作业,负责适时为生产提供材料,但就该作业内部看,仍然包括若干项具体工作,有人负责与供应商建立固定联系,有人处理款项结算与材料交接,有人负责材料运输等。之所以把这些工作确定为一项作业,有其深层次的原因,这个原因就是作业动因,因为这些具体工作都可以归属为由该作业动因而发生。所谓作业动因,是指作业贡献于最终产品或劳务的方式和原因。

4. 增值作业和非增值作业的划分

对于一个生产经营程序设置欠合理的企业,作业可以区分为增值作业和非增值作业。这里,非增值作业虽然也消耗资源,但并不是合理消耗,其对于企业提供最终产品或劳务并不直接做出贡献。如企业内部产品的搬运作业,以搬运距离作为动因消耗资源,但这种搬运作业可以通过采用缩短搬运距离即紧凑经营过程的方式予以逐步消除,因而一般被确定为非增值作业。

5. 作业的范围可以被限定

从会计角度看,由于作业区分的依据是作业动因,而作业动因对于特定企业是客观的,因而作业范围是能够得到本质上的限定的。

6. 作业成本计算的目的

作业成本计算的目的不是将共同成本分配到产品,而是对用于各种作业的资源进行计量和定价。它首先要确认耗用企业资源的所有作业,其次把辅助资源的费用追索到对应的作业中,直到将企业的全部辅助资源费用都对应到相应的作业中为止,最后按照一定方法分配到产品中。

综上所述,作业是指基于一定目的,以人为主体、消耗了一定资源的特定范围内的工作。这种拓展了内涵的作业观,使作业管理手段可以广泛地与作业成本分析联系起来,从而能够改良成本会计理论与实务。

（二）作业划分

对作业可从不同角度进行分类分析。杰弗·米勒和汤姆·沃尔曼两位现代制造过程的研究者将作业分为以下四类。

1. 逻辑性作业

逻辑性作业是指订购、执行和确保材料移动的作业。忙于逻辑性作业的人员包括间接场地巡视工人及从事接收、运输、数据登记、计算机处理系统和会计工作的人员。

2. 平衡性作业

平衡性作业是指将原材料、人工和机器供应与需求配比的作业。采购、材料计划、生产控制、预测和计划的人员执行平衡性作业。

3. 质量作业

质量作业是指确保生产和规范一致的作业。质量控制、间接工程技术、采购等人员从事质量作业。

4. 变化作业

变化作业是指使生产信息现代化的作业。涉及计划、程序规范标准和材料清单的制作人员以及质量工程师从事变化作业。

（三）成本动因

作业成本管理认为，成本动因是决定成本发生、资源耗费的真正原因。针对传统成本在制造费用分摊上不精确的情况，它采用两阶段成本分摊方法来计算各种成本标的的成本，从而获得更为准确的产品成本信息。

为了更准确地衡量产品成本，作业成本管理采用多重动因分摊成本，掌握成本动因是运用作业成本管理的关键，因此，选择适当的成本动因非常重要。

1. 成本动因的分类

一般而言，成本动因是指导致成本发生的任何因素，也即成本的诱致因素。出于可操作性考虑，成本动因必须能够量化。可量化的成本动因包括生产准备次数、零部件数、不同的批量规模数、工程小时数等。成本动因主要分为资源动因和作业动因。

1）资源动因

资源动因反映了作业中心对资源的消耗情况，是资源成本分配到作业中心的标准。在分配过程中，由于资源是一项一项地分配到作业中的，于是就产生了作业成本要素。将每个作业成本要素相加就形成了作业成本库。通过对作业成本要素和作业成本库的分析，可以揭示哪些资源需要减少，哪些资源需要重新配置，最终确定如何改进和降低作业成本。

2）作业动因

作业动因是将作业中心的成本分配到产品、劳务或顾客中的标准，它也是将资源消耗与最终产出相沟通的中介。通过实际分析，可以揭示哪些作业是多余的，应该减少；整体成本应该如何改善，应该如何降低。

布林逊在《成本会计》一书中将成本动因分为以下两类：一是积极性成本动因，是指能够产生产品、收入或利润的作业，例如销售订单、生产通知单等；二是消极性成本动因，是指引起不必要的工作和利润减少的作业,例如重复运送产品等。

2. 确定成本动因的数目要考虑的因素

1) 成本动因与实际制造费用的相关程度

在既定的精确度下,运用相关程度较高的成本动因时,则成本动因的数目较少;反之,如果缺少与实际制造费用相关程度较高的成本动因,则为达到一定的精确度,必须增加成本动因的数目。

2) 产品成本的精确度和产品组合的复杂程度

倘若对产品成本的精确度要求比较高,则成本动因的数目必增加;反之,则会减少。产品复杂程度低,则多个作业成本可汇集在同一作业成本库中;反之,则汇集比较困难,所要求的成本动因数目也相应增加。

3. 选择成本动因要考虑的因素

1) 成本与效益的关系

考虑成本与效益的关系即要考虑成本动因的资料是否易于获得,若在现有的成本系统内即可获得,则成本不会太高;反之,需要另设新的系统收集资料,则成本会大增,此时,必须做成本效益分析。

2) 成本动因与实耗资源成本的相关程度

成本动因与实耗资源成本的相关程度越高,产品成本被歪曲的可能性就越小。

3) 组织中心的行为

在选择成本动因时,必须考虑组织中心的行为。成本动因相关程度的确定可运用经验法和数量法。经验法是指依据各相关作业经理的经验,对一项作业中可能的成本动因做出评估。比如最有可能成为成本动因的,权数为6;可能程度属于中等的,权数为3;可能性较小者,权数为1。然后将各成本动因的权数依各经理给定的权数加权平均,取较高者进行数量法测试。所谓数量法是指利用回归分析,比较各成本动因与成本间的相关程度。

(四) 作业成本管理的成本计算程序

1. 确认和计量耗用企业资源的成本

将能够直观地确定为某特定产品或服务的资源成本划为直接成本,直接计入该特定产品或服务成本,其余部分则列为作业成本。

2. 确认和计量耗用资源的作业

作业是指为提供服务或产品而耗用企业资源的相关生产经营管理活动,如订单处理、产品设计、员工培训、材料处理、机器调试、质量检查、包装、销售、一般管理等。

3. 计量作业成本

根据资源耗用方式的不同将间接资源成本分配给相关作业,计算出各项作业的成本,即作业成本。

4. 选择成本动因

一项作业的成本动因往往不止一个,应选择与实耗资源相关程度较高且易于量化的成本动因作为分配作业成本、计算产品成本的依据,如人工小时、机器小时、机器准备次数、产品批数、收料次数、物料搬运量、订单份数、检验次数、流程改变次数等。

5. 汇集成本库

汇集成本库即将相同成本动因的有关作业成本合并汇入“同质成本库”,动力与维护费用可归入一个成本库。

6. 作业成本分配

作业成本分配的计算公式为

分摊成本=某作业成本(库)分配率×被某产品耗用成本动因数量

7. 计算产品成本

将分配某产品的各作业成本(库)分摊成本和直接成本(直接人工及直接材料)合并汇总,计算该产品的总成本,再将总成本与产品数量相比,计算该产品的单位成本。

第二节 物流作业成本管理实施

商品价值是在一系列的作业活动(包括采购、制造、加工、配送、销售等)中形成的,企业通过连续的作业活动为消费者创造和提供价值,同时实现自身的价值增值。同样,贯穿供应链的所有物流作业也形成了一条联系链上所有企业的作业链,并且对该供应链的价值增值过程产生重要影响。因此,物流管理是以流程为基础的价值增值过程的管理,企业要实现物流作业链的整体最优,就必须站在供应链的角度对物流作业环节进行作业分析和管理。

作业成本管理为企业物流成本的核算提供了重要的成本信息,同时也为企业的物流管理引入了作业管理的观念,通过对产品、价值(作业)链、作业和资源的分析,为改善企业的物流管理提供了重要的信息,有效地促进了物流管理的发展。

一、物流业实施作业成本管理的基础工作

物流企业要引入作业成本管理制度,需要从系统设计的角度考虑该制度实施的一系列准备工作。

(一) 明确实施目的

作业成本管理的实施可以有多种目的,因此物流企业在设计作业成本管理制度时,首先要做深入的需求分析,根据需求分析的结果来决定制度实施的目的,再依据明确的目的来进行详细的设计。需要注意的是,实施的目的不同,作业成本管理制度的设计方式也会有所不同。

如果实施的目的是降低成本,则可能需要针对作业归集比较详细的作业成本信息;如果作业成本管理的目的在于协助做出策略性的营销决策,则可能需要归集较多的有关产品或者客户方面的成本信息。另外,对于物流部门来说,其作业成本制度的实施也可能与整个企业作业成本法的实施相结合,在整个企业范围内推行作业成本制度,以达到更高层次的目的。

(二) 确定实施的范围

一般来说,作业成本管理实施目的的确定就决定了作业分析的范围,而作业分析范围

的大小会影响到投入时间和人力的多少。为了避免贸然地进行全面实施而导致成效不佳,企业也可以先以小规模先导示范的方式,采用先导示范法对组织中有限的范围进行研究。

范围选择可以考虑的因素：①实施地点的多少；②所有或部分成本标的；③所有或部分作业；④全部或部分会计期间；⑤历史的或者预算的成本数；⑥单一期间或者产品生命周期。

(三) 所需要的基础资料

构建一套作业成本管理模型,首先要归集与此模型相关的公司内各单位的有关资料,主要包括：①公司组织结构图；②公司会计科目设置；③成本会计制度及其相关的记录表格；④工作说明书；⑤厂房配置图；⑥作业流程等。

(四) 作业与成本动因分析的基本方式

收集了上述基本资料之后,就可以采用一定的方式进行作业与成本动因分析。进行作业和成本动因分析的基本方法包括观察、记录时间、问卷、访谈和工作抽查五种。

1. 观察

观察需要由对此项工作有经验的人来进行,可以迅速地收集到与作业有关的资料。但这种方法归集的资料相对较少,一般只能作为补充资料使用。

2. 记录时间

让员工使用工作日志之类的工具,记录执行某项工作所使用的时间。员工对填写记录表不热心时,应考虑给予一定的激励以获取正确的信息。

3. 问卷

此方法可以当作访谈前的准备工作,也可以当成主要的信息收集工具。要注意问卷的题目必须完整清楚,以避免资料收集不够完整或受访者误解题意提供错误的信息。

4. 访谈

访谈是一种最主要的且被普遍采用的信息收集方法。其优点在于通过双向的访谈,一方面可以收集到可以信赖的信息,另一方面可以教育使用者。缺点是相当费时。访谈的问题主要可以包括,分析部门内的各项重要作业是什么？作业所需要的资源有哪些？作业为什么发生？绩效考核指标是什么？确认成本标的(可能是客户、产品或其他部门)等。

5. 工作抽查

以观察的方式衡量员工从事某一特定作业的时间,使用这种方式要注意抽查的时段应具有代表性。

作业与成本动因的分析往往是混合使用以上各种方法。总的来说,需要的信息越准确,其花费的时间和成本就越高,企业可以根据所需信息的精确程度来选择适当的分析方法。

(五) 作业成本制度与会计制度

普通的会计制度都是建立在对外公布财务报告的规定基础上的,而作业成本法的实施则是为了更好地做好企业的成本管理,因此,会计科目的设置需要分类到更细的层次,如按照客户单位或者内部各部门进行分类等。企业会计科目设置的好坏与否可以看其会计科目的设置,尤其是为了配合作业成本制度的实施,会计科目就更加应该加以详细的分类,包括各项成本费用发生的单位等。

总分类账是建立作业成本制度成本分配流程的起点,但在设计作业成本制度时,要注意分类账往往是为了编制财务报表而编制的,因此在做成本分配之前需要将总分类账做适当的调整和细化,调整和细化的基本原则有以下两点。

1. 分解至部门层次

大部分的作业资料都是直接从部门取得的,所以将资源成本分解到各个部门层次将有助于把资源成本分配到作业上。

2. 调整不符合经济事实的项目

因为作业成本管理的主要目的在于改善营运状况而不是财务报告,因此,不需要符合一般公认会计原则。例如,可以按照实际的使用年限而不是法定的会计使用年限来计提折旧;将研发费用逐期分摊而不是作为当期费用等。

二、作业基础信息系统规划

作业成本制度可以提供较为准确的成本资料,企业除了可以利用这些成本资料做出较佳的定价决策外,也可以据此从事作业基础的成本管理。然而,作业成本制度的成功实施有赖于许多财务性和非财务性资料的提供,当一个企业准备实施作业成本制度时,却经常发现现有的信息系统无法提供所需要的资料,或者是要费很大周折才能获得这些资料。

究其原因,主要是传统会计信息系统很少衡量一个企业中各项作业的活动水平及其消耗的资源数量。因此,企业要应用作业成本制度,加强成本管理,首先必须改善其现有的会计信息系统,以归集实施作业成本制度所需要的各种资料信息。可以把为实施作业成本制度而建立的信息系统称为作业基础信息系统。

(一) 作业基础信息系统设置的目的

一个良好的作业基础信息系统必须能够归集并提供及时准确的成本信息,以使管理者可以达到以下几项基本的目的。

(1) 满足客户的需求,包括及时运交客户所需的货品以及提供货品的市场销售分析。

(2) 将存货库存控制在一定的水平,避免缺货或者存货过多。

(3) 有效率地使用人力、机械以及设备等资源。

(4) 制定合理的服务价格。

(二) 作业基础信息系统应具有的特点

为了达到上述目的,一个作业基础信息系统必须具备以下几个特点。

1. 资料归集涵盖的范围要广泛

资料归集涵盖的范围包括各项作业的成本动因数量以及其所消耗的资源数量等。

2. 包含各种详细的成本分类方式

成本可以按照产品、服务、客户、订单或者是部门加以归属,也可以按照其成本性态分成固定成本和变动成本。

3. 同时归集财务性和非财务性的资料,以作为成本分摊的基础

作业成本制度所使用的成本动因往往是非财务性的。因此,在该制度下所归集的成本信息不能仅仅偏重于财务信息,而需要两者兼顾。

4. 富有弹性

可以适时地提供各种成本管理决策分析所需要的不同信息。

(三) 建立作业基础信息系统的步骤

作业基础信息系统的建立,大致可以按照下列步骤进行。

1. 分析信息系统所需要归集的资料项目

为了实现作业基础信息系统的既定目的,首先需要确定其所需要归集的资料项目的基本步骤,依次为:①探讨管理者所需要从事的重要管理决策;②辨认各管理决策所涉及的成本标的;③辨认各成本标的所使用到的作业活动;④辨认各作业活动所耗用的资源;⑤辨认各作业活动的成本动因。

经过上述步骤,一个企业可以决定其作业基础信息系统必须对哪些资源和成本动因的耗用数量进行衡量并记录。

2. 设计作业基础信息系统

设计一套包含交易处理程序以及软硬件设施的信息系统时,在提供上述资料需求的前提下,再按照下列步骤进行:①将系统依照企业的重要活动划分为各个应用子系统;②决定资料产出所需满足的信息需求;③确定资料的交流关系;④确定资料来源;⑤确定归集及记录资料的方法。

3. 作业基础信息系统的实施

作业基础信息系统与企业原有的信息系统可以并存使用。也就是说,一方面使用作业基础信息系统从事管理决策;另一方面仍然使用原有的信息系统从事财务信息的归集和对外报告。其配合使用的方法又可以有两种:一种是新系统完全独立;另一种是两者彼此进行整合,如图10-2所示。

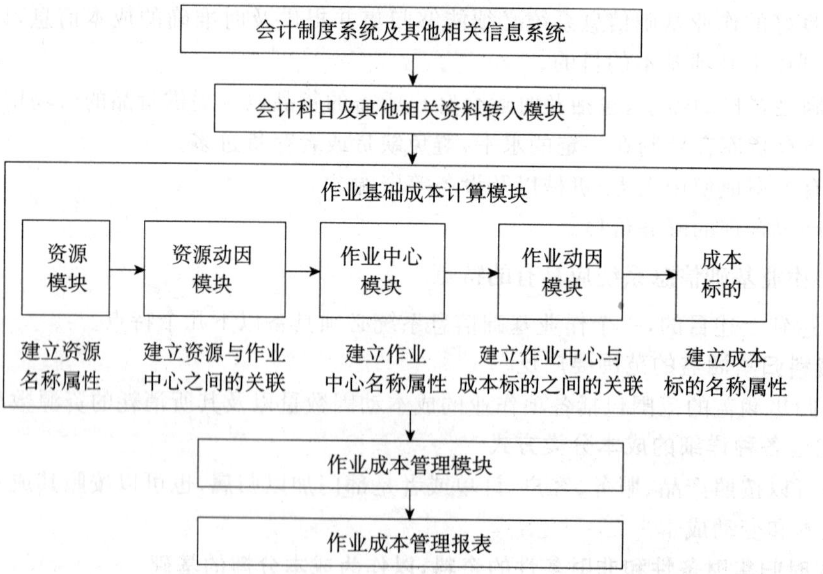

图10-2 作业基础成本管理系统基本框架

三、作业基础成本制度与现行制度的整合

（一）作业资料

前面已经描述，在处理作业资料之前，首先必须明确建立作业成本制度的目的，因为目的的不同会导致作业认定的差异。作业资料的处理可以按以下两种方式进行。

1. 依照部门进行作业分类

一般而言，依部门将作业分类是最合乎大多数人需求的一种选择，可将部门内的作业按照工作内容自上而下一层一层地分解。

2. 依照业务程序进行作业分类

如果按照作业流程分类，就可以按照作业的顺序，依次在作业模块中建立。这两种作业组织方式的选择，完全依赖于使用者想如何将资源成本归属到作业，以及如何将作业成本归属到成本标的。作业的组织可以完全按照设计者的想法以及管理者的需求，有些作业成本也可以不直接分摊给成本标的，而是先将成本分摊至另一项作业，再通过该作业将成本分摊下去。

关于作业方面的信息，可能还包含了成本以及绩效或者其他方面的信息，如果能同时将这些信息融入作业基础成本模式中，便可以利用这些非财务信息进行作业管理或分析。因此，使用者就可以归集一些关于作业的属性资料并结合到作业模块中，如表 10-1 所示。运用这些属性资料，可以追踪关键作业（例如有附加值或者无附加值作业）、作业的成本动因、所属程序及绩效评估指标等。最后在产生管理报表时，也可以通过属性将作业分类，使管理者可以缩小应注意资料的范围。

表 10-1　作业属性资料

作业代码	作业名称	成本动因	附加值程度	绩效评估指标	程序
A0001	作业 1				
A0002	作业 2				
A0003	作业 3				
A0004	作业 4				

（二）成本标的资料

在资源与作业资料都加以组织之后，要进行成本标的资料的组织。成本标的模块的组织，完全视使用者的决策需求或者报表报告的目的而确定。成本标的不仅仅限于产品，客户、部门、市场、区域等都可以作为成本标的。使用者可以为不同的成本标的建立资源与作业，再分别建立其与作业之间的关联，就可以按照不同的需求产生不同成本标的的管理报表。

（三）成本归属路径

资源、作业以及成本标的三者之间的归属和分摊方式是作业成本制度实施的关键所在，也就是要将资源模块组的成本信息与作业模块组、成本标的的信息相结合。不同模块之间的账户可以定义其相关联的归属成本。

(四)作业基础管理报表

系统所提供的标准管理报表种类及其报表内容可以经由三种方式产生:直接显示在画面上、直接打印产生和存档。作业基础管理报表的形式很多,具体如下。

(1)归属关系报表:显示资源、作业和标的之间的起点及对应终点信息,包括名称、动因数量、成本资料等。

(2)成本组成要素报表:反映成本标的或者某项作业的成本组成来源信息。

(3)动因报表:反映模块中的资源动因与作业动因的所有信息。

(4)闲置产能报表:反映闲置产能状况的信息,只要产能有未被充分利用的情况就加以反映。

(5)模块结构层次报表:反映各模块之间的结构层次信息,包括项目名称、层次、形态以及成本信息等。

(6)绩效评估报表:反映哪些账户有绩效评估指标。

(7)资源组成报表:反映账户的成本组成要素有哪些资源。

在各种报表中,归属关系报表是说明资源账户或作业账户之间的成本流向的,其成本归属对象会以汇总方式列出,由此可以清楚地看出资源账户或作业账户的成本究竟流向何处。成本组成要素报表则是说明一个作业账户或成本标的账户的成本是从哪些账户汇集而来的,并可以了解哪种成本来源所占的比例较大,从而发现和指出改善之处。

(五)作业基础成本管理

前面比较详细地阐述了如何建立作业基础信息系统,以及归集资料从事作业成本制度的成本分摊。但是,成本分摊并不是实施作业成本制度的最终目标,实际上,实施作业成本制度的真正目标还是在于成本管理。

许多公司的现有资料无法进行有效的成本管理。如果按照前面的原则建立作业基础成本信息系统,然后逐月统计各作业的累积成本以及相关的成本动因数量,则可以通过作业成本的每月变动及分析,清楚地看出究竟哪些作业消耗公司的资源较多。

通过每月收集的资料,利用作业基础信息系统,可以统计产生出许多作业基础管理报表并加以分析。

1. 作业附加价值分析

定期评估每项作业所产生的附加价值,尽量去除没有附加价值的作业,尤其是那些消耗公司大量资源,而又不具有附加价值的作业。

2. 作业成本标准的设定

为了达到管理物流成本的目的,可以选定每项作业的成本比较标杆,以显示作业的营运效率,对没有效率的作业应想办法降低该项作业的累积成本。标杆的选定可以依据公司内部的历史资料或者行业平均值来进行。

3. 客户获利能力分析

公司应分析每一位客户的获利能力,为能够达到这个目的,公司必须逐月统计每位客户对每项作业所耗用的物理量,以不同客户作为成本标的,作业基础信息系统可以由公司自行开发，也可以购买软件供应商的作业成本套装软件。

四、作业成本核算流程

作业成本核算归集、分配物流成本的流程，如图 10-3 所示。

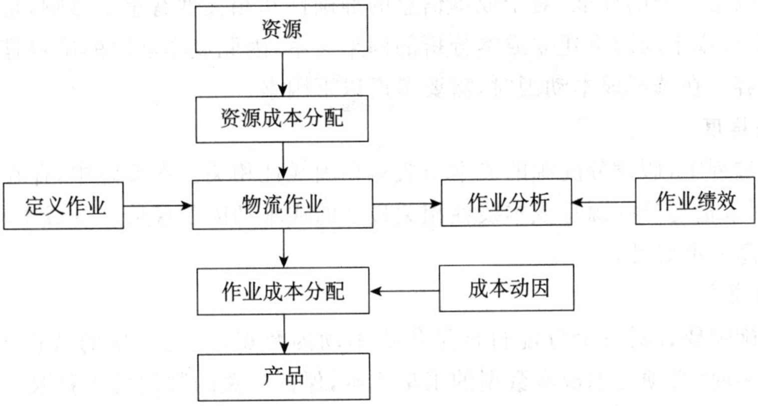

图 10-3　物流作业成本核算流程

【例 10-1】　一家汽车配件供应商，为了发掘成本降低潜力，决定采用作业成本核算，核算步骤如下。

(1) 界定物流系统中涉及的各个作业。

界定物流系统中涉及的各个作业，如表 10-2 所示。

表 10-2　确定作业

项　目	活动 1	活动 2	活动 3	活动 4	活动 5	活动 6
计划管理	计划编制	档案管理				
采购	价格管理	谈判	发订单	委托采购		
储运	入库检验	仓库租赁	流通加工	报关、运输	搬运、装卸	流通加工
供货	运输	搬运、装卸				
供应商建设	月供应会	年供应大会	访问	评审		

(2) 确认企业物流系统中涉及的资源。

确认企业物流系统中涉及的资源，如表 10-3 所示。

表 10-3　确定资源费用

项　目	费用 1	费用 2	费用 3	费用 4	费用 5	共同费用
计划管理	材料费					人工费、办公用品等低值易耗品费、水电费等
采购	差旅费	业务招待费				
储运	资金占用费	仓库租赁费	搬运器具折旧	包装用材料	报关运输费	
供货	运输费	搬运器具折旧	包装用材料			
供应商建设	会议费	业务招待费	差旅费	评审		

(3) 确认资源动因，将资源分配到作业。

以人工费为例,将其分配到各个作业成本池,可选择工时为资源动因。

(4) 确认作业动因,将作业成本分配到产品或服务中。

以采购成本池为例,将其分配到各个产品时,可选用采购材料在各个产品中所占的比例作为作业动因。

成本动因是分配的标准,对于成本信息的准确性和相关性有重要影响,是进行成本分析的基础,通过成本动因可建立成本分析的因果关系,因此成本动因的确定是作业成本实施的重要内容。在选择成本动因时,需要考虑以下因素。

1. 相关程度

在分配过程中,假设分配源的成本与成本动因线性相关。在实际中,存在多个成本动因,成本动因数量与分配源总成本线性相关最好的成本动因是最恰当的成本动因,这样能保证成本信息的准确性。

2. 实行成本

一次分配需要针对每个分配目标采集成本动因数据,无法采集的数据则无法分配。确定成本动因时,必须考虑成本数据的采集成本,保证相关的数据易于获取。如果数据采集成本太大,则可能使得作业成本管理无法实施。

3. 行为导向

不同的成本动因有不同的分配结果,不同的成本分配结果以及基于分配结果的管理决策(如奖金)会对组织和员工的行为产生导向作用,因此必须仔细分析成本动因的行为导向作用。企业可以利用成本动因的行为导向功能,把员工的行为导向引向有利于降低成本的方向。

五、计算方法

确定了各项成本的归集和分配方案后,具体的核算比较容易操作。对这一部分内容,现举实例进行说明。

【例 10-2】 某企业的采购物流活动由订货传输、订货处理、订货选择,订货运输、顾客递送五项作业构成,其中总人工成本为 16 万元,总折旧费 1.57 万元。

核算步骤主要包括以下三步。

(1) 确认各项作业所消耗的资源种类。

确认各项作业所消耗的资源也就是确认一项作业所包含的成本要素。在这里以“订货处理”作业为例进行说明。“订货处理”作业消耗两种资源:工资和折旧。

(2) 确立各类资源的资源动因。

将资源分配到各受益作业,据此计算出作业中该成本要素的成本额。据统计,企业采购物流活动中有30%的员工全职从事订货处理,故可得出“订货处理”作业所消耗的“工资”要素成本额为 4.8 万元。“订货处理”作业所消耗的折旧成本额占总的采购物流活动折旧费的 70%,可以得出“订货处理”所耗折旧要素成本额为 1.099 万元。

(3) 开列作业成本单。

汇总各成本要素,得出作业成本库的总成本额。

以“订货处理”作业为例,开列成本计算单,如表 10-4 所示。

表 10-4　成本计算单

成本要素项目	数额/元	百分比/%
工资	48 000	81
折旧	10 990	19
总成本	58 990	100

采用类似方法，可分别开列其他四项作业——订货传输、订货选择、订货运输、顾客递送的作业成本单，汇总这些成本单即可计算出采购物流活动的成本。

如果把基于作业成本管理的核算结果与基于传统会计核算的结果进行比较，会发现作业成本管理的核算结果要大出许多，说明利用作业成本法核算物流成本能达到揭示"物流冰山"的目的，是物流成本核算的有力工具。

案例分析

GZYZ 公司作业成本法的应用实例

现以 2014 年 6 月一宗业务为例。A、B 两公司分别从国外进口橡胶材料型号Ⅰ、Ⅱ零件各 30 000 件用于生产汽车配件，每个配件需 1 个零件，型号Ⅰ、Ⅱ零件的规格参数等基本相同，但国内无型号Ⅱ零件的报关先例。货物通过海运运往厦门口岸开始报关，报关完成后货物由厦门口岸发往广州公司的仓库，仓库面积为 1 500m^2，距离约为 800km，到达后入库。按 GZYZ 公司与 A、B 公司合同规定的配送频率分别为 5 天、10 000 件和 2 天、3 000 件；汽车配件的配送频率分别为 5 天、10 000 件和 4 天、6 000 件。GZYZ 公司仓库与 A、B 两公司的里程均假设为 40km。

作业成本核算流程如下。

订单处理作业。根据案例描述，2014 年 7 月 GZYZ 公司分别需要向 A、B 公司运送Ⅰ、Ⅱ零件各 30 000 件，根据零件配送频率分别需要订单数 3 个和 10 个；而根据汽车配件的配送频率则分别需要订单数 3 个和 5 个。A、B 客户总订单数分别为 6 个和 15 个，共计 21 个。订单处理作业耗费资源为：每人 3 600 元，每份订单需 2 人作业，共 7 200 元；通讯费共 600 元；其他费用 200 元，汇总得此项作业本月总成本为 8 000 元。

报关作业。A、B 客户货物共 60 000 件，消耗 3 名报关人员工资 5 000 元/人，共 15 000元（Ⅱ号零件由于材料等原因报关难度较大，需 2 名报关人员配合；Ⅰ号零件报关相对容易，仅需 1 人负责）；通讯费 950 元，其他费用 1 800 元，汇总得此项作业本月总成本为 17 750 元。

运输作业。每辆运货车辆可装 10 000 件货物，假设 A、B 公司的运输时间相同，则各需 3 辆车，共需发车 6 次，由 6 名司机将货物从厦门港运往广州。货车司机均为公司员工，每月为固定工资，每人每月工资 5 000 元。2014 年 7 月 0 号柴油平均价格为 7.79 元，运货车辆油耗为 0.3L/km，则每公里燃油费为 2.34 元。运输由大区总公司统一调配，返程时通常会运送另一单业务，所以此处只计算单程里程数。计算可得此业务中每辆车的燃油费为 2.34×800＝1 872（元），发车次数为 6 次，共计 11 232 元；路桥费 6 720 元。由资料得到每辆车购买成本为 40 万元，净残值为 4 万元，使用寿命 5 年，则月折旧6 000 元。其他费用如车辆修理费等共约 4 000 元，司机工资 5 000×6＝30 000（元）。此部分成本在

A、B两家公司之间均摊。汇总得此项作业总成本为57 952元。

验收入库和装库、出库作业。因A、B公司的货物重量、数量和体积都基本相同,成本在两者之间均摊,此项作业成本主要包括叉车司机工资、叉车折旧费用以及临时工工资。进行该项作业需3名叉车司机、2台叉车,司机工资每人每月3 500元;叉车燃油费1 500元,每辆叉车购置成本为20万元,净残值为2万元,使用年限5年,则叉车月折旧3 000元,共计18 000元。此外本月GZYZ公司雇用2名临时工,每人每小时工资25元,工作时间60小时,共计3 000元。汇总得此项作业本月总成本为21 000元。

仓储作业。该批货物使用的仓库面积为1 500m²,年租金为24万元,则月租金2万元,两批货物分别占地250m²,2名仓储人员人均工资为2 500元/月,共5 000元,汇总得此项作业本月总成本为20 000+5 000=25 000(元)。

配送作业。GZYZ公司广州分公司没有自有的配送而是与外包公司签有配送车辆租赁合同,规定每百公里500元,GZYZ公司与A、B公司合同约定的配送频率为每2天3 000件和每5天10 000件,配送车辆能装3000件货物,则可3辆车配送完成,每月发车共计22次。每趟往返里程数为40×2=80(km),故配送作业成本为8 800元。

信息处理作业。GZYZ公司与交易节点上的各企业共用一套信息系统,每月信息系统维护人员1人,工资3 000元,在A、B两家企业间均摊。由于Ⅱ号零件属于新货物,需要使用模块建立新档案,故每月新增费用4 000元。信息系统使用次数每增加1次相关费用就增加8元,本月A、B公司信息系统使用次数分别为15次和35次,共花费400元。汇总得该项作业本月成本为7 400元。

作业成本分配。对以上作业成本进行汇总,得到2014年7月GZYZ公司作业总成本为145 902元,对每项作业所消耗作业动因量进行分析汇集,并计算两家公司作业成本如表10-5所示。

表10-5 作业成本汇总

作业	作业动因	总 数	资源数/元	作业动因分配率	A公司		B公司	
					作业动因量	成本/元	作业动因量	成本/元
订单处理	订单数	21个	8 000	380.95元/个	6	2 285.71	15	5 714.29
报关	工人数	3人	17 750	5 916.67元/人	1	5 916.67	2	11 833.33
运输	里程数 车次	800km 6车次	57 592	12.07元/(车·千米)	800km 3车次	28 976	800km 3车次	28 976
出入库	托盘数	600个	21 000	131.25元/个	60	10 500	60	10 500
仓储	使用面积	1 500m²	25 000	16.67元/m²	250m²	12 500	250m²	12 500

续表

作业	作业动因	总　数	资源数/元	作业动因分配率	A公司		B公司	
					作业动因量	成本/元	作业动因量	成本/元
配送	配送次数	22 次	11 000	500 元/次	10 次	4 000	12 次	4 800
	使用次数	50 次	3 400	68 元/次	15 次	1 020	35 次	2 380
信息处理	信息工具数量	1 个	6 000	6 000 元/个	0	0	1	4 000
合计						65 198.38		80 703.62

资料来源：李希捷．物流企业中作业成本法的应用案例[J]．管理观察，2015(20)：164-166.

知识拓展

时间驱动作业成本法

学过一定经济学原理的人都懂得，生产时间对于企业效益和成本有着很大的影响。在课堂上学习作业成本法(ABC)时，许多人都会觉得这是管理公司有限资源的一种行之有效的方法。而当管理人员在公司内大范围推行这一方法时，面对不断攀升的成本和员工的不满，却只能半途而废。

在 20 世纪 80 年代中期，哈佛商学院的几篇文章，让大家了解了作业成本法，虽然这些案例有不同的特色，但是都有一个共同的特征：分配到一项作业的资源消耗是通过时间分配的比例来确定的，而时间分配比例是通过访淡、时间日志和直接观察确定的。例如，产品存储的成本将需要分配到一些作业，如产品接收、检查、处理、挑选、包装和装运，分配的比例是基于仓储员花费在这些作业上的时间比例。

项目团队用这些作业的成本除以输出来计算作业的驱动因子的单位成本。驱动因子，例如收据的数量、检查的数量、挑选的数量以及装运的数量，用于将作业成本分配到单个产品或者客户。现在他们应该再试一试这种方法。因为新的时间驱动作业成本法比之前的作业成本法更能反映错综复杂的实际情况，功能和准确性大大提高；另外，它反而简化了公司的作业成本财务核算系统，实施起来更容易。

建立一个简单的作业成本模型的标准过程，是从识别出完成多项作业的资源集合开始的。例如，客户服务部门需要完成以下三项作业：处理客户订单、处理客户投诉和执行客户信用检查。

假设每个季度，完成这些作业消耗的资源成本共 560 000 美元，包括员工、管理、信息技术、通信、职场等成本，在为客户服务部门构建作业成本模型时，系统设计人员要求员工估计他们在这三项基本的作业上花费的时间的比例(或者他们期望的比例)。假设他们估计的在这三项作业上的时间比例分别为 70%、10%、20%。系统设计人员也了解到这个季度这三项作业的准确的(或者估计的)工作量是：9 800 个客户订单、280 个客户投诉和 500 个信用检查。

作业成本系统基于时间的比例，将这 56 万美元的成本分配到这三项作业上，并计算作业的成本驱动因子的单位成本,便可得到精确的数据。

按照这套方法,公司的管理人员们便可直接估计每项事务、每个产品或客户所花费的资源,而不是先将资源成本分摊到各项活动上,然后再分摊到各个产品或客户上。这样一来,公司的时间成本就会大大减少。例如,对于每一类资源,公司只需估计出两个参数:一是单位时间所投入的资源能力的成本,或者称为单位时间产能成本(这个数字通常可以用一个部门的总费用除以员工的工作时间分钟数得到);二是产品、服务和客户在消耗资源时所占用的单位时间数,或者称为作业单位时间数(管理人员通常凭借经验或者观察就可以得到)二再将两个数字相乘,就可以得到完成某项作业的成本,即成本发生因素的单位费用。这样对于企业的总收入和市场的发展情况,有经验的管理人员就可以一目了然。在制订相应计划例如部门预算时,就胸有成竹的多了。

以前所用的作业成本法通过员工调查,得到人力资源在各项活动中投入的时间比例,然后根据比例来分摊成本。但是这个方法有很大的弊端,最明显的一点就是:没有员工会报告说,自己有相当大的一部分时间无所事事。这样采集来的数据就不准确,但是在新的系统中,经理们能够很清楚地看到自己的产能利用率与理想的利用率到底有多大的差距,并不需要员工的汇报。

所以这方面的信息对提高流程的效率显然具有重要意义。而且在获取了相关的数据后,管理人员可以采用"时间等式"来计算完成某项活动的时间:新的作业成本法还能够用来确定最小订货量,准确估算处理退换货款所需的成本,从而要求供应商予以补偿,对新的业务进行盈亏情境分析,精确评估供应商是给自己带来了利润还是损失。当然,因为数字不会撒谎,所以准确的数字也能够增强你在谈判中的讨价还价能力,并且帮助你在信息共享的基础上与商业伙伴建立相互信任的关系。

在应用这个方法的前几年里,常常仅仅应用在单个的部门、工厂和区域,由于设置比较少,故能够应用得很好。并且,一些早期的应用,仅仅是一次性的事件,以提供工厂的当前经济状况的有用的快照,例如识别出高成本、无效率的流程,和无利润的产品和客户。即使在今天,识别高成本流程、产品和客户,以辅助采取短期的行动(作业成本管理),也常常可以带来快速而显著的利润提升。

资料来源:杜晗.哈佛管理学[M].北京:中国华侨出版社,2013:343-344.

复习思考

1. 如何理解作业的内涵?
2. 成本动因是如何进行分类的?
3. 确定和选择成本动因应考虑哪些因素?
4. 简述作业成本法成本计算程序。
5. 物流企业实施作业成本管理应做好哪些基础工作?

实训题

某公司将资源消耗分成服务资源与作业资源两类，两类资源费用消耗预算如表 10-6 所示。

表 10-6 某公司资源费用消耗预算 单位：元

项目	金额
服务资源	
工资	700 000
保险	120 000
公司事业	140 000
津贴	100 000
折旧	440 000
合计	1 500 000
作业资源	
工资	970 000
保险	90 000
公司事业	60 000
津贴	200 000
折旧	2 000 000
合计	3 320 000
预算资源总计	4 820 000

该公司通过作业分析将作业划分为购货、验货、收货、储存、会计、机械、工作准备等项工作。储存作业的资源动因是存货体积，共有 3 000m^3，每立方米是 200 元，所以储存作业耗费的服务资源是 600 000 元，剩下 900 000 元的服务资源分配给购货、收货、验货、会计作业。这几个作业的资源动因是员工人数，总人数为 30 人，其中购货 10 人，收货 9 人，验货 5 人，会计 6 人，每个作业按人数分配服务资源。总数为 3 320 000 的作业资源需分配给机械制造和工作准备两个作业。经过大量分析，决定，其中 90%分配给机械制造，10%分配给工作准备。

要求：根据上述资料，计算各作业库消耗资源，并将各作业库资源总成本，按作业动因分配给作业 A 和作业 B，计算作业 A 和作业 B 的总成本和单位成本，完成表 10-7 和表 10-8相关项目的填列。

表 10-7 作业成本库的资源消耗分析

作　业	资源动因	分配给作业成本库的资源
储存原料		
购货		
收货		
验货		

续表

作 业	资源动因	分配给作业成本库的资源
会计		
机械制造		
工作准备		
作业成本库成本合计		

表 10-8 作业成本计算单(作业 A 和作业 B)

作业成本库	作业动因	作业动因数量	作业成本	单位成本
作业 A(50 000 单位)				
购货	购货单	4 000		
收货	验收报告	2 500		
验货	验收报告	2 500		
存储	储存件数	20 000		
会计	付款次数	1 500		
机械制造	机器小时	1 000		
工作准备	准备次数	90		
作业成本合计				
每单位作业成本				
每单位直接材料				60.00
每单位直接人工				24.00
单位成本				
作业 B(100 000 单位)				
购货	购货单	1 000		
收货	验收报告	500		
验货	验收报告	500		
存储	储存件数	10 000		
会计	付款次数	1 000		
机械制造	机器小时	2 000		
工作准备	准备次数	10		
作业成本合计				
每单位作业成本				
每单位直接材料				60.00
每单位直接人工				24.00
单位成本				

参考文献

[1] 赵刚．物流运筹[M]. 成都:四川人民出版社,2002.
[2] 邓凤祥．现代物流成本管理——消除“物流冰山”,获取利润之第三源泉[M]. 北京:经济管理出版社,2003.
[3] 连桂兰．如何进行物流成本管理[M]. 北京:北京大学出版社,2004.
[4] 傅桂林．物流成本管理[M]. 北京:中国物资出版社,2004.
[5] 李伊松,易华．物流成本管理[M]. 北京:机械工业出版社,2005.
[6] 鲍新中．物流成本管理与控制[M]. 北京:电子工业出版社,2006.
[7] 中国注册会计师协会．财务成本管理[M]. 北京:经济科学出版社,2007.
[8] 冯耕农．企业物流成本计算与评价[M]. 北京:机械工业出版社,2007.
[9] 宋华．物流成本与供应链绩效管理[M]. 北京:人民邮电出版社,2007.
[10] 杨头平．企业物流系统成本分析与控制优化研究[D]. 武汉:华中科技大学,2008.
[11] 黄世一．物流成本核算与分析[M]. 北京:清华大学出版社,2009.
[12] 沈明．物流企业实现服务创新的动力研究[J]. 消费导刊,2009(14):46.
[13] 刘华．现代物流管理概论[M]. 北京:清华大学出版社,2010.
[14] 郭士正,刘军．物流成本管理[M]. 北京:北京交通大学出版社,2010.
[15] 乔轩．我国物流成本控制研究综述[J]. 物流科技,2011,34(8):49-50.
[16] 李作聚．回收物流实务[M]. 北京:清华大学出版社,2011.
[17] 沈波涛,张珍妮．供应链物流成本管理[J]. 商业文化,2012(4):34-45.
[18] 罗文丽．电商激战物流[J]. 中国物流与采购,2012(7):25-27.
[19] 陈文．物流服务水平与物流成本的权衡探讨[J]. 物流技术,2012,31(2):56-58.
[20] 王之泰．中国物流业创新的一些思考[J]. 中国流通经济,2013,27(4):8-12.
[21] 刘丹．物流企业服务创新特性及类型[J]. 中国流通经济,2013,27(5):28-34.
[22] 郝静怡,王磊．物流管理中的效益背反及解决方向[J]. 经济视角,2013(27):42.
[23] 秦晓辉．企业物流成本效益综合评价研究[J]. 时代经贸,2013(3):119-120.
[24] 曹霁霞,任天舒．物流成本管理[M]. 大连:大连理工大学出版社,2014.
[25] 墨林．中国物流成本高在哪里[N]. 经济日报,2014-11-22.
[26] 王庆．供应链环境下 A 公司物流成本控制研究[D]. 杭州:浙江工业大学,2014.

推荐网站:

[1] 中国物流网,http://www. china-logisticsnet. com.
[2] 中华人民共和国交通运输部网,http://www. moc. gov. cn/.
[3] 中国物流与采购网,http://www. chinawuliu. com. cn.
[4] 九九物流网,http://www. 9956. cn/.
[5] 物流中国,http://www. 56zg. com.
[6] 供应链时代网,http://www. scmera. com/.
[7] 世界货运联盟,World Cargo Alliance(WCA),http://www. worldcargoalliance. com.
[8] 环球物流网,http://www. cscmpchina. org.
[9] 物流沙龙,http://www. logclub. com/forum. php.
[10] 美国供应链管理专业协会,http://www. cscmpchina. org.
[11] 商务部网站,http://www. mofcom. gov. cn/.
[12] 中华人民共和国铁道部网,http://www. china-mor. gov. cn/.